数字赋能与治理效能：

中国城市社区治理研究

王　晨　著

山东大学出版社
SHANDONG UNIVERSITY PRESS
·济南·

图书在版编目(CIP)数据

数字赋能与治理效能:中国城市社区治理研究/王晨著.—济南:山东大学出版社,2023.9
ISBN 978-7-5607-7909-6

Ⅰ.①数… Ⅱ.①王… Ⅲ.①城市—社区管理—研究—中国 Ⅳ.①D669.3

中国国家版本馆 CIP 数据核字(2023)第 167327 号

责任编辑 邵淑君
封面设计 蓝海文化

数字赋能与治理效能:中国城市社区治理研究
SHUZI FUNENG YU ZHILI XIAONENG:ZHONGGUO CHENGSHI SHEQU ZHILI YANJIU

出版发行 山东大学出版社
社　　址 山东省济南市山大南路 20 号
邮政编码 250100
发行热线 (0531)88363008
经　　销 新华书店
印　　刷 山东蓝海文化科技有限公司
规　　格 720 毫米×1000 毫米 1/16
　　　　 18 印张 295 千字
版　　次 2023 年 9 月第 1 版
印　　次 2023 年 9 月第 1 次印刷
定　　价 75.00 元

前　言

“数字化转型”已成为当下的热门关键词。外在地看，数字化革新了组织环境、组织模式、组织内容以及组织关系；内在地看，数字化刷新了人们的思维方式、行为习惯甚至缔造了新的数字文明认知。可以说，从数字化基础设施建设到国家核心竞争力打造，从数字经济、数字政府与数字社会等新样态产生到人民生活福祉保障，数字时代的“算力”犹如水、电一样渗透到百姓的日常生活之中，不仅是推动人类社会迈向新时代的坚实支撑，而且是各行各业寻求发展的新鲜动能，更是中国经济社会高质量发展的重要驱动力。

放眼世界，互联网、大数据、云计算、人工智能等现代数字技术加速创新，日益成为改变世界竞争格局的重要力量，开辟了新一轮大国战略竞争的新阵地。党的十八大以来，习近平总书记高度重视数字经济发展和数字中国建设，已多次对国家大数据战略、数字经济治理体系、数字技术创新应用等作出重要指示。在数字化转型潮流引领之下，数字技术赋能城市政务服务不断改革创新，驱动经济发展范式深度转变，推动社会形态产生深刻变革。显而易见，“数字”在这个时代被赋予了事关国家命运、市场经济活力、人民幸福安康的新标签。

聚焦当下，社区是国家治理的基石，无数个社区治理的生动实践绘就了中国善治的美好图景。社区治理是细腻的、敏锐的，当数字时代来临之时，社区也在积极响应，努力适应，并且在热切回应数字化转型所带来的欣喜或困扰。依托数字化技术，社区治理服务不断趋向智慧化、智能化、人本化，社区治理者也切实感受到了数字为社区增能减负的有效性。但相应地，由于数字技术的应用，社区内部各主体要素、体制机制以及互动关系所作的自我更新与互动调整，也产生了一系列困惑、障碍及风险。

基于此，中国城市社区治理数字化转型的相关理论研究与实践成果备受关注。尽管中国城市社区类型千差万别，面临的问题各不相同，但实质上这些问题之间并非完全独立，在纷繁复杂的表象背后存在一定的共性规律。这不仅是在探讨数字时代中国城市社区治理变革，而且是在总结中国城市社区发展进程中的规律，在一定程度上，还是在思考人类社会如何应对新一轮信息技术革命挑战的时代命题。当然，与直面中国治理宏大问题研究不同，社区层面的治理问题更聚焦、更迫切、更需要解答、更被寄予厚望。因此，本书聚焦于数字赋能与治理效能这一研究导向，旨在回答数字技术如何赋予社区治理全新的语境与内涵，在系统梳理中国城市社区治理历史经验的基础之上，进一步探讨“数字”如何以其“技术”特性作用于社区治理过程，力图超越已有的关于组织流程变革、结构变革、任务变革等范畴的研究，深入剖析中国城市社区治理数字化转型的理论逻辑。通过对不同城市社区结构和治理主体角色的提炼与归类，以及对历时性、情景性的强调，以期对社区治理数字化转型的动力、过程及效能给予更充分、更扎实的解释。同时，强化数字赋能社区治理所表现出的自由共享、平等对话、协商共进等特质，以此凸显基层治理的“善治”底色，增强城市社区治理的“精度”与“温度”。

本书是基于笔者的博士论文《绩效导向下的中国城市社区治理研究》进行的深化与扩展，也是杭州市哲学社会科学规划项目“数字党建赋能现代社区建设的实践机理与优化对策：以杭州市为例”（批准号：M23JC055）的阶段性成果。在前期研究成果之上，继续深入思考并验证斐迪南·滕尼斯（Ferdinand Tönnies）对于社区本质——“共同体”畅想在数字时代的可持续性：数字赋能如何促进城市社区治理共同体的形成？数字技术如何切实提升社区居民生活的幸福感？数字时代的城市社区治理效能如何得以提升与科学评估？

基于这样的目标，本书进一步构建了社区治理数字化转型与社区治理效能的内在耦合机理，并进一步凝炼了数字时代社区治理效能的评估维度。一是生活维度。以“数字”打造高品质的城市社区生活。城市社区治理的数字化转型以不断满足人民群众对美好生活的向往为出发点和落脚点。始终坚持以人民为中心,借助数字技术精准识别居民需求,提升社区服务的精准性、便捷性和普惠性。以社区数字平台为基础,打造社区数字治理场景,构建以人为本、公平普惠、智慧便捷的社区服务体系,全面提升社区居民的获得感、幸福感、安全感,构筑社区“生活共同体”。二是发展维度。以“数字”链接社区服务发展新领域、新模式。借助社区数字平台,进一步精化和丰富与社区居民紧密相关的一系列社区服务内容,为社区居民提供精细化的政务、医疗、教育、救助、养老、托育等服务;以发展的逻辑构建社区服务理念,实现资源集聚、效能增长、风险可控的良性社区运行状态,通过党建引领凝心聚力,充分激活社区社会组织、市场组织以及居民个体等多主体力量,构筑社区“发展共同体”。三是治理维度。以“数字”助推城市社区治理现代化。数字化以技术为载体进而实现对治理理念、治理体制机制等多方面的革新。当然,数字化转型首先撬动了城市政府的治理方式,让政府治理更透明、更高效、更开放,从而推动政府治理体系和治理能力现代化。从社区层面来讲,数字化以共生、共商、共享的特质使得“自下而上”的治理更加成为可能,随着更多的社区主体加入,社区“治理共同体”应运而生。在这一过程中,共生、共商、共享与共治的治理共同体理念不仅与中国“和合文化”精神不谋而合,更是形塑了数字时代的公共价值理念,促成了公共行动的达成并且凝炼了彰显“公善”的公共精神。因此,公共价值理论分析框架是本书论证的又一着力点,基于这一认知框架,更有助于理解中国城市社区治理数字化转型的内在动力和演进机制。

综上,生活共同体、发展共同体与治理共同体构成了本书对于滕尼斯眼中的“共同体”内涵的多维解读。一方面,这一阐释让“共同体”的概念更具有鲜明的时代性和具象性,使这一概念的理论生命力得以延续;另一方面,也正是在共同体理念的规制下,数字化转型可能面临的数据安全、工具主义、技术滥用以及“数字鸿沟”等风险能够最大限度地降低。对此,回到社区主体本身,社区居民对于数字治理的科学认知尤为重要,如何让数字技术真正促进社区善治,如何让社区治理效能真正符合居民的期待,也是本书努力呈现的部分。于是,本书立足社区主人立场,提出增强数字意识、强化数字思维、锻造数字能力、提升数字反省力等，目的并非让人类掌握技术、驾驭技术，而是要让技术更好地感知人类、服务人类、尊重人类。

本书并非针对中国城市社区治理数字化转型中特定、具体问题的探讨分析，而是立足整体性视角，力求对数字时代中国城市社区治理的全貌有一个直观、全面的阐述。

一是基于"技术—社会"互构的研究视角，深度剖析数字技术的嵌入机制与作用机理，探讨社会结构的调试与重构路径。中国城市社区治理是一个集聚诉求多元、问题多样、要素多维的复杂严密系统。随着数字时代的开启，城市社区功能的复合属性远超以往，城市社区既是居民安居乐业的生活空间，也是超大国家治理的基础单元，还是创新城市经济业态的前沿阵地。数字技术嵌入意味着不同治理主体角色和关系相应地需要调整，理顺之后才能准确理解和把握中国城市社区治理数字化转型的实践逻辑。

二是基于"结构—功能"互构的研究视角，全面梳理数字时代中国城市社区治理结构要素重组后的系统生态与价值功能，在详细阐释中国城市社区治理的历史规律、实践经验、影响要素、运行机制等内容之后，进一步挖掘数字赋能城市社区治理的效度与限度，进而构建城市社区治理效能的科学评估体系。

三是基于个案比较分析的视角，力图通过对上海、北京、杭州等城市社区数字化改革个案的呈现与比较，揭示和归纳数字赋能中国城市社区治理的路径、特色、困境以及应对方案，以期推动中国城市社区治理数字化转型更有序、更深入。

当前，中国城市社区治理加快数字化转型既有"顺势而为"的智谋远见，也有"以人为本"的情怀关照，更有"和合文化"的中华底蕴，这是中国科技进步、居民幸福生活与治理现代化变革共同绘就而成的现代城市社区的美好图景！

目　录

导 论

随着互联网、物联网、大数据、云计算、人工智能等新一代信息技术的迅猛发展，人类进入了数字时代。数字技术不断融入生产生活各个领域，成为推进现代化建设的强大动力，不仅改变了传统的生产生活方式，而且改变了人们的行为方式和社会交往方式，由此必然引起社会治理方式的深刻变革。城市社区作为城市社会的基础单元，是人民群众最具有真实感知的生活场域，是市域治理现代化的微观场景，是展示国家治理体系和治理能力现代化的重要窗口。契合现代数字技术的发展，构建网格化管理、精细化服务、信息化支撑、开放共享的基层治理服务平台，推动城市社区治理实现智能化、智慧化，以满足社区居民日益增长的美好生活需要，不断提升人民群众的获得感、幸福感、安全感，成为城市社区治理创新发展的必然选择。基于我国正在经历从“乡村国家”向“城市国家”历史性变迁的基本事实，立足于国家治理体系和治理能力现代化的现实需求，以数字技术嵌入社区治理为研究视角，以提升治理效能为导向，深化对中国城市社区治理的历史逻辑、理论逻辑和实践形态等问题的认识，进而探讨城市社区治理数字化转型的要素结构、核心变量及其运行机制的优化发展，这对推进中国城市社区治理的结构科学化、流程高效化、效能人本化具有重要意义。

第一节　选题缘由与研究意义

一、选题缘由

中国城市社区治理数字化转型既是实现“乡村国家”向“城市国家”历史性变迁的必然选择，又是基层治理现代化的重要内容，是一项长期的系统工程，面临许多新情况、新问题，亟待深入研究。

其一，从学理角度来看，社区治理数字化转型属于前沿议题，有大量实践性和学理性问题需要研究。数字化转型最早的讨论和研究主要集中在经济领域，应用主要体现在商业变革和企业管理领域。近年来，数字化转型逐步成为公共治理领域的研究热点问题。在全球处于数字技术驱动大变革的时代背景下，国家越来越重视数字治理，自上而下出台了一系列政策文件，大力推动数字经济高质量发展和公共治理数字化转型，提出实施国家大数据战略，加快建设数字中国，在全球范围内率先探索数字化转型之路。《中华人民共和国国民经济和社会发展第十四个五年规划和2035年远景目标纲要》明确提出了“加快数字社会建设步伐”“提高数字政府建设水平”“营造良好数字生态”“全面提升城市品质”“构建基层社会治理新格局”①等要求。2020年3月，习近平总书记在考察杭州城市大脑运营指挥中心时进一步强调：“运用大数据、云计算、区块链、人工智能等前沿技术推动城市管理手段、管理模式、管理理念创新，从数字化到智能化再到智慧化，让城市更聪明一些、更智慧一些，是推动城市治理体系和治理能力现代化的必由之路，前景广阔。”②在顶层设计的科学引领下，基层社区治理数字化转型如火如荼地开展起来，这在很大程度上呈现出了中国地方治理最具显示度的变化。基层社区治理在组织协同和精细化服务等方面都有了明显的效能提升，但同时也存在“唯技术论”的治理倾向，数字鸿沟、数据碎片化、数字的工具理性与

---

① 《中华人民共和国国民经济和社会发展第十四个五年规划和2035年远景目标纲要》，人民出版社2021年版，第49、50、52、82、152页。

② 中共中央党史和文献研究院编：《习近平关于网络强国论述摘编》，中央文献出版社2021年版，第143页。

价值理性不统一等问题成为数字时代社区治理转型急需研究解决的问题。

其二,从中国城市社区结构类型的变化来看,改革开放以来,随着经济社会的快速发展,城市化进程明显加快。截至2022年年底,我国城镇人口占总人口的比重(城镇化率)已达65.22%。[①] 在城市化发展的过程中,城市人口急剧增加,社区数量不断增加,社区范围不断扩大,社区居民的利益诉求日益凸显,社区公共事务日益繁多,社区主体之间的矛盾日益复杂,这使得传统的城市社区治理方式与城市社区发展现实越来越不相适应,具体表现为传统的社区治理结构、治理手段、治理机制、治理能力都远远落后于社区发展的现实需求。随着城市化的发展和城市住房制度的变迁,城市社区的产权结构日趋复杂。根据产权结构不同,城市社区可分为城市商品房社区、老城传统社区、单位售后公房社区、城中村社区、农转居社区、城市边缘本地人口与外来人口混合社区、商品房社区、回迁房混合社区等。社区类型的多样化和复杂化使得原有的社区管理方式已无法应对面临的现实问题,难以满足城市社区多样化的发展需求。因此,针对不同类型社区的不同特点探索相应的治理策略,将数字技术与多样化的治理场景相契合,探讨以治理效能提升为导向,以数字赋能为技术支撑,以公共价值为追求的城市社区治理的优化路径,最大限度地满足社区居民的公共服务需求,就成为城市社区治理理论研究和实践探索的重要任务。

其三,从应对新冠肺炎疫情的防控实践来看,城市社区数字治理能力还面临严峻挑战,需要健全治理体系,提升治理能力,尤其是要提升数字治理能力。2019年年底,面对突如其来的疫情,中国政府秉持“以人民为中心”的治理理念,坚持生命至上,科学防疫,取得了举世瞩目的疫情防控成效,赢得了全世界人民的称赞。其中一个重要原因就是数字技术的有效应用,搭建了信息化防控体系。但具体到城市社区的防疫情况,由于不同社区的数字治理水平和能力不同,在疫情防控中呈现出的治理效能也大不一样,这更加凸显了社区治理数字化转型的必要性和重要性。

---

① 参见《中华人民共和国2022年国民经济和社会发展统计公报》,2023年2月28日,http://www.stats.gov.cn/sj/zxfb/202302/t20230228_1919011.html。

二、研究意义

作为一种分析和解释途径，治理是一套用于解释现代国家与社会结构变迁的规范性理论分析框架；作为一种创新性的实践，治理旨在变革传统管理模式，实现多种治理主体有机合作、共同参与的善治状态。相对于西方国家的社区治理来说，中国的社区治理起步较晚；相对于中国城市社区治理的实践来说，社区治理的理论研究有待加快完善。所以，契合数字时代的发展趋势，加强对社区治理数字化转型的研究，具有重要的理论意义和实践意义。

本书的理论意义在于从政治学、管理学等视角剖析城市社区治理的数字化转型问题，构建以提升治理效能为导向，以数字技术为支撑，以实现公共价值最大化为目标牵引的城市社区治理数字化转型的理论逻辑体系。

本书的实践意义在于回应数字时代城市社区治理现代化转型的现实问题，针对当前城市社区治理所面临的结构性困境，如个体原子化、制度碎片化、责任模糊化、信息孤岛化等问题，从数字技术角度探寻城市社区治理现代化的可行性路径，以期推动基层社会治理现代化和数字中国建设。

第二节　国内外研究现状述评

一直以来，中外学者对城市社区治理问题进行了大量的研究，特别是随着信息技术的迅速发展，数字治理、数字社区、智慧社区研究越来越成为学者关注的热点，中外学者出版、发表了系列研究成果。

一、国外研究现状

国外学者对城市社区治理问题的研究起步较早。1887 年，德国社会学家斐迪南·滕尼斯在《共同体与社会：纯粹社会学的基本概念》中提出“社区”概念后，国外学界围绕什么是社区、社区该如何发展、怎样治理等问题展开了大量研究，形成了很多理论见解，积累了丰富的学术资源。

(一)国外学者关于“社区”内涵的研究

“社区”概念源于德国学者滕尼斯的《共同体与社会:纯粹社会学的基本概念》。在他看来,社区是一种“亲密的、隐秘的、排他性的共同生活”的共同体,并将共同体与社会区别开来。[①] 美国社会学家乔治·希拉利(George Hillery)认为,社区是指那些包含着一个或多个共同要素以及在同一区域保持社会联系的人群。罗吉斯(Rogers)和伯德格(Burdge)进一步把社区界定为由彼此联系、具有共同利益或纽带、具有共同地域的一群人组成的群体。[②] 美国芝加哥学派学者帕克(Park)、伯吉斯(Burgess)、麦肯齐(Mckenzie)从制度层面揭示了社区与其他社会群体的区别,社区与其他社会群体的最终的、决定性的区别是组织制度,而不仅仅是人的汇集。[③] 正是这些地方关系网及其调动周围群众参与活动的能力,构成了社区最本质的内容。麦克米兰(D. W. McMillan)等提出了“社区意识”的概念,认为社区意识是社区成员对于所属社区的一种归属感,是社区成员对于所属社区及社区内其他成员重要关系的感知,是相信通过集体的奉献社区需求都会得以满足和实现的共有信念。[④]

概括起来看,国外学者对于社区的界定包含四层内涵:其一,社区是一个亲密的、真实的生活共同体;其二,社区是由居住在特定地域范围内的人构成的;其三,社区是以地域为界并具有整合功能的组织系统;其四,社区是一个有感情、有联系、互助合作的行动单位。

(二)国外学者关于“社区治理”的研究

综合起来看,国外学者关于“社区治理”的研究,主要体现在以下四个方面。

---

① 参见[德]斐迪南·滕尼斯:《共同体与社会:纯粹社会学的基本概念》,张巍卓译,商务印书馆2020年版,第68页。

② 参见张晓玲:《城市基层管理体制改革探讨》,《学术论坛》2011年第2期。

③ 参见[美]R. E. 帕克、E. N. 伯吉斯、R. D. 麦肯齐:《城市社会学:芝加哥学派城市研究文集》,宋俊岭、吴建华、王登斌译,华夏出版社1987年版,第110-111页。

④ McMillan D W, Chavis D M,“Sense of Community: A Definition and Theory”, *Journal of Community Psychology*, 1986, 14(1):6-23.

1.把社区治理作为社会治理的重要内容

美国著名社会学家F. 法林顿(F. Farrington)在1915年出版的《社区发展:将小城镇建成更加适宜生活和经营的地方》一书中把社区看作现代社会的区域共同体,其中包含了社区治理的意蕴。[①] 1932年,美国学者罗伯特·帕克(Robert Park)在《城市社会学》一书中指出,面对在一定区域范围内社区资源整合和社区协调发展的需要,社区治理就要基于社区的公共利益和共同事务,并立足于人口数,构建多元化参与的治理结构。[②] 21世纪以来,英国政府把现代治理理念贯穿于社区治理实践之中,从社区服务、社区发展战略、社区参与等多个层面推进社区治理。[③] 其主要特点是把社区看作具有战略价值的治理平台,统筹抓好社区发展和社区治理,高度重视社区理论的研究与运用,等等。[④]

2.关于社区治理参与主体的研究

西方学者认为,社区治理包含国家机关与公民社会的双重角色。社区治理是指在一定区域范围内,政府与社区组织、社区公民共同管理社区公共事务的活动。理查德·博克斯(Richard Box)指出,社区公民治理系指由社区公民、社区代表与社区实务工作者三者密切合作所组成的统治系统。[⑤] 安东尼·吉登斯(Anthony Giddens)认为,能否促进社会发展不仅取决于政府,而且取决于政府和社会能否共同努力完成社会治理。[⑥]

3.关于社区治理模式的研究

博克斯在《公民治理:引领21世纪的美国社区》中提出了创新社区治理模式问题。社区可以成立一些自治组织,公民代表可以通过各种社区治理

---

① 参见李东泉:《美国的社区发展历程及经验》,《城市问题》2013年第2期。

② 参见方然:《社区治理理论和实践研究》,《思想战线》2015年第1期。

③ 参见韩央迪:《英美社区服务的发展模式及对我国的启示》,《理论与改革》2010年第3期。

④ 参见王红艳:《社区治理的英国经验及其启示》,《福建论坛》(人文社会科学版)2014年第11期。

⑤ Box R C, *Citizen Governance: Leading American Communities into the 21st Century*, New York: Sage Publications Inc., 1997: 47.

⑥ 参见宋贵伦:《关于社会治理现代化的思考与探索》,《前线》2014年第8期。

平台获得更多的权力，以参与社区治理。[①] 也有学者结合日本的社区治理，揭示了日本的社区治理的本质，即国家主导和社会自治相互交织的两重性。[②] 简·库伊曼(Jan Kooiman)提出了三种治理模式：一是自我治理，靠社会自发形成的团体、组织或社会中的个人等实现；二是合作治理，靠政府与社会合作开展治理；三是层级节制治理。[③]

4.关于社区治理的意义和影响研究

博克斯认为，公民参与治理对实现社区善治具有积极作用，并把21世纪称为"公民治理的新时代"。[④] 剑桥大学教授理查德森(Richardson)认为，社区治理的意义在于它是"治理的灵魂工作"，确保基层与国家之间建立联系，以保障基层社会的安全与可持续发展。[⑤]

(三)国外学者关于"数字治理"的研究

自1998年"数字地球"的概念提出后，随着数字政府、智慧城市建设步伐加快，世界各国对"数字治理"高度关注，并形成了一些研究成果。下面着重从数字社区治理角度对国外学者关于数字治理的研究进行概述。

1.关于数字治理内涵的研究

帕特里克·敦利威(Patrick Dunleavy)等将治理理论与数字技术相结合，提出了数字治理理论，认为数字治理的核心在于整体的、公共参与的新型决策方式及电子行政运作广泛的数字化。[⑥] 美国学者迈克尔·米拉科维

---

① 参见[美]理查德·博克斯：《公民治理：引领21世纪的美国社区》，孙柏瑛等译，中国人民大学出版社2005年版，第2-31页。

② 参见李海金：《城镇化进程中的基层治理：日本的经验与启示》，《社会科学战线》2016年第7期。

③ Kooiman J, "Remaking Governance: Peoples, Politics and the Public Sphere", *Public Administration*, 2006, 84(4): 1098-1100.

④ 参见[美]理查德·博克斯：《公民治理：引领21世纪的美国社区》，孙柏瑛等译，中国人民大学出版社2005年版，第2-31页。

⑤ Richardson M, "Taking the Canterbury Communities into the New Millennium: The Role of Local Government", *Community Governance Forum*, Christchurch Convention Center, 1999.

⑥ Dunleavy P, Margetts H, Bastow S, et al., "New Public Management Is Dead—Long Live Digital-era Governance", *Journal of Public Administration Research and Theory*, 2005, 16(3): 467-494.

奇(Michael Milakovich)认为,数字治理的含义可从广义和狭义两个层面理解:广义上,数字治理指的是电子技术支持下的整个社会运行和组织的形式,包括对经济社会资源的综合治理;狭义上,数字治理指的是政府与经济社会的互动,以及政府内部运行中通过运用电子技术来简化政府行政,提高民主程度。[①] 可以说,数字治理包括利用信息和通信技术建立有效的公共合作伙伴关系,从而使智能城市建设的各个重要组成部分得到加强。

2.关于数字城市与数字社区治理的研究

国外学者一般将数字社区和数字城市治理结合在一起研究。社会基层的民主化进程必须要求在社区建设中广泛应用信息技术。[②] 社区公众主要通过社区信息平台获取信息,通过数字社区建设确保信息获取机会人人平等。[③] 数字社区集中关注将社区、企业、政府等主体的实体信息构筑为虚拟平台的虚拟社区研究,注重实体社区与虚拟社区的整合[④],目标是实现虚拟社区和真实社区之间的协调[⑤]。梅尔文·德尔加多(Melvin Delgado)在数字社区建设的需求分析中引入了客户关系管理(Customer Relationship Management,CRM)理念,提出了社区建设的指导原则。[⑥] 哈里森(Harrison)等对数字社区建设与社区公众服务需求之间的平衡性问题进行了探讨,并运用组件和协作信息系统等相关计算机技术完成了社区信息系

① 参见张晓:《数字化转型与数字治理》,电子工业出版社2021年版,第27页。

② Nunn S, Rubleske J B, "'Webbed' Cities and Development of the National Information Highway: The Creation of World Wide Web Sites by U.S. City Governments", *Journal of Urban Technology*, 1997,4(1):53-79.

③ Jones S G, "Information, Internet, and Community in the Information Age: Notes toward an Understanding of Community", *Cybersociety 2.0: Revisiting Computer-mediated Communication and Community*, 1998,1:1-34.

④ Sillence E, Baber C, "Integrated Digital Communities: Combining Web-based Interaction with Text Messaging to Develop a System for Encouraging Group Communication and Competition", *Interacting with Computers*, 2004,16 (1) :93-113.

⑤ Harada K, Hoshino H, "Feasibility Study of Digital Community through Virtual Enterprise Network", *Digital Cities II: Computational and Sociological Approaches*,2002,2362 :152-163.

⑥ Delgado M, *Community Social Work Practice in an Urban Context: The Potential of a Capacity Enhancement Perspective*, New York:Oxford University Press, 2000: 17-26.

统的构建。[①]

3.关于社区治理数字化必要性的研究

每个社区都面临着许多问题，如社区成员互相排斥和数字技术应用较少等。因此，需要结合社区发展目标，依托数字化手段解决这些复杂的问题。在智慧治理的环境下，居民参与协作、伙伴关系、沟通和问责制均会影响治理效能，对此需要将公共资源、人力资本、社会资本、信息和通信技术进行整合，促进社区可持续发展。有学者强调，社区治理数字化不仅是使用现代化的信息技术，而且包含传统社区的内涵，让社区居民在原有的基础上享受到更加便捷、优质的生活。[②] 米扎努尔·拉赫曼（Mizanur Rahman）指出，信息通信技术被用作催化剂，最大限度地增加社区与个体的互动，促进个体发展并提升社区治理的精度。[③]

4.关于智慧社区的研究

在国外学者看来，"智慧社区"的概念源于智慧城市，它是实现可持续、低碳发展和抗灾功能的城市建设的重要组成部分[④]，是社区参与城市生活公共服务的创新[⑤]。所谓"智慧社区"，就是通过先进的信息技术建立大数据平台和管理系统，实现公民公平便利、政府透明高效目标的一系列相互依赖的人类—网络—物理系统。[⑥]智慧社区是采用现代化信息技术使多个不同区域

---

① Harrison T M, Pardo T, Gil-Garcia J R, et al., "Geographic Information Technologies, Structuration Theory, and the World Trade Center Crisis", *Journal of the American Society for Information Science and Technology*, 2007,58(14):2240-2254.

② Mase K, "Information and Communication Technology and Electric Vehicles—Paving the Way towards a Smart Community", *IEICE Transactions on Communications*, 2012, 6:1902-1910.

③ Rahman M , "ICT Governance versus Community Empowerment: Grassroots Evidence from Bangladesh", *IFIP Advances in Information and Communication Technology*, 2010, 10: 33-50.

④ Mase K, "Information and Communication Technology and Electric Vehicles—Paving the Way towards a Smart Community", *IEICE Transactions on Communications*, 2012, 6:1902-1910.

⑤ Michelucci F V,Marco A D, "Smart Communities Inside Local Governments: A Pie in the Sky?" *International Journal of Public Sector Management*,2017,30 (1) :2-14.

⑥ He D J, Chan S, Qiao Y R, et al., "Imminent Communication Security for Smart Communities", *IEEE Communications Magazine*, 2018, 56(1): 99-103.

的居民、团体或相关政府部门等联系在一起[①],实现彼此间的信息互通共享[②]。通过此方式将他们原本的独立行为数字化整合成合作行为,更高效地进行治理并提高社区生活质量。[③] 通过引入"智能范式",制定和采取有效的策略还可以激活社区,提高居民的社区意识等。因此,从社区发展的视角切入,智慧社区在统筹协调社区资源配置、推动社区融合发展、提升居民生活便利程度方面有着巨大的潜力,是未来城市社区发展和建设的重要方向。

(四)国外学者关于"社区治理绩效"的研究

关于城市社区治理绩效的研究,国外学者根据不同的研究视角形成了一些不同的观点。鲍尔斯(Bowles)等认为,社会治理绩效是由多种因素(资源、网络特征)与机制(联结、桥梁与链接关系)共同作用的结果,并使用"社区治理"取代"社会资本"的概念,认为"社区治理"这个词语更准确地体现了善治,它能够将注意力引向群体做了什么,而不是关注人们拥有什么。[④] 社会资本并不是简单地对治理绩效直接产生影响,而是由资源组合与以最优方式使用资源的能力共同产生影响,包括影响个人或社区网络,以及影响其实现个人或社区目标的能力等。[⑤] 阿迪卡里(K. P. Adhikari)等提出了社会资本的两面性问题,强调其积极作用和消极作用都会对社区组织的可持续性行动产生影响,而唯一的破解方式就是击碎精英控制。[⑥]

国外学者非常重视绩效评估方面的研究。罗伯特·本恩(Robert Behn)认为,绩效评估是对工作产出成果以及质量水平等方面所作的总体分析,主

---

① Lazaroiu G C, Roscia M, "Definition Methodology for the Smart Cities Model", *Energy*, 2012, 9:326-332.

② Kourtit K, Nijkamp P, Arribas D, "Smart Cities in Perspective—A Comparative European Study by Means of Self-organizing Maps", *Innovation: The European Journal of Social Science Research*, 2012, 2:229-246.

③ Lombardi P, Giordano S, Farouh H, et al., "Modelling the Smart City Performance", *Innovation: The European Journal of Social Science Research*, 2012, 2: 137-149.

④ Bowles S, Gintis H, "Social Capital and Community Governance", *The Economic Journal*, 2002, 112:419-436.

⑤ 参见田铮:《社区治理绩效评估研究述评》,《产业与科技论坛》2018年第15期。

⑥ Adhikari K P, Goldey P, "Social Capital and Its 'Downside': The Impact on Sustainability of Induced Community-based Organizations in Nepal", *World Development*, 2009, 38(2): 184-194.

要是为了达到优化产出效果、提高工作效率、激励员工进一步努力实现目标而进行的。[①] 朱尔尼斯(Julnes)等认为,绩效评估可根据对象不同划分为"成本—收益""结果—产出""政策—过程"三种类型。[②] 托尔(Thor)指出,绩效评估可以从不同层面、不同角度进行,既可以从人力管理角度着手,也可以从技术层面入手,还可以从财务角度进行。[③] 绩效评估方面的研究,国外学者多用于研究企业,研究社区治理绩效评估的比较少,更多的学者注重考察的是社区"能力",具有代表性的是威廉・邓恩(William Dunn)设计的"效果、效率、充分性、公正性、回应性、适当性"[④]六个公共政策绩效评估指标。国外学者还从社区公共政策和国家与社会的关系等视阈研究城市社区中权力归属问题与社区权力因素对社区治理绩效的影响,继而形成了精英论和多元论等理论。[⑤] 他们对于社区能力的界定集中在动员社区资源、满足居民需求、提高居民生活质量、解决集体行动问题以及促进社区居民健康等。

总体上看,国外学者对社区、社区治理、社区治理数字化、社区治理绩效等概念的阐释和具体内容的研究都早于我国学者,形成的一些经典的观点和理论对我国的社会治理及城市社区治理都产生了重大影响。他们的观点源自西方社会,具有西方特色。在宏观上,我们借鉴西方的研究成果时需要与中国的实际相结合,创造中国特色社区治理理论体系;在微观上,西方学者的研究成果对我们研究城市社区、社区治理及治理效能具有重要的参考价值。

二、国内研究现状

在我国,"社区"概念的出现虽然晚于西方国家,但自 20 世纪 30 年代社

---

① Behn R D, "Why Measure Performance? Different Purposes Require Different Measures", *Public Administration Review*, 2003, 63(5):586-604.

② Julnes P de L, Holzer M, "Promoting the Utilization of Performance Measures in Public Organizations: An Empirical Study of Factors Affecting Adoption and Implementation", *Public Administration Review*, 2001, 61(6):693-710.

③ Thor C G, "How to Find, Select, and Display Performance Measures in Government", *Journal of Cost Management*, 2003, 17(3):31-38.

④ [美]威廉・邓恩:《公共政策分析导论》,谢明、杜子芳、伏燕等译,中国人民大学出版社 2002 年版,第 249 页。

⑤ 参见朱喜群:《国外城市社区权力研究的理论考察》,《国外社会科学》2018 年第 2 期。

会学家吴文藻基于中国国情对各地域不同社区进行专门研究以来，学者们对社区的内涵、社区治理理论、社区治理模式、社区治理绩效等展开了多层次、多维度的研究，形成了丰富的研究成果，为本书的研究奠定了坚实的基础。

（一）关于“社区”内涵的研究

我国学者关于社区问题的研究开始于 20 世纪 30 年代。在早期的研究中，最有代表性的是吴文藻和费孝通两位学者。吴文藻是中国倡导社区研究的第一人，是“社会学中国学派”奠基者；费孝通长期从事社会学研究，对社区和社区治理有着独到的见解。改革开放以来，更多的学者从不同学科视域展开了对社区问题的研究，形成了不同研究视角下的社区内涵观。(1)社会学研究视角下的社区是指由人、地域、文化等要素构成的一个群体。吴文藻指出，社区“乃是一地人民实际生活的具体表词，它有物质的基础，是可以观察得到的”[①]，至少包括人民、人民所居处的地域、人民生活的方式或文化三个要素，并且他强调文化“是某一社区内的居民所形成的生活方式”[②]。费孝通认为，社区是指一群聚集在一个地方分工合作的人，它是具体的，这群人之间的关系即人际关系构成社会。[③] (2)政治学研究视角下的社区，涵盖社区与公共政策、社区与国家关系等一系列议题。[④] 马卫红等在“国家—社会”范式下，对嵌入特定邻里关系中的行动者展开了分析。[⑤] 丁元竹从国家与社会关系、社区治理和社会资本等三个理论视角来审视社区，把自 2010 年以来政府倡导的社会治理理念引入了社区领域，丰富了社区建设的内容。[⑥] (3)管理学视角下的社区，主要指一个居住在一定区域的社会生活共

---

① 吴文藻：《论社会学中国化》，商务印书馆 2010 年版，第 432-433 页。

② 吴文藻：《论社会学中国化》，商务印书馆 2010 年版，第 434 页。

③ 参见费孝通：《从人类学是一门交叉的学科谈起》，《广西民族学院学报》（哲学社会科学版）1997 年第 2 期。

④ 参见刘继同：《由边缘到主流：国家与社区关系的历史演变及其核心议题》，《理论研究》2004 年第 1 期。

⑤ 参见马卫红、桂勇、骆天珏：《城市社区研究中的国家社会视角：局限、经验与发展可能》，《学术研究》2008 年第 11 期。

⑥ 参见丁元竹：《中文“社区”的由来与发展及其启示：纪念费孝通先生诞辰 110 周年》，《民族研究》2020 年第 4 期。

同体。郑杭生认为,“社区是进行一定的社会活动,具有某种互动关系和共同文化维系力的人类群体及其活动区域”①。《民政部关于在全国推进城市社区建设的意见》对社区所作的定义是:社区是指聚居在一定地域范围内的人们所组成的社会生活共同体。可以说,“社区”概念在我国学术研究领域和基层社区管理层面都具有明显的居住区域和共同体的意义。

(二)关于“社区治理”的研究

由于“治理”在我国学界出现得较晚,一段时间内研究者们在对“社区治理”概念内涵和外延的认识和把握上存在着一些不同见解。社区治理是指政府与社区组织和社区居民共同管理社区公共事务的活动,是由不同行为主体依托各自的资源而进行的相互作用模式。② 社区治理的本质是公民在社区建设中主体地位的体现,既包括政府及非政府组织介入社区发展的过程、方式和手段,也包括社区公民参与社区发展计划、服务项目等各种公共事务与公益活动的行为及过程,重点在于体现公民对社区发展责任和发展成果的分担与分享。③ 综观学界对于“社区治理”内涵的各种解释,焦点无外乎治理的主体、客体、手段和目的等方面,核心是围绕“为什么治理,谁来治理,怎么治理”等问题展开的阐述。由此可见,“社区治理”是一个复合型概念,既包含社区内部区域治理,也包含社区治理主体的治理行为,因此需要从社区治理主体、治理客体、治理内容、治理工具、治理方式等多层面把握社区治理的内涵。

(三)关于“社区治理理论”的研究

社区治理研究的一个重要视角就是社区治理理论研究。但由于我国社区建设起步晚,理论研究也相对滞后。很大程度上说,我国社区治理理论的研究经历了一个从“舶来主义”到本土化的发展过程。学者们多是借助西方的“元治理理论”“多中心治理理论”“新公共管理理论和后新公共管理理论”

---

① 郑杭生主编:《社会学概论新修》,中国人民大学出版社2003年版,第272页。

② 参见康宇:《中国城市社区治理发展历程及现实困境》,《贵州社会科学》2007年第2期。

③ 参见沈君彬:《社区建设中参与主体角色问题的反思》,《哈尔滨学院学报》2005年第6期。

以及"社会资本理论"等研究社区治理理论的。

持"元治理理论"研究视角的学者认为,元治理理论与我国政治现实和历史传统具有契合性,所以在我国城市社区治理中,"一核多元"[①]是主要特点。所谓"一核多元",就是党是元治理主体,政府、社区居民及其他社会组织等属于多核治理主体,在社区治理中发挥参与者的作用。但由于元治理理论过于重视政府的作用,社会力量在社区事务中发挥的作用不够充分。因此,多中心治理理论成为学者们进行研究的另一个重要视角。陈家喜认为,社区治理要注重多种治理主体的相互合作,尤其要重视发挥社区业主委员会、物业公司等社区主体的作用,加强多元合作治理机制建设。[②] 陈炳辉等从"新公共管理理论"视角探讨我国社区治理的方法路径,认为西方新公共管理理论所提倡的政府再造原理对社区治理具有重大启迪意义,未来的社区应该向授权型、竞争型、企业运作型、居民参与型、互助协作型社区转变。[③] 针对我国的社区自治主要由外力推动而内在动力不足的问题,付诚等强调,我国社区治理要从政府推动型自治向内在生成型自治的方向发展。[④]持该观点者强调社区治理在注重居民参与的同时要引入市场机制,建立社区治理竞争机制,使用合同外包服务等。

(四)关于"社区治理模式"的研究

与社区治理理论相对应,我国城市社区治理在宏观上形成了政府主导型、社区自治型、合作共治型等典型模式,而在微观上各个地区、各个城市又呈现出不同的治理特点。研究者多根据自己的理论认知或实地调研,从不同视角对城市社区治理模式进行分析和研究,形成了一些研究成果。魏娜从制度安排维度进行分析,将我国社区分为行政型社区、合作型社区和自治

---

① 张平、隋永强:《一核多元:元治理视域下的中国城市社区治理主体结构》,《江苏行政学院学报》2015年第5期。

② 参见陈家喜:《反思中国城市社区治理结构:基于合作治理的理论视角》,《武汉大学学报》(哲学社会科学版)2015年第1期。

③ 参见陈炳辉、王菁:《"社区再造"的原则与战略:新公共管理下的城市社区治理模式》,《行政论坛》2010年第3期。

④ 参见付诚、王一:《新公共管理视角下的社区社会管理创新研究》,《社会科学战线》2011年第11期。

型社区。[①] 陈炳辉等根据社区治理所使用的工具类型的不同，将社区治理模式分为授权型、竞争型、企业运作型、居民参与型、互助协作型。[②] 魏姝从社区治理结构的构成形式进行分析，将社区治理方式分为非正式关系、协商与协调、协议和系统协作四种类型。[③] 徐永祥等从社区的组织化程度和社区的规范化程度视角，把社区治理划分为政府主导型、政府管制型、合作型和自治型四种模式。[④] 张垚等基于主导社区治理角色的不同，把城市社区治理模式分为行政引导型、自治型、混合型、企业主导型。[⑤] 李文静等从社区治理运行实际出发，概括出社会组织委托型、社工机构服务型、项目指导型、社区内部发展型等模式。[⑥] 徐林等从治理绩效的角度，在对自治型、协作型、行政型和放任型四种治理模式的分析中，认为"自治型和协作型治理模式有着更好的治理绩效"[⑦]。胡伟等提出了"无缝隙治理"模式的概念。[⑧] 随着数字技术对社区治理的嵌入，邓念国提出了社区治理体系由垂直结构转变为横向网络结构的观点。[⑨] 刘伟等认为，"有效的基层治理无法再单纯靠政府的行政权力驱动来实现，它实际上更多的是治理主体多元化、治理方式智能化、治理体系整体化、治理规则法治化等方面的相互结合和整体互构"[⑩]。也有学

---

① 参见魏娜：《我国城市社区治理模式：发展演变与制度创新》，《中国人民大学学报》2003 年第 1 期。

② 参见陈炳辉、王菁：《"社区再造"的原则与战略：新公共管理下的城市社区治理模式》，《行政论坛》2010 年第 3 期。

③ 参见魏姝：《中国城市社区治理结构类型化研究》，《南京大学学报》（哲学·人文科学·社会科学版）2008 年第 4 期。

④ 参见徐永祥、侯利文：《城市基层治理的路径分析》，《社会科学辑刊》2015 年第 4 期。

⑤ 参见张垚、叶帆：《把社区建设成和谐的社会生活共同体：关于城市社区治理的研究综述》，《人民日报》2012 年 2 月 8 日。

⑥ 参见李文静、时立荣：《"社会自主联动"："三社联动"社区治理机制的完善路径》，《探索》2016 年第 3 期。

⑦ 徐林、方亦儿、薛圣凡：《社区资源禀赋、治理模式与治理绩效》，《浙江社会科学》2017 年第 3 期。

⑧ 参见胡伟、张润峰：《无缝隙治理：我国城市社区治理的一种新模式》，《中共天津市委党校学报》2018 年第 6 期。

⑨ 参见邓念国：《整体智治：城市基层数字治理的理论逻辑与运行机制——基于杭州市 S 镇的考察》，《理论与改革》2021 年第 4 期。

⑩ 刘伟、王柏秀：《国内学界的网格化管理研究：回顾、反思与展望》，《公共管理与政策评论》2022 年第 1 期。

者提出要“实现从精细化管理走向精准化治理、从网格化管理走向网络化治理、从单向度管理走向协同化治理的路径转向”[①]，倡导“互联网＋社区治理”模式[②]，努力将社会服务、社会组织、社会工作者等柔性治理元素纳入网格化系统之中[③]。上述研究成果及研究视角都为我们的研究提供了重要参考。

（五）关于“社区治理数字化”的研究

我国学者对于数字治理的研究虽然比西方起步稍晚，但研究热情非常高涨，从宏观上看，有关于数字国家、数字社会、数字政府、数字城市、数字社区、智慧社区等层面的研究；从微观上看，有关于数字治理的内涵机理、价值导向、治理目标、功能地位、风险挑战等层面的研究。鉴于本书研究的是城市社区治理转型，下面侧重从社区治理数字化角度对相关研究成果进行梳理。

1.关于数字治理的内涵

张晓认为，数字治理通常有两层含义：一是对数字治理，二是用数字治理。[④] 魏礼群等认为，数字治理作为数字技术、数字经济、数字社会、数字政府在发展中产生的一种新型治理，贯通了观念、结构、机制等管理要素，包括社会治理理念变革、运行机制重构、治理方式转变、政务流程优化、体制机制调整与资源整合等。[⑤] 安小米等认为，数字治理是由治理目标、治理主体、治理对象、治理活动、治理工具等要素组成的治理体系。[⑥] 孟天广从数字转型角度研究，认为数字治理利用“技术赋能”和“技术赋权”双重机制，旨在协同提升政府的治理能力以及社会中多元主体的合作共治能力。[⑦] 吴朝晖强调，

---

① 陈潭：《大数据驱动社会治理的创新转向》，《行政论坛》2016 年第 6 期。

② 王欢欢、朱旭东：《“互联网＋社区治理”模式的执行限度与优化路径》，《长白学刊》2021 年第 6 期。

③ 参见田毅鹏：《网格化管理的形态转换与基层治理升级》，《学术月刊》2021 年第 3 期。

④ 参见张晓：《数字化转型与数字治理》，电子工业出版社 2021 年版，第 127 页。

⑤ 参见魏礼群、顾朝曦、倪光南等：《数字治理：人类社会面临的新课题》，《社会政策研究》2021 年第 2 期。

⑥ 参见安小米、白献阳、洪学海：《政府大数据治理体系构成要素研究：基于贵州省的案例分析》，《电子政务》2019 年第 2 期。

⑦ 参见孟天广：《数字治理全方位赋能数字化转型》，《政策瞭望》2021 年第 3 期。

在信息技术的应用下，整个治理体系将更加开放、更加多元。[①]

2.关于数字治理的功能

魏礼群等认为，在全球处于数字技术驱动大变革的时代背景下，通过数字化手段赋能，提升治理的数字化、智能化水平，既是应对当前治理面临的系列挑战的迫切需要，也是有效应对国家现代化建设过程中种种风险和挑战的战略选择。[②] 杨明川指出，大数据、人工智能与区块链等技术构筑了数字化转型的未来，通过协同、共同作用推动更高层次的数字化转型。[③] 李志强等强调，随着大数据应用技术的日臻成熟、应用环境的日益完善，大数据与政府治理的需要日益契合，具有赋能政府治理的可行性。[④] 杜坤杰等提出，人工智能可以实现社区治理更自主的信息捕捉、更智慧的分析判断、更智能的辅助决策。[⑤] 徐晓林等强调，数字治理是新技术革命推动的结果，不仅是政府网站、服务网络化供给、信息传播数字化途径，它将改变政府、市民社会和以企业为代表的经济社会的互动方式，改变传统社会价值链，并对城市治理现代化发展产生深远的影响。[⑥] 在疫情防控中，数字化创新完成了基层智慧治理的社会启蒙，数字政府改革发展充分激发了多元化需求，基层治理参与主体不断增多，参与积极性也得到了提升，数字赋能基层治理将成为未来重要的发展方向。[⑦]

3.关于社区治理数字化

社区治理数字化可以先建立人口、经济、社会等综合性的信息数据库[⑧]，

---

① 参见吴朝晖：《四元社会交互运行，亟须深化数字治理战略布局》，《浙江大学学报》（人文社会科学版）2020年第2期。

② 参见魏礼群、顾朝曦、倪光南等：《数字治理：人类社会面临的新课题》，《社会政策研究》2021年第2期。

③ 参见杨明川：《大数据＋AI：构筑数字化转型的未来》，《信息通信技术与政策》2020年第4期。

④ 参见李志强、叶好：《国家治理现代化视域下大数据赋能政府治理研究》，《西南民族大学学报》（人文社会科学版）2022年第4期。

⑤ 参见杜坤杰、刘华诊、邵知寅等：《人工智能技术在智慧社区建设中的应用研究》，《华东科技》2020年第5期。

⑥ 参见徐晓林、周立新：《数字治理在城市政府善治中的体系构建》，《管理世界》2004年第11期。

⑦ 参见冯奎：《以数字赋能提升基层智慧治理水平》，《中国党政干部论坛》2021年第8期。

⑧ 参见唐有财、张燕、于健宁：《社会治理智能化：价值、实践形态与实现路径》，《上海行政学院学报》2019年第4期。

之后可以挖掘、分析、识别社区居民的服务需求[①],从而催生社区创新服务产业,如社区数据交易服务业、社区网络医疗服务业、社区信息采集业、社区智慧住宅建设业等[②]。根据2006年建设部编制的《建筑及居住区数字化技术应用》,社区数字化是指在社区范围内,利用计算机技术、通信技术、控制网技术、IC卡技术、互联网技术,建立社区建设、管理、服务数字化综合信息共享平台,并与城市建设、管理、服务数字化的综合信息共享平台互联互通。

4.社区数字治理风险研究

刘佳燕等认为,社区是风险产生的第一场所,也是风险后果最直接的承担者。[③] 首先是设备安全风险,如设备安全边界模糊,开放端口容易导致数据泄露,不同终端的安全能力差异大。[④] 其次是数据保管和使用风险,如个人数据保护意识薄弱,数据安全知识不足,数据管理不规范以及缺乏严格的数据保护法律法规等。[⑤] 再次是"数字鸿沟"问题。郁建兴等指出,"数字鸿沟"是数字化基础设施和数字化应用建设中存在的重大难题,现在新的"数字鸿沟"包括社区的数字化应用程度较低,相关工作人员数字治理的意识欠缺,数字化人才缺失,数字化管理中不同职能部门关系不畅等。[⑥] 最后,数字化转型的进度与基层治理的资源配置不相匹配,使得基层治理的数字化赋能效果大打折扣。[⑦]

5.优化社区数字治理的对策研究

针对社区数字治理所面临的系列问题,学者们对优化数字治理的对策进行了探讨。金炜玲等提出,要针对不同城市、不同发展区域的不同诉求来

---

① 参见董亮、李金兆、简青:《基于智慧社区的信息惠民服务体系研究》,《成都理工大学学报》(社会科学版)2017年第6期。

② 参见崔超:《城镇化背景下大数据构建和谐社区的策略探索》,《广西社会科学》2017年第8期。

③ 参见刘佳燕、沈毓颖:《面向风险治理的社区韧性研究》,《城市发展研究》2017年第12期。

④ 参见葛天任、裴琳娜:《高风险社会的智慧社区建设与敏捷治理变革》,《理论与改革》2020年第5期。

⑤ 参见张宇栋、王奇、刘奕:《"后疫情时代"社区治理中的个人数据应用:问题与策略》,《电子政务》2021年第2期。

⑥ 参见郁建兴、吴结兵:《数字化改革赋能未来社区治理》,《浙江经济》2021年第6期。

⑦ 参见文宏:《基层政府数字化转型的趋势与挑战》,《国家治理》2020年第38期。

充分发挥政务热线的作用，让精细化、精准化成为社区治理决策的导向，并以此来推动社区治理模式向数字化转型。[①] 王梓菲等强调要构建“互联网+”体系，推动社区网格化协同治理，推动互联网技术、协同治理机制、网格化社区治理深入融合、持续发展。[②] 洪祎丹等提出要加大鼓励力度，让数字化手段进一步推开，积极探索实践数字治理相关的工作，并持续推动建立不同层级、不同部门的协同管理机制体制。[③] 杨扬认为，社区数字治理的有序推进需要多方面保障：一要完善治理标准体系；二要通过管理体系网格化，实现对社区人员、基础设施、事件等多个领域的管理；三要加强宣传力度，提升服务效率，拓展实践场景。[④]

（六）关于“城市社区治理绩效”的研究

我国学界对于城市社区治理绩效问题的研究起步较晚，学者们从不同的角度，基于不同的侧重点和价值指向，对我国城市社区治理绩效的内涵和相关要素以及评价指标等问题展开了研究，主要集中在以下几个方面。

一是关于城市社区治理绩效的必要性研究。我国城市社区是随着单位制的解体和经济体制的转型发展起来的，社区的管理能力和社区服务功能一度是学术界聚焦的研究问题。张垚等认为，社区行政化以及多种治理主体关系不协调、社区服务专业化和职业化程度低、居民社区精神缺失等，都是影响城市社区治理绩效的重要问题。[⑤] 特别是随着城市社区住房的商品化、居住人员职业身份的多样化和复杂化，城市社区的利益关系、治理格局都发生了重大变化。因此，优先发展社区公共服务，有效供给社区公共服务产品，对于创新社区治理结构、激活社区居民的参与意识至关重要。[⑥]

---

① 参见金炜玲、李熠、李佳：《数字化社区治理：应用政务热线大数据创新物业管理》，《电子政务》2021年第2期。

② 参见王梓菲、袁凤林、李婧等：《“互联网+”社区网格化协同治理体系构建与实践》，《合作经济与科技》2020年第2期。

③ 参见洪祎丹、宋维尔、方虹旻等：《后疫情时代数字化赋能社区韧性治理的思考：以浙江未来社区为例》，《中国工程咨询》2021年第8期。

④ 参见杨扬：《探索数字化社区治理》，《中国社会科学报》2022年6月15日。

⑤ 参见张垚、叶帆：《把社区建设成和谐的社会生活共同体：关于城市社区治理的研究综述》，《人民日报》2012年2月8日。

⑥ 参见夏志强、王建军：《论社区公共服务的有效供给》，《社会科学研究》2012年第2期。

二是关于城市社区治理绩效的提升研究。叶岚从治理方式角度进行研究，认为协同治理有助于提升社区服务绩效。[①] 陈鹏从社区规模大小的视角探讨社区治理绩效的影响因素，认为商品房社区的户数与面积通常是社区政体设计和运行的一个重要内生变量。[②] 邓念国从社会资本功能角度分析，认为“社会资本特别是目标群体的认知性社会资本对社区治理绩效产生重要影响”[③]。孙小逸等从社区治理主体能力角度进行分析，认为“居委会的制度能力与社区治理绩效之间紧密关联，居委会动员社区外资源的能力有助于提高其服务效率”[④]。严志兰等从制度创新角度，为城市社区治理绩效的提升提供了路径选择。[⑤] 需要说明的是，学者们在探讨社会资本有助于提升社区治理绩效的同时，也强调不能完全利用社会资本理论来解释中国社区治理的成效，必须考虑到“差序格局”以及“关系”“面子”“制度”“权力”等因素对社区治理绩效的影响。[⑥]

三是关于城市社区治理绩效的评价指标研究。从宏观视角来看，多数学者是从国家治理层面来分析的，强调确立绩效评价指标的重要性。通过设计一套治理评估体系来判断治理的绩效，以便发现存在的问题，从而明确治理改革的方向。[⑦] 为此，何增科设计了一个包括治理体系完善程度、治理过程民主程度和治理结果优良程度三个评价维度的善治评价框架。[⑧] 单菲菲从城市社区治理绩效的中观维度，提出了公共价值的评价视角。社区治理的绩效不是政府自己生产的，而是多元主体合作的产物，必须以反映广大

---

① 参见叶岚:《协同治理视角下的社区网格化管理绩效研究:以杭州市上城区网组片社会服务管理联动为例》,《社会建设研究》2016 年第 2 期。

② 参见陈鹏:《城市社区治理:基本模式及其治理绩效——以四个商品房社区为例》,《社会学研究》2016 年第 3 期。

③ 邓念国:《认知性社会资本与城市社区治理绩效:基于杭州的实证研究》,《天津行政学院学报》2013 年第 4 期。

④ 孙小逸、黄荣贵:《制度能力与治理绩效:以上海社区为例》,《公共管理学报》2012 年第 4 期。

⑤ 参见严志兰、邓伟志:《中国城市社区治理面临的挑战与路径创新探析》,《上海行政学院学报》2014 年第 4 期。

⑥ 参见刘军、李艳春:《社会资本能提高社区治理绩效吗？——测量中的问题与“关系”研究架构》,《学术交流》2010 年第 7 期。

⑦ 参见俞可平:《中国治理评估框架》,《经济社会体制比较》2008 年第 6 期。

⑧ 参见何增科:《中国治理评价体系框架初探》,《北京行政学院学报》2008 年第 5 期。

社区居民集体偏好的公共价值为基础。[①] 徐建宇基于"制度和人"的治理悖论，提出了社区价值内涵对城市社区治理绩效的重要意义。[②] 陈鹏从社区治理微观视角，提出以物业服务状况、共有物业积累和社区居住认同作为评估社区治理绩效的核心指标。[③]

三、研究成果评析

综上所述，国内外学者们从不同视角对"社区""社区治理""社区治理理论""社区治理模式""社区治理数字化"以及"社区治理绩效"等问题进行了广泛的理论分析和学术探讨，形成了很多富有价值的成果，为深化中国城市社区治理效能问题研究打下了深厚的理论基础，提供了重要的学术资源。但从如何以满足不断发展的城市社区居民需求为导向，以现代数字技术为支撑，以不断提升社区治理效能为目标，在较为全面地分析我国城市社区治理的理论资源、历史基础、现实条件以及支撑要素的基础上，深刻认识以治理主体结构为载体、以治理行为为关键、以公共价值最大化为指向的城市社区治理要素的成长条件、功能定位及其作用机理的研究目的来看，已有的研究仍显不足。

其一，将产生、发展于西方国家的城市社区治理理论与中国城市社区实际相结合的理论研究还不够深入。如前所述，学者们热议的多元合作治理理论、社会资本理论、绩效治理理论、数字治理理论等是基于西方国家治理实践而形成的认识成果。这些理论成果对中国城市社区治理问题有一定的解释力，但如何将这些基于西方国家的治理实践而形成的理论认识创造性地应用于中国城市社区治理实践之中，形成既体现"一般"又反映"特殊"的中国城市社区治理理论，是一个有重要价值的学术议题。例如，在多元合作治理理论视阈下，关于如何从我国城市社区治理的历史基础、现实条件和发

---

① 参见单菲菲：《基于公共价值视角的城市社区治理绩效反思》，《兰州大学学报》（社会科学版）2016 年第 6 期。

② 参见徐建宇：《城市社区治理的价值原则、生活叙事和伦理意蕴研究》，《河南大学学报》（社会科学版）2018 年第 3 期。

③ 参见陈鹏：《城市社区治理：基本模式及其治理绩效——以四个商品房社区为例》，《社会学研究》2016 年第 3 期。

展未来的有机统一上认识各行为主体在整个城市社区治理体系中的价值定位的理论研究需要加强。又如，在现代治理理论视阈下，关于如何认识我国城市社区治理体系现代化的要素构成及其价值内涵、如何把握我国城市社区治理能力现代化的内容支撑及其实践表达等问题的理论研究需要深化。再如，在绩效管理理论视阈下，如何根据我国城市社区治理的实践逻辑，从过程分析与结果判断相结合的角度，对社区治理绩效的要素支撑、内容载体以及实现机制进行学理解释的研究需要拓展和创新。另外，社会资本理论视角下社区治理市场机制的引入以及社区服务外包等形式的产生与发展，在中国城市社区治理实践中应该如何实现规范化和规模化等，都需要进行理论上的深入探讨。

其二，基于多种理论、运用多种方法对中国城市社区治理问题进行的多角度综合性研究不够突出。例如，关于城市社区治理模式与治理绩效问题的研究，目前学术界关注的社区治理模式研究多是个案研究，虽然研究中采用了定量分析与定性分析相结合的方法，也注重实证样本的获取，并且多以探求社区治理的“最优模式”为目标，但却很少解释为什么很多成功的社区治理模式无法复制，也缺乏对各种典型治理模式的比较研究，从宏观的高度总结提炼各个成功案例的共同价值的研究成果仍然少见。同时，关于社区治理绩效的研究也多聚焦于绩效是什么以及如何评价治理绩效的层面，而对治理绩效是如何形成的以及治理绩效与治理模式之间的关系是怎样的等问题探究不够深入，因而研究成果的解释力相对有限。

其三，基于大数据、云计算的数字治理研究，目前多集中于数字平台等硬件设施的研究和智慧社区建设的个案研究，多停留在“技术治理”层面，深层次的能够彰显数字技术寓于服务之中、贴近公众、回应公众关切的数字治理理念、治理情怀、治理效能的研究，即适用于普遍化的城市社区数字治理的综合性研究成果比较少。而且，数字社区建设并不等于社区治理数字化，数字赋能也不等于数字万能，因为数字技术只是工具或手段，而治理则需要治理主体与客体的交互作用才能产生治理效能。数字技术嵌入社区治理能否实现治理效能提升，关键并不取决于数字技术本身，而取决于数字技术如何嵌入、如何应用。在数字赋能与治理效能的关系、治理效率与治理效能的联系与区别、城市社区治理数字化转型面临的问题与对策等方面，目前的研究还存在许多空白，加强对该领域的研究尤为必要。

鉴于此，笔者认为，通过对中国城市社区治理的历史逻辑、理论逻辑以及实践逻辑的深入探讨和综合分析，对中国城市社区治理的历史基础、理论资源、现实条件、发展未来以及由此形成的知识体系的基础性研究需要重视；基于中国城市社区数字治理的价值指向，选取若干具有典型性的案例进行分类研究、比较分析和综合考量，在总结不同类型城市社区数字治理的具体经验的基础上，以效能为导向、以公共价值最大化为追求的关于城市社区治理的一般性认识的归纳性研究需要加强；以治理结构为载体、以治理行为为关键、以治理效能为指向的中国城市社区治理的价值依托、关键要素、行动策略以及效能保障等诸多要素的功能定位及其作用机理的综合性研究需要突出；社区治理公共价值的实现是以治理主体的公共性代表、治理行为的公共性表达、治理规则的公共性蕴含以及治理结果的公共性呈现为条件的基础性认识，城市社区治理公共性成长的价值牵引、核心变量以及条件保障的应用性研究需要强化。这样认识和提出问题，旨在根据学界已经形成的学术认识和中国城市社区治理的实践发展，确立本书的价值指向和逻辑起点。

第三节　研究思路与研究方法

一、研究思路

本书是关于中国城市社区治理的基础性、综合性研究。基本的研究思路是以数字赋能城市社区治理为切入点，以提升社区治理效能为导向，以实现公共价值最大化的追求为分析视角，通过对中国城市社区治理的历史逻辑、理论逻辑以及实践逻辑的深入探讨和综合分析，深刻认识中国城市社区治理的理论资源、历史基础、支撑要件以及结构类型的价值内涵和生成逻辑，优化以数字技术嵌入社区治理为依托，以治理效能提升为导向的中国城市社区治理的知识体系及价值实现机制。

二、研究方法

以提升治理效能为导向的中国城市社区治理问题研究涉及社区治理目标定位、治理主体结构、治理策略选择以及治理资源保障等诸多因素。不同城市、不同区域的差异性使该问题的研究相对比较复杂。对此，将遵循“立足现实，提炼现实；开发传统，超越传统；借鉴国外，跳出国外；正确总结‘中国理念’，科学概括‘中国经验’”①的学术研究之道，针对本书的研究内容和研究目的，具体使用以下方法。

（一）文献分析法

以对综合性文献的宏观描述开始，结合期刊文章、与研究主题相关的图书、学位论文数据库、学科评审相关网站以及公开出版物的参考文献清单，通过杂志目录索引、在线书目展示、互联网引擎搜索等，回溯“城市社区”“社区治理”“社区治理数字化转型”“社区治理效能”等关键词的内涵界定及其相关研究历史与现状等。通过对文献资料的分析，从总体上准确把握我国城市社区治理研究的基本状况，了解发展态势和趋势，从而奠定本书的学术基础。

（二）规范研究法

运用规范研究法，通过对中国城市社区基层管理体制变迁、社区建设、社区治理的功能与效能等内容进行动态梳理，综合运用“国家—社会”关系理论、协商民主与多元合作理论、社会资本理论、公共价值理论、绩效管理理论、数字治理理论等对城市社区治理典型案例进行分析和比较，探寻各种影响城市社区治理效能的因素，在效能导向下城市社区治理过程的基础上探究优化路径，以达到不断提升社区治理效能、满足居民日益增长的美好生活需要的目的。

---

① 郑杭生：《社会建设和社会管理研究与中国社会学使命》，《社会学研究》2011 年第 4 期。

（三）系统研究法

系统研究法是一种统筹全局的科学研究方法，特点是分析与综合有机结合、整体与部分辩证统一。本书的主体是城市社区治理，客体是治理效能。社区治理作为国家治理的基层单元，无论是对其治理态势的分析和判断，还是对其治理效能的评价，都必须在国家治理体系这一大系统下来考量。只有从实现国家治理体系和治理能力现代化的宏观视角来考量，才能从微观上对城市社区治理的发展进程、绩效水平、评价指标作出科学客观的分析和定位，才能找到行之有效的提升城市社区治理绩效的方法路径，才能概括提炼出合理的治理绩效评价指标。

（四）结构功能分析法

结构功能主义是西方社会学中一个影响很大的理论。现代结构功能主义的主要代表人物是美国著名社会学家塔尔科特·帕森斯（Talcott Parsons）。他强调社会系统的维持必须满足四种功能条件：一是适应，即确保系统从环境中获得所需的资源并在系统内加以分配；二是目标达成，即制定系统的目标且能调动资源和引导组织成员实现目标；三是整合，即将系统各部分协调为有机的价值体系；四是潜在模式维系，即将系统的共同价值观以制度化形态加以呈现。将结构功能分析法引入我国城市社区治理问题研究，该方法的重要价值在于把社区治理看作一个整体系统，社区治理由具体部分——治理目标、治理主体、治理资源、治理策略、治理生态以及治理结果等组成，而具体部分又承担着社区治理整个体系的一部分功能，正是这些功能的发挥使得社区治理以整体的方式存在，同时，这种“整体性”又使社区治理的各个组成部分在公共价值的引导下不断发展。

（五）案例分析法

案例分析法也称“典型分析法”，是社会科学领域最常用的研究方法。案例分析法的基本要求：一是基于研究目的选择有代表性的事件作为分析研究对象；二是通过直接或间接的方式全面搜集研究对象的有关资料并进行科学分类，建立系统完整、分类科学的资料体系；三是对所要求分析的内容（如特征、属性、关系等）逐项进行分析研究，准确把握构成该事物（现象）的关键要素及变量关系；四是基于各项结果的综合性分析形成反映事物（现象）总体的规律性认识。将案例分析法引入中国城市社区治理问题研究中的突出优势在于，能够科学地引导研究者基于中国城市社区治理数字化转型的价值指向选取若干具有典型性的案例进行分类研究、比较分析和综合考量，在总结不同类型城市社区治理的具体经验的基础上，形成以效能为导向、以公共价值最大化为追求的城市社区治理的一般性认识。

（六）比较研究法

比较研究法就是对两个或两个以上的事物或研究对象进行考察分析，寻找其异同点，进而探求发展的一般规律的方法。本书运用纵横比较的方法，纵向上考察中华人民共和国成立以来城市社区治理的发展进程，在阐述不同发展阶段城市社区治理的目的、内容、方式及概念表达、实践载体、支撑要素、价值指向的内涵特点的基础上，揭示我国城市社区发展的“客观需求”与城市社区治理“主观供给”的动态对接及相互促进的发展规律；横向上选择不同城市社区数字化建设案例进行比较分析，在从微观角度分析比较不同先进社区治理案例的特点、功能和价值意义的基础上，从宏观视角总结出提升城市社区治理效能需要共同遵循的规律或原则。

第四节　研究内容与主要观点

基于上述研究主题、研究思路与学术指向，本书框架设计为包括导论和结语在内的八个部分，具体内容和观点如下。

导论：主要对本书的选题缘由与研究意义、国内外研究现状、研究思路与研究方法、研究内容与主要观点、创新之处与主要不足作概括性阐述，以确立本书的切入点。主要内容和观点包括：(1)在推进国家治理体系和治理能力现代化的背景下，数字治理蓬勃兴起，借助现代数字技术加强以效能为导向的城市社区治理研究既是实现国家治理体系和治理能力现代化的必然要求，也是推动城市社区治理现代化的重要理论支撑，更是实现人们对美好生活的需求愿望的迫切需要，具有重要的理论与现实意义。(2)“社区”“社区治理”以及“社区治理数字化转型”“社区治理绩效”的概念，无论是作为学术术语还是作为实务存在，我国都晚于西方国家，学术研究也相对起步较晚。基于我国城市社区治理现代化的价值诉求，在对国内外有关研究成果进行学术述评的基础上，强调从中国城市社区治理的历史基础、理论基础、实践基础出发，通过不同城市社区治理类型的比较分析，探讨城市社区治理关键要素的作用机理以及不同行为策略与治理效能的变量关系，这对于丰富我国城市社区治理的理论体系及提升治理效能有重要价值。(3)城市社区治理效能既是一个宏观问题，又是一个微观问题，不仅涉及社区治理主体的结构类型，还涉及社区治理的生态环境、制度供给、技术输入等要素的配置以及治理行为策略的选择等，这使得对该问题的研究相对比较复杂。为此，本书综合运用文献分析法、规范研究法、系统研究法、结构功能分析法、案例分析法等，在借鉴前人优秀研究成果的基础上，努力使研究更加科学、严谨和系统。

第一章：主要阐述了数字时代城市社区治理面临的新境遇，奠定了本书的现实基础。主要内容和观点包括：(1)随着数字化与信息化时代的全面开启，一场以数字技术为强劲动能的变革迅速在城市社区治理场域展开，运用大数据、云计算、区块链、人工智能等数字化手段，从技术、组织制度等方面推动社区治理整体性转变。(2)数字技术嵌入社区治理，客观上可以提高城市社区治理效率，使社区服务决策更具科学性和准确性，进一步增强社区公众参与和沟通，提升社区服务的便利性和效率。同时，提供了社区治理监测、预警和评估的数字化手段，致力于实现更好的社区治理效果和公共利益最大化。(3)数字技术的应用将重塑城市社区治理逻辑机理，创新城市社区治理格局：深化“以人民为中心”的核心理念，完善规范有序的制度标准体系，激活开放创新的社区治理驱动机制，构建共建共治共享的城市社区治理生态。(4)数字技术的嵌入可以打造城市社区治理多样化场景，实现社区公共服务的智慧化、生态化、个性化，保障社区居民生活的高效率和便捷性。

第二章：主要阐述了面向数字时代的城市社区治理理论的演进与重构，

夯实了本书的理论基础。主要内容和观点包括:(1)城市社区是城市发展的基础。借助数字治理技术将城市社区由“陌生人”共同体打造成为地缘共同体、精神共同体、邻里关系友谊共同体有机统一的美好生活共同体,从而确立数字时代城市社区治理理论的导向。(2)“治理”是一个多元的概念,包含治理主体的多元和平等、治理主体拥有共同目标、治理手段和方式多样等,治理的目的是实现公共利益最大化和公共效益最优化。社区治理是治理理论在社区领域的实际运用,是社区利益相关者之间合作管理社区公共事务的活动。(3)基于“国家—社会”关系视角,阐述了行政主导与居民自治的互动理论,强调通过国家与社会之间相互协作,使得社区能够在国家力量的推动下,凝聚社区居民和社会组织的力量,促进社区的自我管理和服务,实现共赢共享。(4)基于多元主体协同视角,阐述了协商民主与多元共治耦合理论,强调在党对基层治理的全面领导下,治理主体之间相互依存、协商共生,在社区治理中开展持续的合作和广泛的资源动员,以达成治理目标,共享治理成果。(5)基于公共价值生产的视角,阐述了社会资本与公共价值生产融合理论,强调公共价值作为社区的灵魂和命脉是社区主体意志表达和意志兑现的本质体现。社区治理的价值指向是公共价值的创造,是工具理性与价值理性的统一,是社会资本与公共价值生产的融合。(6)基于数字治理视角,阐述了技术嵌入与整体性治理驱动理论,数字治理的要义是强调数字化的服务整合;整体性治理的关键是协调整合机制的运作与执行,以更好地为公众提供公共服务,两者同向同行才能达到提升治理效能的目的。所有这些理论既是对以往“国家—社会”关系理论、社会资本理论、绩效治理理论、新公共管理理论的创新与重构,又是数字时代社区治理的理论基础。

第三章:主要阐述了迈向数字时代中国城市社区治理的实践,分析了不同时期中国城市社区治理的组织结构、行为特征与价值意义。主要内容和观点包括:(1)中华人民共和国成立以来城市社区经历了从“街居制”“单位制”到“社区制”的历史性演进,较为完整意义上的“城市社区”是改革开放以后快速成长起来的新型社会形态。(2)纵向上看,中国城市社区经历了“社区管理—社区服务—社区建设—社区治理—智慧社区建设”等历史发展进程,在不同历史阶段,社区治理的具体目标、内容、方式及概念表达、实践载体、支撑要素、价值指向也有不同侧重点。(3)横向上看,中国城市社区治理在不同历史阶段分别形成了各具特色的治理模式,特别是在智慧社区建设过程中,一些先行城市智慧社区建设积累了丰富的经验,为在全国范围内构建共建共治共享的社区治理格局和实现社区治理由传统粗放型向精细型、智慧型转型提供了价值参考。(4)城市社区对于社会发展的基础性、引领性作用,决定了城市社区治理既是社会治理的重要内容,又是创新社会治理的重要切入点。契合国家治理体系和治理能力现代化进程,实现社区公共价值最大化,是社区治理现代化的价值指向。

第四章:主要从理论与实践的结合上阐述了数字赋能城市社区治理的创新形态。主要内容和观点包括:(1)从理论角度,阐述了数字治理与城市社区治理的内在契合原理,强调数字治理具有工具理性和价值理性双重属性。一方面,技术的应用可以起到赋能增效的作用;另一方面,任何技术都有一定的限度。善用技术可以带来高效率,而滥用、误用数字技术则会带来一定的风险和挑战。所以,必须将数字治理纳入公共价值生产轨道,实现数字治理与公共价值生产的契合。(2)从实践角度,分别以北京、上海、杭州为例,从微观、中观和宏观层面探讨了数字技术嵌入社区治理的不同模式样态,揭示了其共同发展特点。(3)着重通过对"平台模式""场景模式""党建引领模式"的比较分析,总结了杭州城市社区治理数字化转型的经验,揭示出杭州城市社区治理数字化转型的成功之路在于转的不仅是方式与手段,更是思维与理念,在"数字＋"支撑之下,杭州走出了一条人民城市建设之路。

第五章:主要阐述了数字赋能城市社区治理效能提升的内在机理。主要内容和观点包括:(1)数字赋能城市社区治理是利用数字技术对社区治理理念、治理内容、体制机制等方面进行的整体性转变、全方位赋能和系统性重塑,体现的是技术治理与整体性治理理论的结合,实现的是效率与公平的统一、个体化与整体化的调和、精细化与协同化的配合、治理精度与治理温度的融合。(2)与传统城市社区治理相比,数字技术嵌入城市社区治理有助于优化原有的治理目标体系,顺应国家治理体系和治理能力现代化要求,便捷回应基层民众的需求,契合基层民主的价值追求,以凸显人民立场,提升社区治理的内在驱动力。(3)运用大数据、人工智能、物联网等先进信息技术赋能城市社区治理,有助于更新原有的治理价值体系,强化共同体理念和韧性治理,推动基层社会治理体制机制重塑与优化,促进公共服务资源分配均等化,提升人民群众的获得感、幸福感与安全感。(4)数字赋能城市社区治理有助于创新原有的治理机制,在已有的党建引领、政府主导、法治保障、社区自治治理体制机制的基础上,实施“数字+党建”“数字+行政”“数字+执法”“数字+平台”等,从而全面提升城市社区治理效能。

第六章:主要探讨了数字赋能城市社区治理效能评估、面临的问题以及路径优化问题。主要内容和观点包括:(1)数字赋能与治理效能都是具有多维度内涵的概念,数字赋能既是一种方法、一种理论,又是一个涵盖工具层、方法层、认知层、哲学层的金字塔式的体系架构;治理效能与数字赋能相比更具有复合性特点,包含效用、效率、功效的内涵。(2)随着数字技术的快速发展和居民需求的多层化、多样化,单纯的绩效导向的社区治理已难以有效满足日益多元化、个性化、复杂化的公共服务需求。(3)按照治理效能的内涵要求来评估数字赋能城市社区治理的实践运行,在感知治理效率提升的同时,发现存在过度数字化与数字赋能异化、数字信息安全风险、数据信息碎片化、“数字鸿沟”、指尖上的形式主义等问题。(4)鉴于数字赋能城市社区治理存在的系列问题,通过凝聚公共价值、强化系统设计、重塑数字关系、推动协同共享、探索机制创新以及促进可持续发展来概括出可复制、可推广的城市社区治理数字化的可行性路径。

第五节　研究创新与主要不足

本书汲取和借鉴已有的研究成果,以治理效能为导向,以数字赋能城市社区治理为技术支撑,以实现公共价值最大化为分析视角,在反思我国城市社区治理已有的实践和运行机制的基础上,透过治理效能背后的治理主体构成、权力配置、制度安排、机制运行、行动策略等诸多要素与治理目标的内在逻辑,着力探讨城市社区治理效能的支持要素及其变量关系,从而为不同条件下城市社区治理类型选择提供新的考量维度,为满足数字技术嵌入城市社区治理过程中的阶段性需求提供有针对性的策略选择。

一、研究创新

本书的创新性主要体现在以下三个方面。

一是研究视角比较新。目前，虽然关于数字治理的研究成果很多，但从数字赋能与治理效能视角研究城市社区治理数字化转型的成果并不多见。应该说，目前中国城市社区治理的实践远远走在了理论前面，这一方面为本书奠定了现实基础、提供了研究空间，另一方面也对本书的研究提出了挑战。特别是关于城市社区治理数字化转型的内在逻辑、效能评估，现有研究明显不足。正是鉴于这一现实，本书立足于政治学、管理学的学科视角，着重考察数字赋能城市社区治理背后的逻辑进路和价值遵循，从实然与应然相结合的角度进行探究，相较于已有研究偏重“技术治理”层面或对典型案例的分析，本书的理论建构和研究视角具有一定的创新性。对数字治理所体现的技术、信息与政治和社会治理之间的实践关联的分析，有助于我们在新的信息技术时空场域重构社区治理的目标和路径，对于当前城市社区治理数字化转型面临的体制机制优化和制度创新具有借鉴意义和参考价值。

二是研究思路架构有创新。本书以提升治理效能为导向，以数字赋能城市社区治理为中介，以实现公共价值最大化为追求，全面系统地阐述了社区治理、数字治理、社区治理效能的内涵特点及相关理论。纵向上通过考察中华人民共和国成立以来我国城市社区治理的发展进程，在阐述不同发展阶段城市社区治理的目的、内容、方式及概念表达、实践载体、支撑要素、价值指向的内涵特点的基础上，揭示了城市社区发展的“客观需求”与城市社区治理“主观供给”的动态对接与相互促进；强调城市社区治理理论的成熟程度依赖于城市社区治理的实践水平，“理论引导”与“经验推动”的融通和互动是城市社区治理的逻辑理路。横向上将治理效能内涵嵌入城市社区治理的全过程，通过对治理动因、治理资源、治理主体、治理结构、治理方式、治理行为、治理结果进行全方位考察，包括对不同城市不同特点的数字社区治理模式个案的比较分析，凸显以人民为中心的立场和公共价值的原则遵循，进而探讨提升社区治理效能的路径。这就突破了以往的研究多以社区治理主体权力的强弱作为划分社区治理模式或评价社区治理效能高低的思维框架，也打破了以各种指标数据对社区治理绩效进行评估的束缚，彰显了宏观思维与微观分析相结合、理论与实践相统一、系统研究与实证研究相结合的特点。这样的研究思路和架构增强了分析问题及解决问题的“深”度与“厚”度。

三是观念认识有突破。在研究目的和形成的观点认识上，本书以中国城市社区治理为研究客体，以提升城市社区治理效能为研究目的，通过对社区治理结构、治理行为、治理效能生成机制的综合研究，形成如下新的学术认识：(1)治理效能是治理结构、治理规范、治理行为相互作用的结果，表现为效率、效果和功效。“治理需求”或“治理存在”决定治理结构，进而决定治理行为和治理效能。多因性、多维性、动态性决定了治理效能的高度综合性。(2)公共价值最大化是判断城市社区治理效能的核心要义，城市社区治理公共价值最大化有赖于治理结构合理化，源于治理行为高效化。其中，治理行为作为治理结构的“主动性”因素和治理绩效的“生成性”条件，在整个城市社区治理的价值生产系统中居于关键地位，发挥核心驱动作用。(3)社区治理效能评价应是动态过程与静态结果的结合。特别是在数字时代，评价一个社区的治理效能，关键不取决于它有多少数据平台和现代技术设施，而取决于它在多大程度上回应了城市社区发展要求，契合了国家治理体系和治理能力现代化的发展目标，塑造了社区公共意识，优化了社区公共行为，提供了社区公共产品，满足了社区居民的公共需求。(4)数字技术嵌入城市社区治理不是简单地提供日益更新迭代的技术，而是要借助数字技术实现善治。不仅要求治理工具上的善用，以提高协同治理的组织力，更强调治理工具的服务导向，以满足人民需求，促进居民高品质生活，提升人民群众的获得感、幸福感、安全感为旨归。这样的分析所揭示的规律性认识，有助于拓展人们对城市社区治理效能的认识，对深化治理理论研究和在实践上提升社区治理效能具有积极作用。

二、不足之处

数字赋能与治理效能视角下中国城市社区治理问题研究，是一个涉及政治学、经济学、管理学、社会学、法学、信息科学等学科知识的宏大课题，其学术性、理论性、政治性、实践性都很强，研究难度较大。试图从总体上实现突破，是一件很不容易的事情。从这个意义上说，本书的研究仅仅是尝试性、探索性的，其中的不足之处主要体现在以下三个方面。

一是理论深度不够。由于笔者自身多学科知识不够宽厚，虽然在研究过程中认真阅读了大量学科专业著作和相关文献，但在实际写作中仍深感驾驭之艰辛。行文中关于数字赋能、治理效能、城市社区治理等基本理论知识的理解和应用，以及关于治理效能生成逻辑的建构等，难免存在一些不科学、不严谨或词不达意之处。

二是实证研究不够全面。虽然笔者在写作过程中先后到济南、青岛、杭州、上海、北京等地有特色的社区做过调研，但参观访谈多，深入社区治理全过程的体验较少，一些数据统计多是理性分析，缺乏感性体验，由此得出的结论就会显得生硬，缺乏柔性的温度和厚度。

三是研究内容还有待拓展。当今时代，数字技术本身日新月异，中国城市社区的结构类型又复杂多样，不同地区、不同城市的不同社区，由于其内外政治生态和社会生态不同，即使选择同样的治理策略，也不一定能够达到同样的治理效果。本书是基于对数字技术应用较为领先的城市社区治理典型案例的分析而提炼出的治理路径选择，对数字化水平较低的城市社区治理效能的研究还有待拓展深化。

第一章　数字赋能城市社区治理的时代命题

城市社区刻画着城市发展生机与美好生活的具体图景，也时刻折射着城市建设与城市生活自觉适应时代变迁的进步与反思。随着数字化与信息化时代的全面开启，一场以数字技术为强劲动能的变革迅速在城市治理场域展开。数据作为一种新的生产要素，革新了以往的生产方式、生活方式以及治理方式。城市社区从治理技术、治理组织、治理体制机制等维度突破了传统的治理模式，实现了更具整体性、系统性、联动性的新时代数字治理新形态。基于便捷、完备的数据归集支撑，依托高效、全方位的数字技术应用，城市社区治理能力和治理水平得到有效提升，以数据驱动和数字治理为核心特征的数字化转型推动城市社区迈入新时代社区创新竞争的新赛道。

第一节　新形势：以数字技术激发城市社区治理要素动能

不同时期生产要素的科学组合构建了不同水平的社会生产力，并使人类社会发展进程呈现出不同的阶段特征或阶段优势。数据作为当下新型的生产要素和生产力，已成为数字时代最具竞争力的战略性资源、新一轮国际竞争的领域。2017 年 12 月，习近平总书记在中共十九届中央政治局第二次集体学习时指出："要构建以数据为关键要素的数字经济。"[①]党的十九届四

① 中共中央党史和文献研究院编：《习近平关于网络强国论述摘编》，中央文献出版社 2021 年版，第 134 页。

中全会通过的《中共中央关于坚持和完善中国特色社会主义制度　推进国家治理体系和治理能力现代化若干重大问题的决定》明确提出，“健全劳动、资本、土地、知识、技术、管理、数据等生产要素由市场评价贡献、按贡献决定报酬的机制”[①]，首次将数据增列为生产要素。以数据为主要表现形态的生产要素的应用，颠覆了传统的生产方式，开创了新产业、新业态与新模式，已成为新时代推动城市高质量发展的核心引擎。当今世界互联网、物联网、人工智能等新兴信息技术迅猛发展，万物互联化、数据泛在化的时代趋势势不可当，数据已成为数字时代的支撑性生产要素和战略性资源，而数据能力日益成为展现国家实力的核心竞争力。

一、数据要素引领新趋势

生产要素是人类从事物质资料生产的基本元素。马克思认为：“各种经济时代的区别，不在于生产什么，而在于怎样生产，用什么劳动资料生产。”[②]由此可见，劳动资料决定着生产力发展的水平和质量，也对生产关系与社会关系的构建产生了重要影响，“更能显示一个社会生产时代的具有决定意义的特征”[③]。数据要素作为人类社会发展进程最新阶段的新型生产要素，自然也代表了当下生产力的最高水平。“数据作为新型生产要素，对传统生产方式变革具有重大影响。”[④]在古典经济学中，经济发展的三大关键要素是土地、资本与劳动力；在工业化时代，技术成为第四大生产要素；随着进入数字时代，数据要素新增为具有国家战略意义的第五大生产要素。综观人类文明史的变迁，关于生产要素的认知经验可以总结为以下几点：一是从人类历经的原始文明、农业文明、工业文明不同文明阶段的演进规律来看，新的生产要素产生主要是技术变革引起的；二是新型生产要素往往对特定时期的经济发展起到关键作用，代表着该阶段的社会生产力水平；三是与新型生产要素相匹配、相适应的制度条件和非制度条件（如人类意识或价值观）同样

① 《中共中央关于坚持和完善中国特色社会主义制度　推进国家治理体系和治理能力现代化若干重大问题的决定》，人民出版社2019年版，第19-20页。

② 《资本论》第1卷，人民出版社2004年版，第210页。

③ 《资本论》第1卷，人民出版社2004年版，第210页。

④ 习近平：《不断做强做优做大我国数字经济》，《求是》2022年第2期。

对社会经济发展起到重要的保障作用。总体而言，马克思主义政治经济学认为，生产要素是社会财富创造的坚实基础和经济增长的主要源泉。由此可见，不同时代的社会生产力特征主要是由各个时代的核心生产要素所表征和决定的。

数据是对人类从事生产、分配、交换和消费活动的数字化记录，因此数据是人类社会的产物，是对客观事物的主观反映。[①] 在现代社会中，数据所具有的规模性、即时性、非排他性、多样性等特征，使其在社会再生产过程中发挥着越来越重要的作用。当前，以数字技术为核心的新一轮科技革命和产业变革加速演进，人工智能、5G、云计算、区块链等数字技术跨越式发展，已经在经济系统中发挥了无与伦比的作用。数据作为生产要素迅速被广泛应用在各个行业领域，包括生产经营、生活服务、社会治理等。“推动互联网、大数据、人工智能和实体经济深度融合”“着力加快建设实体经济、科技创新、现代金融、人力资源协同发展的产业体系”[②]，是党的十九大为经济社会发展指明的方向，意味着数字经济的“红利”大规模产生的时代已经到来。

数据要素在推动经济社会转型、提升国家竞争力上的战略意义已引起世界各国的高度关注，自 2020 年起世界各国相继制定了一系列数字化战略，以此来寻求科技强国的新发展路径。美国商务部发布《关键与新兴技术国家标准战略》，列出了关键与新兴技术清单、战略目标与主要行动。加拿大行业战略委员会发布《重启、复苏和重新构想加拿大人的繁荣：构建数字化、可持续和创新性经济的宏伟增长计划》，以此来探索如何快速实现产业数字化转型，投资战略性数字基础设施，实现数字和数据驱动的经济。英国发布《研究与开发路线图》，提出要保障人工智能、量子技术和机器人技术等变革性新技术的研发位居全球前列。法国公布《“法国复兴”经济复苏计划》，投入 110 亿欧元支持网络安全、云计算、量子技术、人工智能等数字关键技术和数字健康、生物疗法等健康关键技术，以此来保障技术主权。欧盟委员会发布《塑造欧洲数字未来》，对未来五年欧盟数字化转型的总体目标和关键行

---

① 参见王传智：《数据要素及其生产的政治经济学分析》，《当代经济研究》2022 年第 11 期。

② 习近平：《决胜全面建成小康社会 夺取新时代中国特色社会主义伟大胜利——在中国共产党第十九次全国代表大会上的报告》，人民出版社 2017 年版，第 30 页。

动进行部署；在 2021 年发布《2030 年数字指南针：数字十年的欧洲之路》，明确欧洲到 2030 年实现数字化转型的战略愿景、主要目标和实现路径，旨在通过维护数字主权、完善政策框架、赋能个人和企业来实现数字化。德国联邦教研部发布《以技术主权塑造未来》，明确在通信技术、软件和人工智能、数据技术、量子计算机、氢能等领域实现技术主权。日本经产省发布《半导体和数字产业发展战略》，要求要像对待能源和粮食供给一样重视数字化发展，培育扎根于日本的数字产业，发展优质云产业。韩国财政部发布《基于数字的产业创新发展战略》，旨在提高优势产业的数据利用率，通过数字创新促进韩国跃升为世界四大产业强国之一。新加坡发布《数字服务计划及标准(DSS)》，率先在全球范围内开启了实现全城市的数字孪生建设新工程。

聚焦中国，数字化转型经过了 20 余年的探索，在实践中不断深化对数字化的内涵认知，数字化技术与应用逐步成熟，数字化制度与政策体系也日趋完善，逐渐摸索出了一条适合中国国情的数字化转型路径。自 2002 年出台首个信息化规划以来，中国的信息化建设进入飞速发展时期，相继发布了一系列国家级战略，如“宽带中国”战略、“互联网＋”战略、大数据战略等，以此来撬动升级中国的信息基础设施建设，为后续的数字中国建设打下了坚实的基础。随着通信网络、信息软件的技术创新与突破，互联网技术与经济产业、社会治理以及百姓生活的融合，中国步入传统产业转型升级、探索新模式新业态、革新生产生活方式的互联网时代。自 2016 年以后，中国信息化建设势头更加强劲，数字化思维与理念全方位渗入各个领域之中。《“十三五”国家信息化规划》提出数字中国建设的发展目标，数字技术与实体经济的融合更加紧密，并开创性地打造了一系列依托数字技术而衍生出的智慧教育、智慧医疗、智慧城市等新场景、新业态，数字红利进一步得到释放，并营造出由“数字”引发的全行业、全领域数字化转型的良性生态。《中华人民共和国国民经济和社会发展第十四个五年规划和 2035 年远景目标纲要》提出：“迎接数字时代，激活数据要素潜能，推进网络强国建设，加快建设数字经济、数字社会、数字政府，以数字化转型整体驱动生产方式、生活方式和治理方式变革。”[①]这标志着数字化转型已全面进入“快车道”。特别是疫情暴发后，数字化技术在疫情监测、防控救治、便民出行等方面的普及性应用进一步强化了数字技术赋能经济生产、社会运行、工作生活的重要支柱作用，也在数字政府、数字经济、数字社会等维度探索出了一条具有开创性、领先性的中国式数字化转型道路。2023 年，中共中央、国务院印发了《数字中国建设整体布局规划》，以“2522”布局明晰了数字中国建设的整体架构、工作目标、顶层设计以及重大意义，开启了数字时代中国式现代化新征程。

综上可见，数据要素的产生与大规模的成功运用撬动了传统生产关系的互动版图，不仅成为当下中国经济社会发展的重要引擎，而且构筑了大国数字空间竞争的新格局、新态势，对于加快建设数字中国、推进中国式现代化、全面推进中华民族伟大复兴具有重要意义和深远影响。

二、数据要素呈现新功能

数据的收集与处理一直以来发挥着重要的功能。20 世纪 90 年代起计算机应用变得普及，人类进入信息爆炸的时代，数据的形态也从单纯的阿拉伯数字进化为可记录、可储存的声音、图片或影像等非结构化形式。随着物联网的加入，人与人、人与物之间的交互摆脱了物理空间的约束，数据成为连接人们生产生活的新型载体和重要的互动工具。也就是说，人无时无刻不在产生数据、交换数据以及消费数据，这意味着人人都生活在也参与到“大数据的生命周期”之中。[②]

总体而言，从人类社会的数据产生方式来看，数据大致经历了早期的被动收集、中期的主动生产和后期的自动感知三个阶段。在早期阶段，由于数据库的出现，数据得以被归集整理并有效提升了数据应用的秩序和效率，如就医诊疗记录、银行账户记录、交通运行记录等。这些数据主要用于某些特定的运营活动中，但因为需要对数据进行人为的添加、修改和删除等操作，因而此阶段的数据呈现出被动收集、统一有序的特征。到了中期阶段，互联

① 《中华人民共和国国民经济和社会发展第十四个五年规划和 2035 年远景目标纲要》，人民出版社 2021 年版，第 46 页。

② 参见信息社会 50 人论坛编：《数字化转型中的中国》，电子工业出版社 2020 年版，第 24 页。

网逐步开始成为网民自主自由表达、社交互动的新阵地，以博客、微博为代表的新型社交网络媒体的出现和迅猛发展，使得网民的原创性作品在网络中广为传播，也促使数据的生产呈现出自主生产、快速流传的特征。特别是移动智能设备的普及以及网络世界的低门槛性，更加激发了民众在数字空间生产数字产品的积极性，因而 Web 2.0 时代又被称为人类社会数据量的第二次飞跃。与早期阶段不同的是，中期阶段的数据呈现出个性化、多样化的特征。而进入大数据时代，物联网技术能够将人类生产生活的各个环节、各个角落以数据的形式来进行抓取和分析，以此来提升城市生活的智能化水平，如智慧交通、智慧物流、智慧医疗等，通过对数据的实时感知和远程采集进而实现远程操作和服务。由此可见，数据让“万物皆可联”，人、事、物可以在同一个数据空间内实现“对话”，实现可连、可控与可达。数据发展到此阶段就由主动生产演变成了自动互联。相应地，数据要素也更多地呈现出规模庞大、多源异构、高速增长、动态演化等鲜明特征。

从数据的内容分类上来看，人们可以根据数据主体、数据分类分级保护制度、数据资源管理等多个维度形成对数据不同层面的认知。根据数据主体，可将数据划分为个人数据、公共数据、企业数据、政府数据等；根据数据分类分级保护制度，可将数据划分为一般数据、重要数据、核心数据等；根据数据资源管理，可将数据划分为结构化数据、非结构化数据、混合数据等。不同类型的数据在不同的应用场景表现出不同的功能。与传统生产要素——土地、劳动力、管理、技术、资本相比，数据要素的基本属性、作用形态和增值方式均不一样，并且形成了自身独特优势，成为一个国家的战略性竞争资本。从数据产生的逻辑来看，数据像一台永不停歇的发动机，将社会运行的所有部门、所有产业、所有环节，以无形的数据来进行表达、传输、交互和处理。同时，数据在生产和利用过程中并没有被消耗掉，而是继续被重复利用，基于强流动性、传播性、渗透性等特性，能够被无限开发并且持续地以海量的增速深入各个领域，以此实现万物“互联”。但与此同时，按照马克思劳动价值论的解释，数据要素作为生产要素在参与每个环节生产的过程中，实际上也兼具“凝结了一般人类劳动的价值”和“满足社会生产所需的使用价值”，因此，数据要素也被视为商品因而具有了稀缺性。显然，数据要素的非稀缺性与稀缺性是从数据的表现形式和内容功能上分别论证的。对于人类社会而言，数据就像是一座永不枯竭的“宝库”，源源不断地创造着“数字化产品”或者“数字化财富”。

2023年，中共中央、国务院印发了《关于构建数据基础制度 更好发挥数据要素作用的意见》。这既是中央发布的第一份关于要素市场化配置的文件，也是数据第一次与土地、劳动力、资本、技术等传统要素并列为五大生产要素。《关于构建数据基础制度 更好发挥数据要素作用的意见》进一步强调了数据要素作为一种新型生产要素，具有可复制、非消耗、边际成本接近于零等特性，对战略科技、创新资本和顶尖人才等高端生产要素具有放大、叠加、倍增作用。对此，要着力发挥数据的乘数效应，以此加快推进我国经济高质量发展。如何充分发挥数据的乘数效应，以数据要素的辐射效应放大劳动力、技术、资本等传统要素在社会各行业的价值，是当下需要着力探索的新命题。根据对《数据要素白皮书》的解读，数据要素投入生产的过程中要历经三次价值释放过程。一是数据流通。为促进政府部门和市场企业的业务活动开展，数据成为打通各业务部门的重要载体，发挥着支撑业务运行的重要功能。二是数据分析。当业务部门数据实现了流动后，再进一步通过数据加工、分析、建模，进而为生产、经营、服务、治理等环节提供更智慧、更智能、更精准的决策支持。三是数据再生。数据在发挥了决策支持功能后可以再次循环利用，随着数据流通到新的业务部门或新的场景，又可以与新的数据交汇、融合，生成新的数据并发挥更多的价值。由此可见，数据因为可以被重复使用，所以可以再产生新的价值。随着新一轮价值释放过程的开启，数据能够把不同的生产要素连接起来，再度发挥乘数效应。开放、共享的数据流通促进了线上与线下产业的深度融合。随着我国数字技术、产品、服务向各行各业渗透速度的加快，数据要素对其他产业生产效能和效率提升的赋能优势也在不断增强。

目前来看，当下数据要素处于快速演进过程之中，但仍面临着技术创新度不足、制度保障不充分等问题，应统筹推进数据产权、流通交易、收益分配、安全治理等方面的制度建设，消除“数据孤岛”现象，既让数据“跑得快”，又让数据“跑得稳”。

三、数据要素开创新样态

数据要素快速融入生产生活各个领域，并成为国家基础性战略资源，日益在推动数字经济发展方面发挥着不可替代的作用。数字技术和数据要素的融合驱动，引领人类社会加速走进数字时代、智能时代。

（一）大力发展以数据要素为重要支撑的数字经济

当前，数字经济已成为重要的社会经济形态，数据要素成为推动数字经济飞速发展的核心引擎。

首先，数据作为核心生产要素，能够催生并推动新产业、新业态和新模式的发展。大数据、人工智能等新兴技术广泛应用于与人类生活密切相关的生产、物流、零售、教育、医疗、政务服务以及城市治理等各个领域，改变了市场生产方式、政府治理方式以及人们的生活方式，提高了社会治理和服务效能，并以此开拓了线上服务新模式，激活了消费新市场。

其次，产业数字化加速转型，以数据带动实体经济发展，推进生产、管理、服务等环节的创新重构。

再次，数字经济拉动了新个体经济快速发展，打开了消费和就业新格局。2022 年，社交电商从业人员突破 2 亿人，社交电商市场交易规模达 28542.8 亿元。[①] 由此可见，数字经济带来了自主就业、副业创新、灵活用工等新机遇，进一步激发了市场主体创新、创业、创造的内生动力和创造活力。2020 年，国家发改委等 13 个部门公布的《关于支持新业态新模式健康发展　激活消费市场带动扩大就业的意见》提出支持 15 种新业态新模式发展，包括在线教育、互联网医疗、线上办公、数字化治理、产业平台化发展、传统企业数字化转型、“虚拟”产业园和产业集群、“无人经济”、培育新个体经济支持自主就业、发展微经济鼓励“副业创新”、探索多点执业、共享生活、共享生产、生产资料共享及数据要素流通。特别是经过了疫情后，我国数字经济已验证其强大的活力和韧性，以此衍生的新产业、新业态和新模式不仅赋能疫情防控，还能够有效缓解行业压力、拉动经济复苏、创设就业岗位等。

---

① 参见《中国社交电商行业发展白皮书（2022）》，2023 年 3 月 31 日发布。

最后，共享经济快速崛起，开创了新型经济形态与新型消费观，实现了消费使用与生产服务的深度融合。《中国共享经济发展报告（2023）》显示，2022 年，我国共享经济市场规模持续扩大，全年共享经济市场交易规模约 38320 亿元，同比增长约 3.9%。① 其中，生活服务、生产能力和知识技能三个领域共享经济市场规模居前三位。随着共享经济市场规模的持续扩大，共享生活应用场景快速普及，一方面，满足人们对方便、快捷、低成本服务的需求，深度融入快速发展的城市化生活；另一方面，共享经济成为拼经济、扩内需的重要抓手，更在稳岗稳就业中发挥着重要的积极作用。

（二）着力运用大数据提升国家治理现代化水平

随着人工智能、物联网、云计算等信息技术的迅猛发展，大数据时代已全面开启。习近平总书记在主持中共十九届中央政治局第二次集体学习时强调："要建立健全大数据辅助科学决策和社会治理的机制，推进政府管理和社会治理模式创新，实现政府决策科学化、社会治理精准化、公共服务高效化。"②由此可见，运用大数据提升国家治理现代化水平既是时代趋势，也是时代重任。必须积极转变治理思维与治理方式，运用大数据技术手段，改革治理体制与机制，不断提高政府治理的行政效能和服务水平。

首先，提高决策力。通过对海量数据进行分析、研判与预测，政府能够及时把握当前社会问题、难题的聚焦点或发展态势，依据大数据分析结果精准定位问题突破口，从而大大提高决策的前瞻性，提高决策效率。

其次，提升执行力。以数据集中和共享为途径，实现技术融合、业务融合、数据融合、资源融合，破除信息壁垒，构建统一化、标准化的信息数据共享平台，以此实现跨层级、跨地域、跨系统、跨部门、跨业务的协同管理和服务，进而提升政府的执行力。③

---

① 参见郝亚娟、张荣旺：《〈中国共享经济发展报告（2023）〉：共享经济成为扩大内需的重要抓手》，《中国经营报》2023 年 2 月 24 日。

② 中共中央党史和文献研究院编：《习近平关于网络强国论述摘编》，中央文献出版社 2021 年版，第 134 页。

③ 参见沈体雁、杨明瀚、耿德红：《城市数字治理理论与实践："一网共治"南京模式》，社会科学出版社 2023 年版，第 128 页。

再次，强化监督力。数据要素最重要的特征就是可储存、可追踪，因此通过大数据技术手段可实现对权力运行全过程的留痕记录，确保政府政策执行过程可监控，既有效监督政府政策执行的质量，保障政策目标的达成，又能够及时发现和处理各类不作为、乱作为及腐败行为，以此来构筑强有力的数字化监督机制。进而逐步完善数字时代的权力运行监督机制，促进监督效果转化为治理效能。

最后，聚合服务力。以大数据为媒介搭建政府信息共享服务平台，构建共建共治共享治理格局，运用大数据技术手段打破“信息孤岛”，整合数据资源，搭建快速、精准、高效的数字化工作流程和政务服务模式，为多元治理主体提供智能化、精细化的信息服务，实现政府从粗放式管理向精细化管理转变、从单一式管理向协作式管理转变，全面提升政府的服务质量与服务效能。

（三）全力实现大数据赋能民生服务，提升居民幸福感

坚持以人民为中心、人民城市为人民的发展理念，充分让大数据成为保障和改善民生的“助燃器”。借助数字技术，可以将更多的群众纳入民生保障范围，助力普惠性民生建设，科学破解民生资源配置不均衡、不平等问题，确保全体人民的基本生存和发展需求得到满足。在基本性、兜底性民生保障服务方面，数字技术的广泛应用不仅能够提供更便捷、高效的服务，让人们享受到更好的教育、医疗等民生服务，还可以有助于政府更准确地识别并满足市民的需求，确保民生政策的落地执行，提升政府公信力，让数字化成果更加全面地惠及人民，促进社会公平正义的实现。

首先，数字技术突破地域空间的限制，保障民生普惠性。对于乡村地区，通过数字技术建设数字乡村民生服务平台，开发应用“数字乡村”App等，针对乡村居民的民生所需来科学合理地配置民生资源，立足村民的基本需求，完善乡村基础设施建设，改善村民生活条件，提高乡村生活品质。

其次，数字技术融合民生建设，为民生注入新活力。利用数字技术结合教育、医疗、养老等一系列民生服务，有力推进了民生服务的数字化转型。以“数字＋教育”“数字＋医疗”“数字＋养老”等模式缓解了教育、医疗资源

的紧张。让数据多跑路、让群众少跑腿，不断提升民生服务的普惠化、均等化与便捷化水平，打造人民满意的智慧民生保障体系。

最后，数字技术联动治理主体，创设数字服务场景。数字技术革新了民生服务方式，利用互联网、大数据、区块链、人工智能等数字技术组合，再聚合政府、企业以及社会组织等各个参与城市治理的主体，通过数据资源共享、线上线下联动，共同打造公共服务场景，推动数字技术全面融入居民社会交往和日常生活，使民生服务日趋智慧化、便利化，基本实现了居民出行、购物、就医、教育、娱乐、办事、养老等生活场景的数字化打造。

就城市社区而言，社区的数字化转型既是时代所需，也是实现公共服务供给智慧化的新形态、新模式，是城市高质量发展、实现人民共同富裕的重要突破口，直接关系到基层社会治理现代化的实现。在数字技术蓬勃发展的当下，城市社区要勇于扛起作为国家治理“最后一公里”的责任重担。一方面，要直面当下，迎接数字技术带来的挑战与风险；另一方面，要引领城市社区谱写数字时代的新篇章，将数字融入民生，用数字赋能民生，让数字成就民生。促进公共服务优化，提升社区生活品质，增强数字社会包容性，使社会发展成果更全面地惠及全体人民，推动民生水平迈上新台阶。

第二节　新目标：以数字技术嵌入提升城市社区治理效能

党的十九届五中全会提出：“加强数字社会、数字政府建设，提升公共服务、社会治理等数字化智能化水平。”[①]数字技术应用于城市社区治理，主要是指运用大数据、云计算、区块链、人工智能等数字化手段，从技术、组织制度等方面推动社区治理整体性转变、全方位赋能、革命性重塑。[②] 数字技术的应用可以提高城市社区治理效率，增强社区服务决策的科学性和准确性，进一步强化社区公众参与和沟通，提升社区服务的便利性和效率，同时提供

① 《中国共产党第十九届中央委员会第五次全体会议文件汇编》，人民出版社2020年版，第35页。

② 参见韩志明：《技术治理的四重幻象：城市治理中的信息技术及其反思》，《探索与争鸣》2019年第6期。

了社区治理监测、预警和评估的数字化手段，致力于实现更好的社区治理效果和公共利益最大化。

一、数字赋能城市社区治理的新特征

（一）数字赋能推动社区治理多元化参与

一直以来，政府是社区治理的主导者，与此同时，政府还扮演着建设者、组织者、协调者和运营者等角色。城市社区的数字化转型是一项复杂的系统性工程，不仅需要建设公共基础设施、打造信息化服务平台、出台相关的一系列专项规划和标准指南，还要指导社区治理与社区公共服务相关工作，维护公共基础数据库安全等。这在客观上就要求政府必须联动多方主体共同推进社区的数字化建设。

从社区层面来看，社区治理需要政府与社区居委会发挥主导作用的同时，还需要其他多元主体的参与。例如，社区居民是社区数字化建设的最终受益者和关键参与者，可以根据自身的真实生活体验提供需求反馈、参与决策、使用数字化服务等。特别是社区居民能够对于数字化服务应用的接受度和使用习惯进行及时反馈，有利于确保数字化建设成效深入民心。

另外，互联网服务企业在社区数字化建设中发挥着核心技术支撑作用，可以根据社区需要提供各类数字化产品和服务，如智能家居、物联网设备、软件开发等，成为政府或公共服务部门的紧密合作伙伴，共同促进社区数字化转型。在实践中，随着数字化建设在全国范围内的深入开展，社区治理的主体互动更加紧密，已形成了政府主导下的互联网服务企业、物业公司、第三方运营平台等市场主体，以及社区居民、业委会、社会组织等社会主体力量共同参与的社区数字化建设多元格局。

以数字化为契机，城市社区多元治理主体之间的协作互动有了更有力的抓手。多元治理主体不仅在实体空间并行合作，还能在数字空间无缝隙、跨部门对话合作。从实践上优化了城市社区公共服务的供给结构，从理论上为多元共治理论内涵提供了生动的成果展示。

(二)赋权增能、减负增效

随着数字化改革进入深水区,城市社区的数字化转型逐步显现出成效。数字技术成为有效的治理手段和技术支撑,广泛应用于社区治理、居民自治、城市治理、政府服务以及基层党建等多个数字化场景。在数字技术较为成熟的城市或地区,城市社区的数字化建设已经取得了显著成效,主要表现为赋权增能、减负增效。

一直以来,基层社区都担负着经济发展、社会进步、群众参与、社会互助等重要职责,发挥着“上传下达”的重要使命,是基层治理的“最后一公里”。然而,在现实中社区大多存在社区工作者工作负担重、工作内容无留痕、辖区底数不清晰、服务居民渠道少等诸多痛点。对此,数字技术可以为社区治理难题提供新的解决方案:通过打造社区数字化信息平台,实现资源整合,打造街道端、社区端、居民端管理服务闭环,实现各条线数据信息横向纵向贯通,让数据“一头录入,多方共享”,并为街道精准管理、科学决策提供数据支撑。

目前,基层社区涌现了大量的数字化平台,如“一表通”“社区治理云平台”“一网通”“邻里治”等典型的数字化应用或场景,在提高基层社区工作者的工作能效、减轻基层工作负担等方面发挥了巨大的能量。不仅如此,还可以借助数字平台进一步建构精细、精准的社区公共服务供给体系,助力社区治理和服务由以往被动的经验分析转变为主动的数据研判,运用大数据思维创新基层治理方式,凸显数字赋能基层治理现代化的优势。如今,社区公共服务的各个领域,包括交通出行、公共安全、教育、医疗、购物、娱乐,都借助数字技术实现了精准化和个性化的提升,让城市社区居民享受到了便捷舒适的现代化社区生活。

(三)凸显以人为本,消除“数字鸿沟”

数字技术的嵌入能够优化基础设施布局,让城市社区全天 24 小时提供线上线下的各类民生服务。为彰显数字化的便捷性和高效性,目前的城市社区大多开发了专属的社区网站、小程序、社区 App 或“云平台”等多种多样的便于居民获取信息或议事协商的线上渠道，极大地满足了居民对于便捷参与、互动反馈、高效回应的一系列民生需求，利用数据信息的即时性和对称性特征，拓展民意收集渠道，及时掌握民情，实现公共服务与民生需求的精准对接。

值得注意的是，社区服务和治理始终要彰显“以人为本”的核心理念，数字红利应当是全体人民共同享有的，公共服务的数字化更要彰显普惠性与包容力，特别是在老龄化加速的当下，数字技术不应成为老年群体的额外负担。对此，2020 年，国务院办公厅印发《关于切实解决老年人运用智能技术困难实施方案的通知》，旨在推动解决老年人在运用智能技术方面遇到的困难。该通知明确，通过保留传统的服务方式，开展适老化改造专项行动，建立解决老年人“数字鸿沟”问题的长效机制等，方便老年人更好地共享信息化发展成果。[①] 相应地，城市社区也要保留传统的线下办事窗口，特别设立“一站式”一体化的便利服务窗口，彰显数字时代社区服务的精度与温度。

（四）协同联动，打造治理共同体

数字赋能城市社区治理，让社区在治理中逐步走向“智治”“智理”。以数字化为抓手，促进社区治理共同体建设是实现国家治理现代化的必由之路。

一是数字化聚集社区责任共同体。借助数字技术有效联结党政商社群各个参与社区治理的主体，通过明晰责任清单，划分职责范围，进一步细化治理主体的责任与义务，提升社区治理工作的透明性与规范度，形成“事事有人管”的社区协同治理局面。

二是数字化凝聚社区价值共同体。建设社区价值共同体是社区治理主体协同共治的内在动力。以社区专属网站、社区云平台、社区 App 等多种在线平台构建社区数据互通、资源共享的数字生态，提高社区居民的数字化参与积极性，以此来强化居民的社区归属感、信任感和认同感，激发社区成员

---

① 参见《国务院办公厅印发关于切实解决老年人运用智能技术困难实施方案的通知》，2020 年 11 月 24 日，https://www.gov.cn/gongbao/content/2020/content_5567747.htm。

积极主动参与社区价值共同体的建设，形成“事事有人知”的社区共识达成局面。

三是数字化联结社区行动共同体。社区行动共同体是社区治理的外在保障。通过数字技术打造社区治理平台，有效吸纳社区居民、政府、社会组织、社会工作者等主体，不断创新“五社联动”机制，调动社区、社会工作者、社区社会组织、社区志愿者、社区公益慈善资源等主体力量，相互联动、协同合作，共同化解社区资源不充足和利用不充分等难题。同时，借助云计算、大数据、人工智能等技术能够提升不同治理主体之间的行动协同能力，实现及时发现、及时响应、及时处置、及时反馈的任务行动闭环，真正为社区群众解难题、办实事，形成“事事有人做”的社区共治局面。

四是数字化构建社区利益共同体。社区利益共同体是社区治理共同体的价值导向。通过整合社区各个治理主体的利益目标，能真正激发多元主体参与社区治理的主动性和主体性，实现社区治理稳定、有序与合法。居民作为社区最主要的利益主体之一，借助网上议事厅、小程序等在线协商平台不仅能够畅通社区居民的利益诉求表达渠道，形成多元主体间平等、合作、共治的共同体关系，而且能够促进社区协商共治方式的多样化，进一步增强社区居民的自治能力。

除此之外，数字化技术不仅应用于利益表达机制的设计，还要有相应的利益保护与监督机制，便于各个利益相关主体彼此监督、相互协商，积极寻求利益公约数，实现公共利益最大化，促进社区治理共同体和谐稳定、可持续，形成“事事有人赞”的社区利益认同局面。

二、数字赋能城市社区治理的新优势

（一）效益层面：流程优化降低治理成本

社区治理数字化成效的重点在于在提升社区治理效能的同时降低治理成本。通过数字化、智能化的手段和设备，推动社区公共服务、公共安全、公共管理等领域的信息数据的开放和共享，以此来消除信息壁垒，打破政府职能部门之间、政府与企业之间、政府与社会组织之间乃至政府与居民个体之间的“信息鸿沟”，实现跨部门、跨场景、跨业务的信息资源共享，以此构建社区治理多主体共建共治共享的协同治理格局。通过数字技术实现治理流程优化，确保社区全方位、全过程、全覆盖的智能化管理，有效降低社区治理精细化的成本，提升社区居民的获得感、幸福感和安全感。

（二）效率层面：信息整合提升科学决策力

“用数据说话”“用数据决策”是数字时代的特征和优势。借助大数据、物联网、云计算、人工智能等信息技术推动城市社区治理，充分发挥数据精准度高、流动性强、可追溯性强等特点，运用大数据对纷繁复杂的社区问题进行科学分析、研判并处理成具有决策参考性的有效信息，为社区治理主体提供全面、合理、客观的决策依据。特别是当下城市公共安全事件时有发生，运用大数据技术，针对城市社区面临的不确定性风险，将虚拟仿真、预测分析技术引入城市社区风险治理，最大限度地降低突发风险对社区的破坏力，增强城市韧性治理。

（三）共享层面：公开透明强化监督保障力

公开透明是保障治理效能的本质需求。而“数字”本身所具有的即时性、开放透明等属性，有利于社区治理流程可监控、治理效果可反馈，有助于社区居民、政府机构、社会组织及时对社区治理过程进行监督。数字化的核心特点是数据的开放与共享，促进城市社区治理公开透明，强化社会力量监督，增强基层民主。例如，在数字化平台建设助力社区治理模式中，依托各类数字平台，可以实现政府、市场组织、社会组织、居民个体同时在线参与社区治理，及时发现问题、解决冲突，提升各治理主体的参与意识与参与能力。

（四）协同层面：多元协同激发创新活力

社区治理的数字化转型需要处理好政府与市场、政府与社会之间的数字关系，借助数字技术共建数据系统、共享数据资源，构建“政府—市场—社会”共治格局，激发社会多元主体的数据潜能，将数据资源转化为治理资源，提升市域治理的智能化水平。首先，要理顺政府、市场与社会的职责及边界，坚持政府在数据平台、数据系统建设上的主导地位，在公共服务、社会保障等公共价值凸显的领域，提倡政府引导社会参与，以保障公平为先。其次，要在关乎民生、经济活动活跃的领域，鼓励政府与市场紧密合作，以体现效率为重，促进政府、市场与社会相互补位、协调配合的共治格局的实现，激活城市社区治理创新活力。

三、数字赋能城市社区治理的新成效

（一）社区居民的主体地位进一步凸显

随着数字化、城镇化进一步加速，城市社区面临诸多困境与挑战，如人口高流动性、公共安全高需求性、治理内容的复杂性等，传统的社区治理模式难以延续。尽管在很早之前多元治理理论就已提出，倡导在社会治理中实现多元参与、权力分享和协同合作，以促进社会的公正、可持续和包容性发展，但实际上，多元治理在城市社区层面的实践并不充分，原因主要在于信息与资源的约束让大多数社区居民主体无从也无法有效进入社区治理的场景，治理过程缺乏透明度和开放性，也降低了多元主体参与的积极性与信任度。传统的治理主体包括政府、企业、公民个体和社会组织，但在实践中，城市社区治理依然表现出较强的“行政属性”，即政府主导的特征更为突出，而在互动合作层面，则更多地表现为政府与市场、政府与社会组织之间的合作共治，社区居民作为零散的主体成为容易被“忽视”的配角，难以发出“强有力”的呼声。

数字时代的到来为社区居民参与社区治理开辟了“绿色通道”。首先，信息获取更便捷。数字技术可以通过在线平台、移动应用程序等方式，将决策和政策信息直接传达给居民，居民可以更容易地了解社区事务，包括决策过程、计划和执行流程等。其次，沟通反馈更直接。数字技术为居民提供了便捷的沟通渠道，依托大量丰富的社交媒体、在线论坛、信息平台等，居民可以直接向政府和决策者提出问题、提供建议和表达意见。再次，在线参与更高效。数字技术使得在线参与平台成为可能，居民可以零门槛地通过线上平台参与在线投票、调查、讨论和决策。这种方式不仅让参与机会更广泛、平等，还能够收集和整合来自不同居民的意见和观点，以便更全面地统合社区公共利益，实现社区公共价值最大化。最后，互动关系更包容。以往信息不对称、不透明的治理过程无法让居民及时理解政府决策的背景、目的和影响，从而容易造成对政府政策的误解和猜测，导致政府公信力下降。而数字技术可以促进政府决策开放、透明和可视化，使居民能够更加直观地理解和分析社区治理决策的科学性与合理性，对于社区治理效果也更有共情力和包容性，增强了社区居民对政府的认可度。总之，数字时代的社区居民主体地位将更加凸显，城市主人意识将更强烈。

与此同时，一直作为社区治理主导者的政府，其职责内容也更多了。一方面，政府积极利用先进的数字技术做好"实体社会"的治理与服务；另一方面，政府需要加强对"数字世界"的监督管理，制定相应的政策与法规，规制"数字秩序"，加强数据安全保护。随着新产业、新业态与新模式的兴起，数字经济企业成为驱动国家经济发展的重要引擎，在带动经济增长、引领科技创新、改善生活体验和推动社会进步等方面发挥着重要的作用。

（二）多元治理主体协同关系进一步优化

数字时代的治理结构的鲜明特征就在于实现了政府、企业与社会"三驾并驱"，依托数据流通和信息网络，组织与组织之间、人与组织之间以及人与人之间的关系都被重构。"治理主体"的概念在数字时代逐渐被延伸扩展，治理主体之间的边界愈加模糊或者互动关系愈加紧密，呈现出"整体式""一体化"的特征。在传统科层组织模式下，由于层级结构固化、职能部门分化以及权力僵化等因素影响，体制分散、条块分割，"信息孤岛"问题严重，导致政府难以及时、精准地回应社区居民需求，进而降低了社区治理的效率。

在数字时代，政府部门可以借助数字技术优势，以整合和统一的思维来实现内部协作，通过自上而下的顶层设计，进行跨区域、跨部门的电子政务信息化建设，最大化地实现不同政府部门信息资源与管理的"三个统一"，即统一规划、统一标准、统一平台。[①] 以此来为部门工作减负增能，从而实现治理效能的提升。通过基层政府信息平台的建立，能够对分散在不同政府部

① 参见文宏：《基层治理的"信息烟囱"：成因及治理》，《国家治理》2020年第26期。

门的城市公共服务数据信息进行归集，打破部门壁垒，推进基层治理信息的透明化与公开化，实现基层治理中基础数据的共享共用，真正发挥信息贯通上下、对接内外的技术支撑作用，真正实现“让数据多跑路、让群众少跑腿”的治理目标。对外对不同主体、不同组织的多元化、零散化的资源和行动进行有机整合，通过纵向整合、横向打通，政府内部业务流程逐步整合优化，外部政府服务“一站式”打包，在统筹行政资源、共享政务数据、联动条块部门、搭建统一平台“四位一体”驱动下，整体性政府优势更加明显，有力地支撑了政府内部的协同治理。①

基于此，政府数据开放意味着市场组织、社会组织以及居民个体有更强的数字交互能力，进一步提升他们参与公共治理的动力。一方面，他们作为参与主体与政府开展合作；另一方面，他们不断完善自组织形态，提升公共服务属性，强化技术服务能力，自主开展跨行业、跨组织、跨机构的协同联动，逐步具备资源整合、行动组织的能力，在城市社区公共服务过程中与政府形成优势互补、强强联合。

（三）社区治理韧性进一步强化

党的二十大报告指出，要“加强城市基础设施建设，打造宜居、韧性、智慧城市”，“以城市群、都市圈为依托构建大中小城市协调发展格局”。② 随着社会治理重心不断向基层下沉，社区服务和治理的精细化水平也不断提高，建设韧性社区成为建设韧性城市的重要环节。社区作为城市治理的基本单元，是应急管理、灾后恢复等的重要阵地，关乎城市运行的整体效能，因此，建设韧性社区是助力城市生命体抵御风险、增强自我恢复机能的关键着力点。所谓“韧性社区”，是指社区在面对各种挑战和变化时能够保持稳定性和适应性的能力，一个具有韧性的社区能够有效地解决问题、协调利益，并且能够快速恢复和适应不断变化的环境。

根据风险治理理论，社区风险治理主要包括风险监测、风险管理和风险

① 参见张建锋编著：《数字治理：数字时代的治理现代化》，电子工业出版社2021年版，第166页。

② 习近平：《高举中国特色社会主义伟大旗帜　为全面建设社会主义现代化国家而团结奋斗——在中国共产党第二十次全国代表大会上的报告》，人民出版社2022年版，第32页。

沟通。首先，借助数字技术，能够有效促进社区治理数据、信息的流通共享，破解“信息壁垒”问题，有助于社区治理主体在最快的时间内获取到最直接、有用的信息。同时，有了信息监测系统，能够协助社区治理主体提升对社区风险的感知力与敏感度，尤其是自动预警等功能的应用，使得治理主体能够迅速、精准地识别出有待处置的关键公共问题。[①] 其次，运用物联网实现社区全要素、全天候、全过程、全方位的风险监测，使用智能化手段对社区治理数据进行智能化分析、演算、预测和可视化管理，确保资源、人力能够精准迅速配置，进而有助于更好地应对危机和风险。[②] 最后，数字技术的运用有助于社区治理主体在决策及执行过程中对当前政策执行进度和效果进行实时跟踪与评估，并根据预期目标及时进行动态调整。在技术赋能情况下，城市社区治理能力得以提升，治理主体、治理过程、治理能力都具有了韧性，为基层韧性治理、韧性城市建设提供了有力的实践探索支撑。

第三节　新格局：以数字技术重塑城市社区治理逻辑机理

对于现代城市社区而言，以大数据、云计算、人工智能、物联网、区块链等新一代信息技术为特征的数字技术应用不仅发挥着技术支持的功能，而且成为架构新型社会基础、反映经济社会发展与治理模式变迁的重要场域与治理空间。[③] 梳理数字技术赋能城市社区治理的内在逻辑，厘清数字与治理的互嵌关系能够发现，数字赋能塑造城市社区治理的新格局实际上从以下四个方面入手：深化“以人民为中心”的核心理念，完善规范有序的制度标准体系，激活开放创新的社区治理驱动机制，构建共建共治共享的城市社区治理生态。

---

① 参见梁正：《数字双赋打通韧性城市建设“最后一公里”》，《人民论坛·学术前沿》2022 年第 1 期。

② 参见张锋：《大城数治：上海超大城市社区治理数字化研究》，上海人民出版社 2021 年版，第 58 页。

③ 参见关爽：《数字技术驱动社会治理共同体建构的逻辑机理与风险治理》，《浙江工商大学学报》2021 年第 4 期。

一、“以人民为中心”是数字赋能城市社区治理的内在要求

从逻辑上看，数字赋能城市社区治理是数字技术与社区治理的有机融合，通过转变数字化思维、整合数字化资源、运用数字化工具等，实现了治理结构、业务、组织的数字化转型，提升了城市社区治理效能和广大人民群众社区生活的幸福感。由此可见，数字时代的城市社区治理依然要遵循“以人民为中心”的核心理念，这既是“人民城市为人民”这一城市思想的本质要求，也是基层社会治理现代化的价值指向。将数字技术全方位嵌入城市社区治理中，联动政府、市场、社会和居民个体共同参与社区治理，将社区居民利益诉求、政府治理、市场供给、社会服务借助数字化信息平台进行精准和精细化识别、匹配与回应，掌握社区公众的利益诉求、价值偏好和行为方式，通过统一的目标、整合的资源与现代技术围绕人民日益增长的美好生活需要提供优质的社区公共服务。同时，居民个体可以参与治理、监督政府，在建设数字时代的人民城市过程中实现城市发展与社区治理的良性互动、秩序与活力的融合共生，最终为城市社区数字化治理的可持续性与可延展性筑牢群众根基。①

二、完善制度供给是数字赋能城市社区治理的坚实保障

党的十九届四中全会指出：“构建系统完备、科学规范、运行有效的制度体系……把我国制度优势更好转化为国家治理效能。”②数字技术主要是依赖数据作为生产要素开展生产活动，而作为新型生产要素，数据在经济生产活动过程中时刻都在开创新领域、催生新业态、培育新模式。基于此，数字时代的治理制度、政策及法规应当与数字技术和数字经济相适应。

在数字中国建设的大背景下，加强城市社区数字化治理的政策体系构建、完善制度供给对于引导和规范数字赋能城市社区治理实践发挥着重要

---

① 参见顾兴树、吕洪楼：《城市社区数字化治理的内在逻辑、现实困境及纾解路径》，《党政干部学刊》2023 年第 5 期。

② 《中国共产党第十九届中央委员会第四次全体会议文件汇编》，人民出版社 2019 年版，第 7 页。

的保障作用。目前，在数字赋能城市社区治理的实践进程中，还存在数字技术驱动与城市社区治理体制机制衔接不畅、顶层制度设计保障体系尚不健全等现实问题。自 2015 年起，我国在数字化建设方面出台了一系列政策文件，北京、深圳等城市也先后发布了与城市数据治理相关的政策法规，为促进数字城市建设过程中数据资源的开放流动和开发利用提供了地方依据。但实际上，部分政策缺乏相对具体化、细致化的指标体系，加之数字化建设在不同地区、不同社区的力度和程度不同，这就导致在推动城市社区数字化转型中部分政策难以落地接轨。针对此问题，为了更好地推动城市社区治理数字化转型，迫切需要一套完善的制度规范作为指导，进一步明确和界定各部门之间关于产业发展、公共服务、社会管理、综合执法监管等的职责分工与落实，通过在社区内部以协商民主的形式充分征求社会组织、专家成员、居民代表的意见，充分吸纳社区不同群体在数字时代的诉求，确保社区数字化建设最大限度地惠及社区居民。

与此同时，针对数字治理标准规范体系不健全问题，可在技术层面确立数字治理平台的终端与运营标准，充分发挥技术驱动的优势，在治理层面做好数据与网络安全的日常监测和预警防范，在组织层面强化党建引领城市社区数字治理的实践，不断探索如何将数字技术有效地嵌入城市社区的治理过程中。立足制度、组织、技术等方面构建起城市社区数字治理的前端决策、中端执行、末端评价的全方位管理体系，不断提升城市社区数字治理的系统性、秩序性与稳定性。

三、开放创新是城市社区治理的核心驱动力

创新是数字时代治理的底色。数据的开放流通、资源的互通有无以及政策的透明包容能够带动政府、企业与社会不断寻求新的合作治理机制或模式，促进城市社区治理科学化、精细化与智能化，进而推进城市社区治理现代化目标的实现。以数字赋能为契机，社区公共服务供给催生出政府、平台式企业、社区居民、社会组织、行业协会等多主体广泛参与和守望相助的新型城市社区治理机制。

首先，政府主导创新。数字时代的政府不断向服务型政府转变，通过政府数据的开放共享，信息、资源、人员等核心生产要素可以实现自由流动与高效配置，此时的政府更多的是发挥开放透明、要素共享、优势互补的创新平台功能，有效激发其他治理主体的创新活力。政府通过创新组织形态、更新制度体系，为城市社区治理数字化转型提供了良好的制度化环境。

其次，市场引领创新。数字化为科技与产业领域开辟了新模式。基于数字化平台，市场主体既能在内部形成互动协作、利益普惠的创新研发共同体，又能在外部积极与政府合作，通过市场化方式向社区提供服务，丰富社会创新资源供给。社区通过引进先进的数控技术，打造社区统一数智治理平台，市场主体根据治理需求不断推进治理技术和治理平台迭代升级，为社区提供智能化治理工具，为居民提供便捷化参与社区治理的渠道。

最后，社会参与创新。数字赋能社区治理的同时也在向社区居民赋能赋权，让居民有平等的机会参与到社区政策制定、执行、评估和反馈过程中，依托街道、社区、物业等主体逐步建设社区大数据指挥中心，完善数据信息应用平台。通过数字化平台整合资源，激活社区内外社会组织力量，链接社区公益慈善资源，丰富社区行动共同体的治理资源。同时，依托数字技术建立居民、政府和社会组织之间扁平化、线性化的沟通机制，协助政府主动吸纳民意，实现民情民意汇集，形成社会风险感知，解决社区实际问题，以此形成强互动性、强灵活性与高回应性的数字时代居民参与社区治理的创新机制。

四、共建共治共享是数字赋能城市社区治理的新生态

自从党的十八届三中全会提出“推进国家治理体系和治理能力现代化”以来，从国家层面到基层社会治理层面，都在不断地探索治理现代化的新思路、新方法。从城市社区角度来看，从社区控制到社区管理再到社区治理，正是政府逐步向社会放权，提升政府之外的其他社会主体的地位，激活社会各类要素共同致力于推动治理现代化的具体生动实践。显然，数字治理的兴起加速了向社会赋能赋权的进程。数字赋能是将人、地、物、事、组织等各

类要素信息以数据形态互联互通，汇聚成城市治理大数据并进行建模分析和研判，实现精准精细治理。数字赋权是利用数字化手段保障社区居民的知情权、参与权、表达权和监督权，具体可通过网上议事厅、在线会议等线上数字协商平台，畅通社区多元主体的利益诉求表达渠道，关注弱势群体的需求和利益，全面维护各主体的广泛利益，实现公共利益最大化，突出数字治理的包容性与均等性，彰显数字文明和人文关怀。因此，数字技术使社区加速形成多元主体间平等、合作、共治的共同体关系，拓宽了治理的主体边界，优化了治理的流程方式，提升了组织资源的配置效能，使得城市社区治理从原有的行政色彩浓厚的线下单向治理向开放、平等的线上线下联动转变。通过数字技术赋能城市社区治理构建共建共治共享的治理生态，有利于提升城市社区现代化治理水平，增强数字时代政府治理的适应能力，推动高品质生活城市建设，更为国家治理体系和治理能力现代化建设注入新动能。

第四节　新方案：以数字技术打造城市社区治理多样场景

《中华人民共和国国民经济和社会发展第十四个五年规划和2035年远景目标纲要》提出，数字化应用场景包括智能交通、智慧能源、智能制造、智慧农业及水利、智慧教育、智慧医疗、智慧文旅、智慧社区、智慧家居、智慧政府。打造数字化应用场景是数字化改革的重要抓手和核心载体，也是数字治理中的"数字思维"和"场景思维"的体现与运用。"场景思维"这一概念源自产品开发，是在特定场景下围绕用户需求提供解决方案的思维模式，旨在立足于用户的各种实际需求，综合考虑技术特征和外部环境，解决"任何用户在任何时间、任何地点实现需求和资源的精准适配与高效连接"的问题。将场景思维引入城市社区数字治理是践行"人民城市人民建"重要理念的具体表现，是站在社区人民立场，立足于人民视角，把握人民需求，强调利用数字技术重构社区治理生态，实现社区公共服务的智慧化、生态化、个性化，保障社区居民生活的高效率和便捷性。

一、数字化场景是城市社区治理的新阵地

数字化改革的实践成果与成功经验均表明，我国数字化建设已迈上新台阶，数字技术在经济、政治、文化、社会、生态文明建设等各领域得到广泛且深入的应用。从数字化转型的生动实践历程来看，从“数字福建”“数字浙江”到数字中国建设的战略升级，从上海的“一网通办”、北京的“接诉即办”到杭州的“城市大脑”等诸多城市的先行探索，数字治理成为支撑城市高质量发展、推动国家治理现代化的关键支撑。同样，数字治理也营造了一个个实用的数字应用场景，不仅成为当下人们感知数字治理的窗口、参与数字治理的场地，而且成为融合物理空间与社会空间的一个新场域，形成了以网络社会为基础的泛在化社会样态，它超脱于网络社会，被视为信息社会的高级阶段。①

数字化场景建设是指通过新一代信息技术的集成应用，利用 5G、物联网、大数据、云计算、人工智能等核心技术辅助社区进行多种功能的构建，解决人、车、事、物遇到的问题，为居民提供有归属感、安全感、便捷感、智能感的社区生活新图景，具体可分为生活场景、文化场景和治理场景等。数字化场景有如下特征。

第一，智能感知。利用大数据、云计算、人工智能等新兴信息技术，搭建数据感知平台，全时段感知、记录物理空间和社会空间的信息变化，以便预先响应和解决社区内不同事务，满足不同群体的需求。

第二，动态可视。充分运用数字平台融合各项功能，整合地理信息系统和物联网、大数据等技术，通过不断更新、完善数字化模型及各类数据信息，实现物理空间与数字空间数据同步、相互映射。社区内部的生活、文化、治理场景的建设是基于城市信息要素的精准表达，通过数据信息整合与分析，实现社区需求的精准匹配。②

---

① 参见刘永谋、兰立山：《泛在社会信息化技术治理的若干问题》，《哲学分析》2017 年第 5 期。

② 参见傅柏勇、沈婷婷：《基于未来社区理念的社区数字化场景建设研究》，《建设科技》2023 年第 6 期。

第三,虚实协作。构建能够与物理社区交互共治的数字治理场景,使物理社区与数字社区形成可参照、可对标、可检验的互动关系。在数字化场景中,不仅能实现人、物、信息的互联,还可以同时在云端联动城市大脑、社区大数据中心、居民和企业终端,使物理社区与数字社区实现线上线下协同,共同参与社区治理问题的科学预测,高效解决问题。综上,数字场景以鲜明的去中心化和信息裂变的特征,在物理空间、社会空间以及数字空间内赋予了多元主体参与社区治理的话语权和参与权,以问题和需求为导向,为城市社区治理提供了更具个性化的解决方案。

二、场景思维驱动城市社区数字治理落地

首先,以场景思维推进政务协同。一是场景思维始终坚持以人的需求为根本出发点,而精准地获取人的需求依靠真实且充足的数据分析。精确把握社区居民的个性化需求,要求政府建立统一的数据开放共享标准,打破数据壁垒,利用跨区域、跨部门、跨层级的多重数据建立居民需求模型,为设计开发数字化应用场景提供依据。二是以政务服务资源精准供给促进政务协同。场景思维依托居民个性化需求,精准适配和高效连接政务服务资源。在多数应用场景中,单个部门往往难以满足用户的需求,这就要求以数字化转型理顺区域间、部门间、层级间的治理逻辑,减少职能交叉,进而精确适配政务服务资源,众智众力“高效办成一件事”。

其次,以场景思维赋能基层治理。社区大型化、居民原子化、利益群体及诉求多元化给基层治理带来了巨大挑战。场景思维有助于进一步优化治理数字化应用场景。第一,激活数据势能。信息是基层治理效能的保障,政府是公共数据的最大拥有者,场景思维从基层治理中的现实任务需求出发,助力多维数据分析应用场景的建设开发,为基层干部预判风险、快速响应、主动治理提供支撑。第二,构建多元主体有机联动机制。多元主体共同治理是实现治理现代化、破解超大城市治理难题的必然选择。政府要充分发挥数字技术和数字平台快速连接的能力,壮大数字治理的合作伙伴。第三,平衡“规定动作”与“自选动作”。基层治理中利益关系复杂多变,数字化应

用场景建设较多的是“自上而下”贯彻执行，单一的标准化场景模式可能难以满足不同社区本地化的特殊需求。因此，场景打造需要立足社区实际，有针对性地设计真正符合社区居民生活需求和使用习惯的数字化场景。

最后，以场景思维提升社区治理温度。运用场景思维可以使治理数字化转型更有温度。第一，重视“数字鸿沟”现象。数字化场景设计开发需要切实关注数字弱势群体的需求，要着力提升数字技术和数字平台的易学性与易用性，同时保留线下服务方式。第二，促进政府服务“接地气”。数字化场景是社区居民与城市政府对话互动的空间，场景越周全精细、服务越贴心便捷，越能彰显服务型政府的“人情味”，防范“数字冷漠”现象的出现。第三，满足群众的个性化需求。数字化场景能够加速政务服务标准化、规范化和便利化，但同时也可能造成政务服务供给的固化僵化。场景思维强调人工智能和算法在需求和资源精准适配及高效连接中的先天优势，为数字化应用场景满足不同用户在不同时间、不同地点的个性化需求提供了破题思路。

三、以数字化场景打通基层治理“最后一公里”

（一）坚持增能与减负并重

数字化治理应为基层治理赋能，以提升基层治理效能为核心目标。然而在实际调研中发现，社区治理数字化也会带来一定的负担，甚至会导致“数字形式主义”现象出现。在“大数据绩效”锦标赛和“数字 KPI[①]”的推动下，数字平台建设表面化、回应反馈程序化、数据采集重复化等“指尖上的形式主义”凸显，这就使数字社会应用场景的展示性有余而实战性不足。越是到基层，信息终端越繁多、越复杂，平台与操作系统各不相同，这不仅给社区增加了治理成本和难度，而且在无形中制约了社区治理主体的工作能动性以及对数字化手段的认同感，大大抑制了社区数字治理效能的充分发挥。因此，为真正实现数字赋能的效果，信息端口的简化统一、操作流程的标准

① Key Performance Indicator，关键绩效指标。

化设计对于基层社区尤为必要，以此来确保社区治理增能减负。

（二）坚持统一与个性结合

社区数字化场景建设需要加强党建引领、顶层设计和统筹推进。

首先，相关条线部门进一步整合社区各类治理数据资源，建立市级层面的社区治理大数据集合，依托“城市大脑”，破除部门之间的信息壁垒与各自为政的难题，整合现有数据并实现系统的归集统一，以此实现全市“一盘棋”。

其次，要遵循数字化基础设施建设的地区差异与实际需求强弱，各地区在信息化、智能化建设现有条件和基础之上，设计符合本地居民使用习惯和具体需求的系统或平台，最大限度地为居民创造便利，避免产生“数字鸿沟”。除了数字化应用方式的个性化考量之外，在打造数字化场景上也要有所侧重，在保障基本需求的前提下，重点解决当前公众在教育、医疗、养老、住房等重大民生领域的急难愁盼问题。例如，通过“互联网＋教育”克服时空约束，实现教育资源的均等化普及；通过“互联网＋医疗”优化就医秩序，缓解医疗资源紧张和“看病难”困境；通过“互联网＋养老”提升老年生活品质，分解家庭养老负担；通过“互联网＋经济”延展生产和消费模式，助力产业创收，进一步激发市场活力。

（三）坚持创新与保障并举

当前，随着信息技术不断升级更迭，网络通信技术、人工智能科技、大数据、5G已深度融入居民的日常生活，各类数字化应用平台和数字化场景层出不穷。但“数字风险”与“技术陷阱”问题也随之产生，特别是在社区治理过程中涉及居民大量数据的采集、存储、开发和应用，数据信息安全与“个人隐私”保护受到质疑。调研中发现，部分老年群体对于出入社区时刷脸、刷码的各类信息采集以及数据的安全性、保密性均有较大顾虑，这在一定程度上会造成老年人对数字化手段应用的心理抗拒，不利于社区治理数字化转型，更是与数字化的人本逻辑相背离。对此，应当强化对公众隐私权和数据安全的保护，处理好使用与规范的关系，保障社区治理数字化的合法性、合规性和正当性。同时，还需重点关注“数字弱势群体”的权利，注重社区治理数字化过程中的公众参与、民主协商、权利保障与公平正义，最大限度地确保数字红利惠及更广泛的群体。

第二章　面向数字时代的城市社区治理理论演进与重构

城市社区作为社会治理的基层单位，其治理方式和治理理论必然要跟随时代的发展变化而不断完善。历史地看，国内外学者依据时代的发展和公共管理事业的需求，基于不同的分析视角和不同的研究目标以及使用不同的分析工具，形成了学术认识的侧重点、价值与功能各不相同的系列治理理论。本章基于数字化时代中国城市社区治理效能的研究定位，分别从治理主体、治理资源、治理价值、治理技术等维度或视角，对国家—社会关系理论、多元主体协同理论、社会资本理论、公共价值理论和数字治理理论建构的内涵及功能进行梳理和阐述，在揭示城市社区治理理论不断演进和重构的同时，从回应治理现代化需求的视域探讨我国城市社区治理的价值定位和数字化转型面临的挑战，从而为开展以公共价值最大化为导向的城市社区治理研究提供理论支持。

第一节　基于国家—社会关系视角：行政主导与居民自治的互动

国家与社会的关系一直是社会治理研究领域的一个重要理论视角，早期西方学者多聚焦于“社会高于国家”还是“国家高于社会”的争论。20 世纪 90 年代国家—社会关系研究范式引入中国后，学者们在分析社区治理与国家建设之间的博弈关系时相继形成了“政府主导——以国家为中心”“居民自治——以社会为中心”“融合治理——国家与社会互动”等理论观点，最终趋向于行政主导与居民自治的融合。

一、政府主导理论

政府主导社区治理理论主张政府介入并主导社区的运转，担当资源分配以及社区服务的决策者和执行者。该理论认为，随着市场经济体制的改革和单位制的解体，大量社会矛盾挤入社区，需要加强社区层面的国家政权建设。同时，由于长期的计划型体制的传统惯性，国家主导中国城市社区治理更通畅。陈鹏认为，城市社区治理高度嵌入强大的政府治理体系之中，造成了社区行政化、居委会“内卷”化和社区治理角色迷失等不良后果。① 但就中国社区的“基因”来看，它虽然是舶来品，但是发展至今已成为中国的制度与环境的产物，本质上就是由国家政府进行基层管制的最小单位，在政府的推动下完成自身的建设与完善，“所有的政策、措施源于政府，始于政府”②，其治理成果理应服务于国家职能的需要。卢学晖认为，政府主导型社区是我国经济社会改革的必然选择，也是社区自主性力量不足的必然结果。③ 这更多的是基于一种“事实判断”的“实然”角度对社区治理进行的现象描述。杨敏认为，社区只是在单位制管理体制解体之后由国家主导设置的一个治理单元，社区自治只不过是一种实现现行管理体制合法化的手段。所以，社区治理在本质上呈现的是“行政吸纳”和“国家主导”特点。④ 卢扬帆认为，在社区治理中凸显的是国家意志的贯彻与渗透，表现出相对的国家同构同质性。自上而下的行政管制既实现了结构上的同构性，也在内涵上保持了治理应遵循的统一观念与规则，行动上呈现出“忠君信仰性”。⑤ 朱健刚认为，

---

① 参见陈鹏：《社区去行政化：主要模式及其运作逻辑——基于全国的经验观察与分析》，《学习与实践》2018 年第 2 期。

② 丁元竹：《费孝通社会思想与认识方法研究：美好社会的世纪求索》，中国社会文献出版社 2007 年版，第 242 页。

③ 参见卢学晖：《城市社区精英主导自治模式：历史逻辑与作用机制》，《中国行政管理》，2015 年第 8 期。

④ 参见杨敏：《作为国家治理单元的社区：对城市社区建设运动过程中居民社区参与和社区认知的个案研究》，《社会学研究》2007 年第 4 期。

⑤ 参见卢扬帆：《国家治理绩效的法治化转型研究：基于中国的实践》，华南理工大学博士学位论文，2016 年，第 58 页。

中国的城市社区建设并没有向着“小政府”的方向发展，虽然社区管理委员会等社会团体已引入社区治理中，但行政权力在社区治理中仍然起着主导作用，不同的是政府的控制方式已不是纯粹的科层式控制，而是具有了较弱色彩的社会参与特点。[①]

应该说，政府主导理论在我国是随着城市社区结构不断变化和国家政策不断调整而不断发展的，特别是学者们对社区治理主体的权力地位及影响的看法也在不断变化。韩冬等明确指出，政府主导社区治理既是计划体制和单位制时期的国家统治思维惯性，也是党政体制在基层治理中的核心地位的体现。[②] 改革开放以来出现的城市社区行政体制创新，使得国家能够通过行政网络把社会纳入权力体系，通过诸如居委会干部的职业化和专业化等策略来再造权威、塑造邻里生活。这意味着城市社区要接受国家行政力量的持续性介入，从而成为其“行政细胞”。在此之下，规模日益庞大的行政管理体系、日益强化的自上而下的行政执行能力以及趋向工具理性的精细化治理方式，成为社区治理的主要特征。[③] 当然，也有学者认为，政府主导社区治理在整合资源、应对重大集体事件等方面是有很大优势的，但同时也存在社区组织发展程度低、人民群众参与度低以及缺乏必要的法律机制和市场机制等短板。[④] 21 世纪以来，政府不断调整自身角色与功能定位，尝试从发展型政府向服务型政府转变，转变过程中的政府也在实现政治秩序的重塑与适应。

二、居民自治理论

居民自治理论是基于“价值判断”的“应然”视角，强调社区治理应该发挥居民自身的作用，社区组织要根据社区居民意愿形成集体选择，依法管理社区事务，包括涉外事务和内部事务。社区自治的出发点是社区居民的意愿，自治基础是社区居民形成集体选择，自治手段是征集民意、集体抉择、管

① 参见朱健刚：《城市街区的权力变迁：强国家与强社会模式——对一个街区权力结构的分析》，《战略与管理》1997 年第 4 期。

② 参见韩冬、许玉镇：《城市社区治理中权力互动的困境分析》，《贵州社会科学》2016 年第 6 期。

③ 参见李友梅：《我国特大城市基层社会治理创新分析》，《中共中央党校学报》2016 年第 2 期。

④ 参见张凯豪：《政府主导型社区治理的问题和完善对策》，《海风》2021 年第 6 期。

理和监督。在我国,社区自治主体既包括社区成员代表大会、社区议事委员会、社区管理委员会、社区居民委员会,也包括其他各种中介组织。社区自治的主要内容是民主选举、民主决策、民主管理、民主监督,目的是组织居民利用社区中的一切组织和资源,提升社区治理实效。社区自治的法律依据是《中华人民共和国城市居民委员会组织法》的相关规定,即居民委员会是居民自我管理、自我教育、自我服务的基层群众性自治组织。

居民自治理论更多的是从治理的价值属性角度凸显实行社区自治的重要性,强调社区治理应该更多地发挥社区居民的作用,充分利用社区中的一切组织和资源,使社区资源实现最佳配置,以促进社区建设的发展,并通过社区自治来推动整个社会民众的自我治理。该观点认为,实现政社分离是中国政治体制改革的重要目标之一,实现政社分离的关键就是避免基层政权的控制导向,同时大力培育、发展各种社会自治组织,促进基层组织和社区实行自治。[①] 现实生活中,商品房小区的业主自治与老旧小区的居民议事也是城市社区自治形式。业主自治的关键是成功组建业主委员会,且业主委员会有效运行,业主委员会代表业主与物业公司良性互动,共同营造小区的宜居环境。同一封闭小区内,业主利益关联度高,基于共有产权形成的公共收益也为业主自治提供了经济基础,业主自治已有现实可能性。但实际上,业主委员会有效运行、业主及业主委员会与物业公司良性互动往往陷入困境。

一是业主难以监督业主委员会,业主委员会也难以约束业主。业主只能通过换届选举对业主委员会进行监督,选举监督往往是颠覆性、破坏性的,容易造成对立和纠纷,日常监督难以实现。业主委员会对于破坏小区公共规则(即业主自治共约)的行为缺乏约束手段,这种行为又会造成物业管理难题,最终形成三方之间的零和博弈。

二是业主委员会、业主与物业公司容易产生矛盾。物业管理是基于市场契约建立的包含社会管理内容的服务事业,市场关系只能通过解除契约实施相互监督和惩罚,这就造成物业矛盾的刚性化。服务与管理本身就有矛盾,又相辅相成,物业管理对象除了物业外还包括人,即业主既是物业公

---

① 参见朱健刚:《论基层治理中政社分离的趋势、挑战与方向》,《中国行政管理》2010 年第 4 期。

司的服务主体(也是雇主),又是其管理对象,这就决定了矛盾的必然性。也就是说,由于基层管理体制以及改革措施缺位等,社区自治在实践运行中还面临困难或困惑。

对此,学界曾提出了国家退出论、国家介入论、国家有效介入论[①]和社区"有限自治与有效自治"论[②]等观点。国家退出论认为,国家介入对社会资本存在一定的挤出效应;国家有效介入论则从更加微观和具体的角度揭示了国家介入与社会自治的复杂关系;社区"有限自治与有效自治"论强调有限自治与有效自治相辅相成,但都需要与之相匹配的社区治理能力。

三、融合治理理论

融合治理理论涵盖多层面的内容,既包括治理主体维度上的融合,也包括治理方式维度上的融合。可以说,融合治理既是社会发展的必然,也有着坚实的理论基础。从现代社会发展与公民社会相互作用的角度来看,两者的发展紧密相连,社会发展得越快,公民社会理论就越发展,并且以独特的哲学反思为社会的发展提供更健康的路径参照。

从黑格尔将市民社会等同于资本主义社会的理论阐释,到马克思市民社会决定国家这一完全逆于黑格尔关于国家决定市民社会的理论,再到葛兰西(Gramsci)关于市民社会是"民间的"社会组织的集合体、市民社会与政治社会并列的分析,一直到哈贝马斯(Habermas)的"生活世界"和"系统世界"的理论,无不昭示着人类社会不断地从"物质至上"主义中逐渐摆脱出来,去追求精神富足的历史发展趋势。与此同时,市民社会也由最初的依附于国家转变为逐渐摆脱国家的控制,摆脱经济关系与异化瓶颈,走向独立的意识形态领域,与国家相互制约,形成一个"政治国家—市场经济—市民社会"[③]的社会整体结构。如同马克思说的"市民社会制约和决定国家"[④],政治

---

① 参见叶敏:《社区自治能力培育中的国家介入:以上海嘉定区外冈镇"老大人"社区自治创新为例》,《南京农业大学学报》(社会科学版)2015 年第 3 期。

② 参见王德福:《"社区自治"辨析与反思》,《云南行政学院学报》2017 年第 2 期。

③ 张卫海:《马克思市民社会理论的新发展与中国构建"国家-社会"关系模式的现实选择》,《理论月刊》2011 年第 6 期。

④ 《马克思恩格斯全集》第 21 卷,人民出版社 1965 年版,第 247 页。

国家从属于市民社会。当然,需要指出的是,马克思的市民社会理论是建立在对资产阶级市民社会理论批判基础上的新理论。一是批判了资产阶级革命的局限性,强调政治(即国家)与经济(即社会)的分离只是为人类解放创设了经济与政治前提。二是批判了资产阶级市民社会本身的内在矛盾导致了贫困化和异化的后果,使关于人的个性自由和人的全面发展更多的是停留在美好的理论憧憬中,而在资本主义制度范围内根本无法实现。

当然,由于"市民社会"这一概念来自西方,因此我国学术界对此存在不同看法。有的主张以西方市民社会为模板,有的认为,"市民社会"作为一个源自西方的概念,与中国的政治、文化环境具有异质性,反对在中国通过构建一个独立于国家的"市民社会"来实现现代化,认为那样做在实践上是有害的。全盘照搬或全盘否定的观点都失之偏颇。我们主张从国家与社会的关系视角探讨城市社区治理绩效问题,主要考虑的是随着我国市场经济的发展以及市场机制的建立与运行,西方市民社会理论对于中国的价值主要并不在于追求一个西方式的公民社会实体,而在于它所包含的"社会至上"的理念具有的借鉴意义。而且,马克思市民社会理论的诞生,已经超越了资产阶级市民社会的范畴。在马克思看来,市民社会的构成要素是"社会组织",终极目标是建构有共产主义觉悟的"自由人的联合体",促进人的全面发展。

四、行政主导与居民自治良性互动

随着社区治理实践的不断深化,从社区治理主体维度看,学者们越来越强调我国城市社区治理的发展方向应该是行政主导与居民自治互动。该观点认为国家与社会之间的关系并非对立,并非此消彼长的零和博弈,而是二者处于不断互动及形塑的动态过程中,在相互影响中不断变化发展。[①] 因为国家主导与社区自治的融合,可以实现优势互补,达到治理双赢的效果。这样的治理既可以使国家治理能力和社区治理能力得到增强,又可以使社区

① 参见侯利文:《基层社会治理中的"国家与社会":变迁、现状与反思》,《华东理工大学学报》(社会科学版)2016 年第 4 期。

自治组织获得自主行动的空间，有利于实现组织目标。[①] 我国城市社区的形成与发展并不是“自然生成”体制，受国家干预以及外在因素的影响较大。在历史传统的影响下，国家与社区的运行不是相互对立的，而是相互影响和相互融合的。[②] 所以，王妮丽强调我国社区治理的“强国家—强社会”关系模式需要建立起来[③]，国家与社会之间相互协作，使得社区能够在国家力量的推动下，凝聚社区居民和社会组织的力量，促进自我管理和服务，实现共赢共享。

从社区治理方式维度看，李彬提出了自治、德治、法治“三治”融合[④]；张雨辉强调“将共治、自治、法治、德治与智治相结合，形成共治聚合力、自治强基础、法治作保障、德治来引领、智治供支撑的‘五治’融合的基层社会治理新格局”[⑤]。社区治理是社会治理最核心的一环，基层不牢，必定地动山摇。加强对社区的融合治理，已成为基层治理的大势所趋。无论是“三治”融合还是“五治”融合，一个基本的事实是在推行行政主导与社区自治互动融合方面，学界和实务界已形成共识。党的十九大报告明确指出：“加强社区治理体系建设，推动社会治理重心向基层下移，发挥社会组织作用，实现政府治理和社会调节、居民自治良性互动。”[⑥]

第二节　基于多元主体协同视角：协商民主与多元共治的耦合

治理理论作为治理实践的理论升华，既来自实践又指导实践。在社区

---

① 参见赵秀梅：《基层治理中的国家—社会关系：对一个参与社区公共服务的 NGO 的考察》，《开放时代》2008 年第 4 期。

② 参见王汉生、吴莹：《基层社会中“看得见”与“看不见”的国家：发生在一个商品房小区中的几个“故事”》，《社会学研究》2011 年第 1 期。

③ 参见王妮丽：《国家与社会关系视角下我国社区治理模式思考》，《云南师范大学学报》（哲学社会科学版）2019 年第 1 期。

④ 参见李彬：《“三治”融合，推进基层治理现代化》，2023 年 4 月 29 日，https://baijiahao.baidu.com/s? id=1764469627473709147&wfr=spider&for=pc。

⑤ 张雨辉：《“五治”融合　提升治理水平》，《宁夏日报》2020 年 5 月 12 日。

⑥ 习近平：《决胜全面建成小康社会　夺取新时代中国特色社会主义伟大胜利——在中国共产党第十九次全国代表大会上的报告》，人民出版社 2017 年版，第 49 页。

治理实践中，治理主体之间如何实现合作共治，即如何通过对国家权力和公民社会权力的规范基础上的合作来增进公共福利，就成为治理理论急需解决的问题。而社区治理又是一个包含各种长远目标的行动过程，它的治理对象是社区内与人们生活密切相关的各种公共事务，社区治理权力行使方式表现出多向性、柔性化等特点。[①] 所以，在不同时期学者们根据治理主体间协作方式的不同，形成了侧重点不同的研究视角，提出了各自的理论观点，包括一元治理理论、一核多元治理理论、多元合作治理理论等。

一、一元治理理论

在传统的管理模式中，国家作为权力中心，直接决定和干预社会、市场的运行，其所依托的是一个强政府的存在。因此，政府成为国家管理中的唯一主体。持此理论观点者认为，社区意识不可能在一夜之间形成，居民或市民本身在促进社区自治和基层民主方面的意愿并不强烈，不能“过高地估计中国的民众尤其是中产阶级争取民主政治的愿望”[②]，寄希望于他们的自发行为是不可能实现社区有效治理的。政府作为“元治理”者在社区治理中拥有最终决定权，掌握着整个治理体系的机制设计，协调各类社区组织间的关系。社区最重要的社会组织——居委会，本质上也是政府权力在基层的延伸。而从实践上看，在这种单一化、模式化的政府一元治理体制之下，社会其他行为主体发挥作用的空间被大大抑制，政府权威的强化使得其他社会主体的自主意识逐渐丧失。一元治理体制之下，人们习惯被动接受、服从政府的统一安排，很少有主动表达意愿和需求的机会。由于缺少与国家权力互动的机制，居民应作为社会的主人的主体性难以体现。与此同时，在行政力量的主导下建立起来的市场供求关系运行机制的自由度非常有限。高度集中的管理体制下的市场、社会高度依赖国家行政命令，这既不能激发市场和社会的自主性，也无法对外在环境变动作出及时有效的反应，加剧了国家乃至社会治理的低效率。

---

① 参见史柏年：《治理：社区建设的新视野》，《社会工作》2006 年第 7 期。

② 石发勇：《准公民社区：国家、关系网络与城市基层治理》，社会科学文献出版社 2013 年版，第 15 页。

二、一核多元治理理论

一核多元治理理论强调的是，在社区治理主体结构中，发挥党委对社区治理的领导作用，在此基础上，不同治理主体之间协作进行社区治理。[①] 全球化的到来使得生产要素流通起来，促使社会之间的交流日益频繁，同时也催生了高度复杂的公共问题。由于权力的多中心化格局逐渐形成，随之引发了相应的权力主体多元化、利益诉求多元化、关系互动化以及过程透明化等呼声，这在一定程度上冲击了过去政府一元治理的局面。毫无疑问，国家全面干预的模式，已然无法回应来自社会多元主体的多样化要求，特别是当社会矛盾频发、社会危机突发的情况来临时，政府难以及时地采取有效措施应对。因此，政府的管理模式亟待变革。在政府、市场相继失灵的情形下，人们越来越深刻地意识到，当今复杂多变的组织和系统中，除了信奉自由交易的市场、等级制严密的国家机构，还应当寻求另外一种对政府和市场进行补充和协调的机制，来缓解当前的矛盾和压力。为了应对城市飞速发展的要求和社会公众日益多样化的需求，政府逐步释放公共空间，给予其他社会主体一定的参与机会，通过建立公共部门、私人部门和社会及非政府组织之间的合作伙伴关系，充分调动各方力量共同管理城市公共事务，从而深刻地改变了城市的运行机制。

从治理主体的结构看，在一核多元治理格局中，社区党委处于核心地位，发挥着引领社区治理的作用；包括居委会、业委会、社会组织以及居民等在内的其他治理主体也是基层事务的重要参与者。过去实然的社区治理过于重视政府的作用，而忽略了社会力量在社区事务中的作用。随着数字技术嵌入社区治理，一核多元体制不断完善，党建“政治导向”和基层治理“问题导向”进一步加强，治理主体从各自为阵转向整体协同，众多数字化的“群防群治”队伍参与社区治理。[②]

---

① 参见张平、隋永强：《一核多元：元治理视域下的中国城市社区治理主体结构》，《江苏行政学院学报》2015 年第 5 期。

② 参见李薇：《“街乡吹哨、部门报到”在首都功能核心区的实践创新》，《社会治理》2019 年第 8 期。

三、多元合作治理理论

多元合作治理理论主张社会公共事务管理的多中心制度安排，要求多元主体在协商合作的基础上共同管理公共事务，以实现公共利益最大化。20 世纪 90 年代以来，学界进一步加深了对国家与社会关系的认识，逐步形成了合作治理理论。这种理论反对社会中心论或国家中心论，认为二者之间并非谁决定谁的一元论关系，而是互动共生的关系。[①] 国家自上而下和社会自下而上相结合，基于公共利益的行动起点，逐渐走向合作。

持多元合作治理观点者认为，社区治理要注重多种治理主体的合作，尤其是要注重发挥社区组织和企业的作用。从多元合作治理理论视角出发，应重视发挥社区业主委员会、物业公司等社区主体的能动性，加强多元治理合作机制、合作关系和合作精神的建设。[②] 结合城市社区治理的具体案例，提出了“三社联动”[③]的社区治理模式，其核心内容是，主张在政府的主导下，以社会组织为治理载体，以社会工作者为专业支持，以满足社区居民的需求为服务目标，实质上是一种政府与社会组织充分合作的社区治理模式。

新时代以来，在全面深化改革、加强和创新社会治理的大背景下，多地在党建引领下积极探索创新基层社会治理体制机制，进一步对“三社联动”机制进行整合、扩充，探索提出了以社区为平台、以社会组织为载体、以社会工作专业人才为支撑、以社区志愿者为补充的“四社联动”[④]机制。2021 年 4 月，中共中央、国务院印发《关于加强基层治理体系和治理能力现代化建设的意见》，提出“完善社会力量参与基层治理激励政策，创新社区与社会组织、社会工作者、社区志愿者、社会慈善资源的联动机制”[⑤]，即“五社联动”

---

① 参见卢学晖：《中国城市社区自治：政府主导的基层社会整合模式——基于国家自主性理论的视角》，《社会主义研究》2015 年第 3 期。

② 参见陈家喜：《反思中国城市社区治理结构：基于合作治理的理论视角》，《武汉大学学报》（哲学社会科学版）2015 年第 1 期。

③ 李夏：《“三社联动”机制参与社区治理的现状研究：以北京市顺义区为例》，沈阳师范大学硕士学位论文，2016 年，第 2 页。

④ 秦华：《加快推进“四社联动” 提升社区治理水平》，《陕西日报》2016 年 12 月 2 日。

⑤ 《中共中央国务院关于加强基层治理体系和治理能力现代化建设的意见》，《中华人民共和国国务院公报》2021 年第 21 号。

机制。

随着数字技术对社区治理的嵌入，其作为联结城市社区合作治理主体与客体的中间变量，在适配城市社区合作治理过程中，以数字技术孵化城市社区合作治理要素的价值逻辑、多元主体间交织与碰撞后综合选择的制度逻辑、国家—社会—个人协同演化的技术逻辑为主要内容，构成了赋能城市社区合作治理的内在逻辑。[①] 可以说，在数字时代，基层政策网络尝试在多元协同治理的基础上进一步将单一的治理主体——政府（通过街道、居委会）转变为政府（通过社区服务站）、居委会、社区社会组织、社区居民、辖区单位等多元主体，同时改变治理的过程，由行政控制转变为民主协商。[②]

四、协商民主与多元共治的耦合

协商民主作为选举民主政治的重要形式，源于西方国家，于 20 世纪 80 年代成为一类新式民主理论。在实践层面，协商民主最早可以追溯到古希腊城邦时期的古典民主形式。在我国，协商民主作为一种政治制度，早在中华人民共和国成立前夕召开的中国人民政治协商会议第一届全体会议就正式建立了中国共产党领导的多党合作和政治协商制度。改革开放以来，协商民主继续在实践的过程中发展创新，是“实践全过程人民民主的重要形式”[③]，并在基层治理中展现出了蓬勃的生命力。

20 世纪 80 年代，在西方国家代议制民主陷入误区，投票选举率不断下降，民主被限制在少部分群体中越来越不利于激发社会的广泛参与，进而影响公共决策。在这种背景下，学者们探索了协商民主理论。美国克莱蒙特大学学者约瑟夫·毕塞特（Joseph Bessette）于 1980 年发表了《协商民主：共

---

① 参见周济南：《数字技术赋能城市社区合作治理：逻辑、困境及纾解路径》，《理论月刊》2021 年第 11 期。

② 参见邓念国：《整体智治：城市基层数字治理的理论逻辑与运行机制——基于杭州市 S 镇的考察》，《理论与改革》2021 年第 4 期。

③ 习近平：《高举中国特色社会主义伟大旗帜　为全面建设社会主义现代化国家而团结奋斗——在中国共产党第二十次全国代表大会上的报告》，人民出版社 2022 年版，第 38 页。

和政府的多数原则》一文，首次从学术角度提出了“协商民主(Deliberative Democracy)”[①]的概念。后经纽约大学政治学系教授伯纳德·曼宁(Bernard Mannin)、乔苏亚·科恩(Joshua Cohen)的推动，协商民主由概念走向理论化。90年代后期，协商民主的研究在西方国家达到了高潮。1996年，美国圣路易大学哲学教授詹姆斯·博曼(James Bohman)出版了《公共协商：多元主义、复杂性与民主》，论述了协商民主的实现条件。1997年，博曼与威廉·雷吉(William Rehg)合作出版了《协商民主：论理性与政治》，广泛地收录了哈贝马斯、罗尔斯、科恩等学者论述理性、人民主权和协商民主的文章，论述了协商民主的理性妥协原则。1998年，哥伦比亚大学乔恩·埃尔斯特(Jon Elster)出版了《协商民主》，探讨了作为决策机制的协商民主。英国曼彻斯特大学政治思想研究中心在1999年3月举办了一次关于协商民主的研讨会。2000年和2006年，澳大利亚国立大学约翰·德雷泽克(John Dryzek)分别出版了《协商民主及其超越：自由与批判的视角》《全球协商政治》，探讨了超越自由主义和批判理论的协商民主理论。2008年，马克·沃伦(Mark Warren)跟踪研究了加拿大英属哥伦比亚公民大会的政治实践，主编出版了《设计协商民主：英属哥伦比亚公民大会》，探讨了协商民主的方法论等。

综观西方学者的系列阐述，协商民主的基本内涵可概括为以下三层意思：(1)协商民主是“民主与协商的混合物”[②]，“协商民主意味着一种事务受其成员的公共协商支配的共同体……这种共同体的价值将民主本身视为一种基本的政治理想，而不仅仅是可以根据某方面的平等或公正价值来解释的衍生性理想”[③]。(2)协商是各种观点相互比较的过程，人民主权是其价值

① Joseph M B, “Deliberative Democracy: The Majority Principle in Republican Government”, in Goldwin R A, Schambra W A, *How Democratic Is the Constitution American Enterprise Institute*, Washington, D.C. : American Enterprise Insitute, 1981.

② Miller D, “Is Deliberative Democracy Unfair to Disadvantaged Groups”, in D'entrèves M, *Democracy as Public Deliberation: New Perspectives*, Manchester: Manchester University Press, 2002.

③ [美]詹姆斯·博曼：《公共协商：多元主义、复杂性与民主》，黄相怀译，中央编译出版社2006年版，第13页。

追求；协商将会给公民带来更大的自由，并使政府权力的行使更趋合法性。① (3)协商理论仅仅提供了一种不完善的、尽可能合理地作出决策的方式。② 随着协商民主理论与实践的发展，协商民主的内涵不断丰富，在不同层面、不同领域得以充分发展。

21 世纪以来，我国学术界以俞可平的《当代西方政治理论的热点问题(上)》一文为开端，掀起了关于协商民主理论研究的热潮。2004 年，《马克思主义与现实》杂志开辟了“协商民主”专栏，国家社科基金项目也设置了关于协商民主的研究课题，一些出版社专门出版了“协商民主”文集、“审议民主”文集、“协商民主译丛”等，多种形式的“协商民主”学术会议相继召开，形成了一系列关于协商民主理论的研究成果，并且将协商民主引入治理视域，倡导“治理是一个上下互动的管理过程，它主要通过合作、协商、伙伴关系、确立认同和共同的目标等方式实施对公共事务的管理”③思想。薛晓源等强调，“协商民主是一种具有巨大潜能的民主治理形式，它能够有效回应文化间对话和多元文化社会认知的某些核心问题。它尤其强调对于公共利益的责任、促进政治话语的相互理解、辨别所有政治意愿，以及支持那些重视所有人需求与利益的具有集体约束力的政策”④。在现实政治生活中，协商民主本质上是人民民主通过民主协商方式得以有效运行与实现的重要形式，是基层群众通过对话、讨论、协商等方式，参与地方公共决策和地方事务管理活动的过程。⑤ 协商民主审慎作用的特点，如一种冷却剂，不管是对于间接民主的选择，还是直接参与的讨论，协商民主都能够促使人们作出理性的决策，从而实现有效、有序的网络民主制度。⑥

在协商民主理论研究不断深化的同时，协商民主在基层治理实践中创

---

① 参见[英]安东尼·吉登斯:《超越左与右:激进政治的未来》，李惠斌、杨冬雪译，社会科学文献出版社 2000 年版，第 113-114 页。

② 参见[美]詹姆斯·博曼、威廉·雷吉主编:《协商民主:论理性与政治》，陈家刚等译，中央编译出版社 2006 年版，第 50 页。

③ 俞可平:《当代西方政治理论的热点问题(上)》，《学习时报》2002 年 12 月 16 日。

④ 薛晓源、周战超主编:《全球化与风险社会》，社会科学文献出版社 2005 年版，第 14-15 页。

⑤ 参见林尚立:《协商政治与中国的政治形态》，《中国政协》2007 年第1 期。

⑥ 参见毕竞悦:《通过网络的协商民主:评桑斯坦的〈网络共和国〉与〈信息乌托邦〉》，《清华法治论衡》2009 年第 2 期。

立了一些独具特色的成功范例。例如，浙江温岭的“民主恳谈会”、上海静安区创建的“社区议事制度”、四川成都举办的“社会协商会”以及各地的“社区论坛”等，在推动社群关系整合、强化监督、推动决策科学性等方面展现了强大优势。特别是自党的十八大首次将“健全社会主义协商民主制度”写入党的代表大会报告以来，协商民主在实践中不断得以深化。随着科学技术的进步和发展，数字化大背景下的各类数字平台、产品应运而生，为协商民主提供了更广阔的交流空间和实施渠道。“互联网以其固有的开放、平等、自由、互动和包容等特性，在很大程度上重塑了人们的社会行为和交往方式，拓展了协商民主的公共空间，改变了协商民主的参与模式，优化了协商民主的控制结构”①，逐渐形成了数字协商民主②，协商民主与多元共治的耦合不断深化。

第三节　基于公共价值生产视角：社会资本与价值生产的融合

公共价值作为社区的灵魂和命脉，是社区主体意志表达和意志兑现的本质体现。它以价值客体的公共效能、价值主体的公共需求、价值生产公共过程的固有属性，注释社区由来、表征社区存在、统御社区发展。③ 也就是说，社区治理的价值指向是公共价值的创造，是工具理性与价值理性的统一，是社会资本与公共价值生产的融合。

一、公共价值理论

公共价值理论诞生于西方国家。有研究表明，公共价值观最早出现在1969年《志愿结社》的“私人结社的公共价值观”章节中，但这篇文献并没有

---

① 伍俊斌：《论网络协商民主的实践路径》，《中州学刊》2015年第2期。

② 参见汪波、安喆：《国家治理现代化视角下政府数字协商的实证研究》，《中南大学学报》(社会科学版)2021年第2期。

③ 参见王晨：《我国城市社区公共价值生产的学理认知》，《山东社会科学》2020年第9期。

引起后来者的足够重视。[①] 直到20世纪90年代中期，马克·穆尔(Mark Moore)所著的《创造公共价值：公共部门的战略管理》一书问世，才推动了学术界对公共价值的研究，并相继形成了以美国学者马克·穆尔为代表的创造公共价值和以巴里·博兹曼(Barry Bozeman)为代表的公共价值失灵思想、以英国著名地方治理学者格里·斯托克(Gerry Stoker)为代表的作为网络化治理新途径的公共价值管理等思想观点。

(一)公共价值理论的由来

美国哈佛大学的资深教授穆尔1995年在其《创造公共价值：公共部门的战略管理》一书中提出了"公共价值"的概念，阐述了"公共价值是公民对政府期望的集合"[②]的观点，指出政府的首要任务不是确保政府组织的延续，而是作为创造者，根据环境的变化和对公共价值的理解，改变组织职能和行为，创造新的价值。自穆尔提出"公共价值"概念后，西方公共管理学界开始应用这一概念并不断拓展其内容。英国曼彻斯特大学教授、布莱尔工党政府地方政策顾问斯托克在1992—1997年主持了"地方治理研究"项目，指出"公共价值并不是公共服务的生产者或使用者的个体偏好的简单叠加，它是政府官员和相关利益者商议的结果"[③]。因为所有的网络在一定程度上都有排他性，它们是由成员的自我利益驱动的，根本的动力并不在于对广大公众利益的关切，尤其并不关心被排除在网络之外的人。所以，斯托克主张通过政治协商网络来定义公共价值，在网络中利益相关者相互协商、彼此沟通，在差异中寻求共同的价值。在斯托克看来，公共价值是公民集体偏好的总和。美国亚利桑那州立大学技术政策与公共管理教授、著名公共管理学者、清华大学杰出访问教授巴里·博兹曼认为，在不平等现象日益严峻的美国

① Wal Z, Nabatchi T, Graaf G, "From Galaxies to Universe: A Cross-disciplinary Review and Analysis of Public Values Publications from 1969 to 2012", *American Review of Public Administration*, 2015, 45(1):13-28.

② Moore M H, *Creating Public Value: Strategic Management in Government*, Cambridge: Harvard University Press, 1995:46-52.

③ Stoker G, "Public Value Management: A New Narrative for Networked Governance?", *American Review of Public Administration*, 2006, 36(1):41-57.

社会，科学政策需要重新聚焦于为全体人民造福的价值目标。博兹曼强调“美国需要公共价值科学”，而“公共价值失灵”则体现在政府资助科研未能带来造福全体公民的公共利益。① 在博兹曼看来，公共价值不是一个一元概念，有很强的多样性、复杂性和冲突性。2009年《国际公共行政评论》与2014年美国《公共行政评论》分别对公共价值进行了专刊讨论，标志着“公共价值管理理论逐渐成为西方公共学界探讨的热点”②。

纵观西方学者们对公共价值的阐述，并没有形成统一的、明确的内涵界定，更多的是把公共价值作为一种分析问题的框架，将公共价值理念与公共管理相结合，将公共价值内嵌到公共管理活动中。③ 简单地理解就是把公共价值视为公域范畴里具有内在且客观存在的价值观和具有外在且拥有关系属性的价值观的总称，而不是个体性价值观的汇聚。其客观意义体现在将资源投入公共生产过程，最终的产品是服务，是为满足公民的需要。所以，穆尔才强调指出，“公共部门管理工作的目的是创造公共价值”④。公共管理者的首要任务是研究公共组织如何创造公共价值，并整合内外部资源进行组织创新，实现组织的公共价值。博兹曼认为，“公共价值将在经济增长的过程中实现，当科技创新加剧公共利益分配不平等时，恰当的解决工具是社会政策”⑤。斯托克指出，公共价值管理是与网络化治理最相适应的管理模式，二者的结合能使民主和效率以合作伙伴的关系同时存在。⑥ 公共价值管理的核心目标是创造公共价值，通过网络化治理构建公共政策或服务的递送机制，用公共价值失灵判断公共政策或服务的有效性，完成公共价值从认

---

① 参见王悠然：《公共价值科学研究有待重视》，《中国社会科学报》2020年8月21日。

② Williams I, Shearer H, “Appraising Public Value: Past, Present and Futures”, *Public Administration*, 2011, 89(4):1367-1384.

③ 参见韩兆柱、翟文康：《西方公共治理理论体系的构建及对我国的启示》，《河北大学学报》(哲学社会科学版)2016年第6期。

④ Moore M H, *Creating Public Value: Strategic Management in Government*, Cambridge: Harvard University Press, 1995: 46-52.

⑤ 王悠然：《公共价值科学研究有待重视》，《中国社会科学报》2020年8月21日。

⑥ Stoker G, “Public Value Management: A New Narrative for Networked Governance?”, *American Review of Public Administration*, 2006, 36(1):41-57.

知、创造到评估的整个过程。[①]

概括起来看,西方学者阐述的公共价值理论的核心思想包括重新定位民主与效率的关系,全面考虑效率、责任与公平问题,倡导公共管理者要创造公共价值,重视政治的作用,侧重于集体偏好,拓展公众参与,推行网络治理,建立开放、灵活性的公共服务供需机制等。公共价值管理理论着重从价值和工具双向层面回应了新公共管理面临的难题,展示了成为公共行政理论新范式的潜力。与新公共管理理念相比较,公共价值管理理论侧重于从民主政治的整体系统着眼来考察和审视政府治理危机问题,努力实现管理的工具性与价值性的融合,倡导把政府治理绩效与民主政治的发展相结合。

(二)公共价值理论的价值与意义

西方公共价值理论的诞生很大程度上是对以往管理理论侧重于工具属性的一种纠偏。在全球化和信息化的时代背景下,西方一些国家自20世纪七八十年代开始陷入财政危机、信任危机和治理危机,以官僚制为核心的传统管理模式弊端日渐显露。为了解决危机,英、美等国开始对政府治理体系和治理方式进行结构性调整与重塑运动,主张以顾客需求为导向,要求政府必须对社会公众需求作出及时回应;倡导消除政府对公共服务供给的垄断,采用企业管理的有效方法对社会事务进行管理,引入市场机制;强调政府的首要职能是掌舵而不是划船,要下放权力到基层;倡导管理者要有风险意识并能够应对变化,从而提高管理绩效;实行绩效目标管理和控制,加强对绩效目标完成情况的测量和评估等。

这一理论革新虽然破除了传统公共管理理论的痼疾,把新自由主义经济学、交易成本理论、工商企业管理理论等经济理论作为理论基础,综合了"理性经济人"的个人主义理性思维方法和市场经济的竞争式管理方法的特点,形成了以结果为取向的绩效目标管理、以顾客需求为取向的回应性管理和以外部为取向的战略管理的方法体系。这些管理方法在实践中的运用,一定程度上提高了政府管理效率,拓展了公共管理的研究空间和研究主题,

---

① 参见韩兆柱、翟文康:《公共价值管理理论及其在中国语境下的应用研究》,《公共管理与政策评论》2016年第4期。

推动了当代西方公共管理理论与实践的发展。但新公共管理的理论基础源自经济学，并且以“理性经济人”理念为逻辑起点，以引入市场机制、追求效率为目的，忽视了公平、正义等管理应具有的公共性特征，过多地注重管理的工具理性，而忽视了价值理性，使这一理论应有的科学价值失之偏颇，缺陷显而易见：一是这种理论的人性假设存在片面化；二是价值取向忽略了公共性的追求，采取市场化的运营和公共部门的私营化；三是绩效评估标准充满功利化色彩。

正是在这一背景下，20 世纪 90 年代末，西方公共管理学界出现了一系列试图打破新公共管理理论与实践困境的新理论，包括整体性政府、协作性公共管理、网络治理、新公共服务、数字时代治理、新公共治理、软治理、全球化公共管理、公共价值理论等。[①] 在这些新理论中，公共价值理论最为引人注目。公共价值理论是对过分追求效率、节约、有效性的新公共管理运动最直接的反思，同时它所包含的效率价值观，实质上是为公共管理理论与实践长期存在的“鸿沟”架起的一座桥梁，使古老的善治议题在新的历史条件下焕发出新的生命力。对此，有学者认为公共价值理论的意义在于它具有向后看和向前看的优势。“向后看，它不仅关注到新公共管理的管理主义、效率和绩效，而且关注到传统公共行政的程序和平等带来的合法性和信任等主要问题。向前看，它也能够解释政策和执行中新的网络治理形式以及更智能化的公共服务。”[②]这对本书探讨社区治理无疑具有重大的启发意义。

近年来，学者们对公共价值管理范式的意义和发展趋势给予了极大的关注和肯定。何艳玲认为，公共价值管理理论的意义在于它“重新定义和描述了我们应如何应对效率、问责和公平的挑战”[③]。它不仅强调以规则或激励机制来驱动公共部门改革，而且基于对人性更全面、更温馨的认识，鼓励人们在互助互学中构建伙伴关系，倡导一种尊人重世的理念。董礼胜等从工具理性与价值理性的层面考察和审视西方公共行政伦理学的变迁，指出在经历了与钟摆运动类似的历程后，公共价值管理找到了实现工具属性与

---

① 参见孙珠峰、胡伟：《后新公共管理时代钟摆现象》，《南京社会科学》2013 年第 9 期。

② Talbot C, “Public Value—The Next ‘Big Thing’ in Public Management?”, *International Journal of Public Administration*, 2009, 32:3-4.

③ 何艳玲：《“公共价值管理”：一个新的公共行政学范式》，《政治学研究》2009 年第 6 期。

价值理性融合的最佳途径。[①] 特别是公共价值管理主张把创造公共价值作为公共管理的出发点与落脚点，创造公共价值的过程也是民主与效率实现统一的过程。公共价值管理在治理工具方面，加强了同网络治理的对话与理论整合，注重治理系统的协调性，提升了治理的整体效益，具有明显的进步意义。

（三）公共价值理论在中国语境下的应用

公共价值理论在中国语境下的应用有一个认知、消化、创造的过程。随着数字化时代的到来，大数据、网格化治理兴起后，人们愈加关注将工具理性和价值理性有机融合的公共价值理论在构建服务型政府、建立新型政府职能体系、推动社会和市场进步与发展中的应用。

在中国语境下，公共价值的内在属性就是“人民性”。以人民为中心是中国共产党治国理政的价值引领。吴春梅等提出：“中国需要创新政府理念，将政府职能拓展为公共价值创造；需要优化政府职能，提升政府的公共价值创造能力；需要拓展服务路径，构建协商网络和服务递送网络，以实现公共价值的最大化。”[②]韩兆柱等指出，我们要将公共价值管理理论的核心思想应用到我国公共管理中，“进行公共管理价值重构、公共价值创造的流程设计、政府管理工具创新、公共服务递送机制的构建”[③]。

为了能够适应社会和经济的飞快发展，解决社会和民众之间的一些矛盾，建立新型政府职能体系，优化政府职能，公共价值管理理论的价值越来越凸显。同理，以人民为中心，满足居民需求，就是社区治理的最大公共价值，是社区治理目标属性、治理主体公共代表、治理规范公共导向、治理结果公共效用的综合性体现。公共价值作为城市社区治理的灵魂和生命，树立于城市社区治理各项具体绩效之上，贯穿于城市社区治理各项具体绩效之中，体现于城市社区治理的各个方面和整个过程。

---

① 参见董礼胜、王少泉：《工具—价值理性分野下的西方行政伦理学的变迁》，《中国行政管理》2014 年第 1 期。

② 吴春梅、翟军亮：《公共价值管理理论中的政府职能创新与启示》，《行政论坛》2014 年第 1 期。

③ 韩兆柱、翟文康：《公共价值管理理论及其在中国语境下的应用研究》，《公共管理与政策评论》2016 年第 4 期。

公共价值是相对于个人价值、社会价值的解释概念，它所具有的价值指向的相对性、价值结构的复杂性、价值边界的模糊性、价值定位的至高无上性等固有属性，决定了把握公共价值的精神实质，秉持公共价值的核心理念，践行公共价值的原则性规定，是在理论研究和实际工作中彰显公共价值主旨要义的内在要求。我国城市社区公共价值生产是马克思"公共性"思想在中国城市基层的创造性实践，既具有公共价值生产的一般属性，也具有公共价值生产的"时""空"特征，是公共价值"时""空""态"的有机统一体，即公共价值作为存在于公众的共同生产和生活之中的价值形态，反映的是同一价值客体以公共产品或公共服务形态满足不同主体消费和享受而产生的效用与意义。"公共性"是公共价值的本质属性，公共价值是"公共性"的实践形态。我国城市社区公共价值生产，实质上是社区主体在一定条件下经由价值生成机制和共享机制将公共价值由"观念形态"转化成"客观存在"的实践过程。其逻辑起点是居民需求，逻辑过程是居民个人价值在"公共性"驱使下内涵的依次跃升和扩展。

二、绩效治理理论

绩效治理理论最早是作为人事管理的重要内容发展起来的，现在已拓展到管理学、经济学、社会学等多个学科领域，其理论基础具有多学科、综合性的特点，是研究提升社区治理效能的一个重要思维视角和理论依据。

(一)绩效的多维含义

"绩效"一词源自英文 performance，原意是"履行、执行、表现、行为、完成"，可引申为"作为、成就、成果、业绩"。从一般意义上来说，绩效是对组织的成就与效果的全面系统的表征。绩效是一个包括效率但又不同于效率的概念，内涵比效率更广泛。尼古拉斯·亨利(Nicolas Henry)认为，"效率指以最少的可得资源来完成一项工作任务，追求投入与产出之比的最大化"①。在古汉语中，"绩"和"效"分别解读为："绩"作名词时，意为"成就，功业"，来

---

① [美]尼古拉斯·亨利：《公共行政与公共事务》，张昕等译，中国人民大学出版社 2002 年版，第 284 页。

源于古汉语的《尔雅》“绩，功也，又，业也，又，事也，又，成也”。“效”的解释较为丰富，可作“效果”“功效”“见效”“考察”“考核”[①]等解释。从汉语组合的解释来看，绩效可指经过工作后所获取的业绩和效果。因此，从中外字面意思上综合来看，绩效不仅是行动的结果，而且关注行动的效果。放眼世界，有学者从效率的角度来研究绩效，认为绩效是工作的效率和效果，其既包括投入和产出的关系（效率），也包括为了实现目标付出的努力程度和达成目标的程度。[②] 从投入、产出以及两者之间关系这三个角度来看，绩效包括经济（economy）、效率（efficiency）和效果（effectiveness）三要素，又称为 3E 要素。随着绩效的含义不断扩展和延伸，公平公正（equity）作为新的补充被加入绩效的内涵中，因此 3E 就变成了 4E。美国经济学家埃莉诺・奥斯特罗姆（Elinor Ostrom）对绩效的范畴作了进一步补充，她认为，经济效率、公平、责任和适应性等要素都应纳入其中。[③] 可以说，自人类社会有了分工和劳动后，绩效也随之产生。但不同学科领域对绩效内涵的解读并不完全相同。经济学领域的绩效通常指经济发展（增长）的业绩和效果，并暗含个体为组织提供绩效以获得相应薪酬的交换与分配关系（或制度形态）。[④] 社会学领域的绩效强调的是社会成员按其角色分工承担起相应的职责，即完成绩效是一种社会义务。管理学领域对绩效的阐释更多地涉及三个关键点：一是主体在职能范围内“可作为”的努力，二是这种努力所带来结果的“增量”，三是绩效的形成与测量都依赖于一定的“周期”。[⑤] 归纳起来，各学科对绩效的界定大体涉及五个层面的内容，即绩效是一种行为，一种结果，过程与结果的统一，完成工作的义务，做了什么和能做什么的能力与潜能的结合。

绩效是一个多维建构词语。从经济学意义上来看，组织绩效与员工的薪酬相对应，绩效是员工对组织的承诺，薪酬是组织对员工所作出的承诺。

---

① 胡晓东：《绩效管理的理论研究与实践探索》，华中科技大学出版社 2017 年版，第 10 页。

② 参见伍斌编著：《政府绩效管理：理论与实践的双重变奏》，北京大学出版社 2017 年版，第 2 页。

③ 参见[美]埃莉诺・奥斯特罗姆等：《制度激励与可持续发展：基础设施政策透视》，毛寿龙译，上海三联书店 2000 年版，第 128-133 页。

④ 参见[美]道格拉斯・诺思：《制度、制度变迁与经济绩效》，杭行译，格致出版社 2008 年版，第 3 页。

⑤ 参见郑方辉、张文方、李文彬：《中国地方政府整体绩效评价：理论方法与“广东试验”》，中国经济出版社 2008 年版，第 68-70 页。

从社会学角度看，绩效意味着每一个社会成员按照社会分工所确定的角色承担相应的责任。从管理学的角度看，绩效既是组织期望的结果，又是组织为实现目标而努力的过程，是组织在不同层面实现目标的有效产出，包括组织绩效和个人绩效两个方面。从不同的维度看，绩效的具体表述有所不同，总体上可以看作一种工作结果、一种个体行为或组织行为、一种胜任力等。因此，绩效管理是一个完整的系统，包括绩效计划制订、绩效辅导沟通、绩效考核评价、绩效结果应用、绩效目标提升的持续循环过程。绩效计划制订是绩效管理的基础环节，绩效辅导沟通是绩效管理的重要环节，绩效考核评价是绩效管理的核心环节，绩效结果应用是绩效管理取得成效的关键。影响绩效的主要因素包括组织成员的技能、外部环境、内部条件以及激励效应等。

（二）绩效管理的特点

绩效管理是在人事管理中的绩效评估的基础上发展起来的，形成于20世纪70年代。20世纪八九十年代，随着人力资源管理战略理论的发展，战略性绩效管理问题随之成为管理理论研究的重要主题。当时，人们主要是从实施战略目标的角度来探讨绩效管理问题。

尼克尔斯（Nickels）认为，绩效管理主要包含四个原则：一是必须设定目标，并且这个目标必须被管理者和员工双方同时认同；二是必须明确衡量达成目标的标准，就是要公开衡量员工是否成功达到目标的标准；三是目标本身具有一定的灵活性，要根据经济和工作场所环境的变化及时调整；四是员工不仅要把管理者当作评估者，还要把管理者当作帮助他们获得成功的指导者。① 绩效管理系统有一个循环周期，包括衡量和标准，达成契约，规划，监督、帮助、控制，评估，反馈，人事决定，开发再回到衡量和标准。② 英国学者理查德·威廉姆斯（Richard Williams）在《业绩管理》中把绩效管理系统分为四个阶段：一是为员工确定绩效目标和评价绩效的标准，即制订计划阶

① Nickels T,“As Overview of Performance Measuerment”, *Public Management*, 1994, 54(3):35-43.

② Medori D, Steeple D, “A Framework for Auditing and Enhaneing Performance Systems”, *International Journal of Operations and Production Management*, 2000, 20(5): 520-533.

段；二是对员工的绩效进行监督和管理阶段，在这个阶段包括提供绩效情况的反馈，帮助员工排除阻碍实现绩效目标的障碍等；三是对绩效进行考核和评估阶段；四是总结和实施奖励阶段，即针对考核结果，对员工进行相应的奖励、培训和安置，规划未来发展。[①] 由此可见，绩效评估只是绩效管理的一个重要环节，绩效管理的内涵远远大于绩效评估。

绩效管理的特点在于组织目标和个人目标的一致性，注重个人与组织的同步，追求的是"多赢"效果。绩效管理强调"以人为本"的理念，体现的是管理者与被管理者的共同参与。在绩效管理理论中最核心的是评价指标的设计，科学合理的绩效评价指标是提升治理绩效的重要杠杆。借助绩效管理理论研究社区治理绩效问题，不仅要明确绩效管理的过程要素和影响因素，更重要的是探索构建提升社区治理绩效的管理机制，为社区管理组织或个人设定合理的目标，建立有效的激励和约束机制，通过定期、有效的绩效评估，促使管理者及社区居民自我发展，提高自我能力，进而通过绩效结果的应用和绩效目标的提升来实现更高水平的个人和组织绩效。

（三）绩效管理在社区治理中的应用

将绩效管理纳入城市社区治理，将与治理行为密切相关的影响要素纳入整个治理过程，可以把城市社区治理绩效进一步解释为，参与城市社区治理的各主体在绩效目标的导向下，由外在条件约束与内部主体间的互动共同影响而达成的行为效果。也就是说，城市社区治理绩效是指治理过程与治理结果相统一、治理模式最优化与治理效益最大化相均衡。基于治理主体之间目标的契合程度、外在条件的限制或资源占有的多寡以及主体间力量博弈的强弱，这种过程层面的绩效将促使社区治理表现出不同的类型；而为了达到结果层面的绩效，相应地就要选择与之匹配的行动策略。以绩效为导向的城市社区治理，既有治理目标（结果）的驱动，也受治理过程的调适与支配。

从表现形态来看，城市社区治理绩效主要表现为经济绩效、政治绩效和

---

① Fandray D, "The New Thinking in Performance Appraisal", *Workforce*, 2001, 80(5): 36-37.

社会绩效。经济绩效一般是通过“投入”和“产出”来计量的，而在社区治理中经济层面较少地体现为“产出”，更多地关注对“投入”成本的计较。成本是一个经济学概念，被引入社区治理领域，是指政府、社区居委会、居民在供应公共产品与服务时所支付的各项费用和消耗的总和。细化治理的成本内容，还可将其分为社区治理的固定成本和变迁成本。固定成本是指维持社区治理活动有效运行所消耗的资源，包括具体治理行动的规划、执行、协调、评估、修正等产生的成本投入；变迁成本则指的是社区治理体系的创新、转换甚至试错所要付出的一系列代价。[①] 从一定程度上来讲，当社区治理条件与能力一定时，治理成本越高，经济绩效越低，而整体的社区治理绩效自然难以保证。分析并合理控制社区治理成本就成了提高治理经济绩效的最有效方式。立足于成本的角度，可以清晰验证治理过程的不合理、制度的不完善与技术的落后性。具体来说，比如治理资源匮乏，社会资本先天发育不足；社区制度的缺陷导致政策决策不民主，沟通机制不畅通，信息互动滞缓；社区共同认知与治理目标尚未达成一致，居民对社区党政机构政策下达与行政能力持有质疑态度等都会造成治理成本增加。同时，治理过程中各主体之间的不协调性若不能得到及时有效的梳理、化解，无形之中都会增加潜在的额外成本投入。

城市社区治理的政治绩效概括地说就是最大限度地保障居民的利益和社区的稳定与发展，依法依规采取治理行动是政治绩效对治理主体的有力监督。社区治理的政治绩效的实现程度，直接关系到城市居民公共服务供给和福祉增进，关系到人民的民主参与权利和社会公平正义、平安和谐以及人民主体地位的实现。社区的地位决定了社区治理的政治使命。社区是国家治理体系的末梢端，是国家基层组织治理能力建设的根基，承载着城市基层大量的公共服务与民生工作。英国学者吉登斯曾指出，社区这一主题是新兴政治的根本所在。[②]

城市社区治理的社会绩效是经济发展基础上的整体社会进步，包括整

---

① 参见罗泽意：《大学治理成本的生成与控制》，《高教探索》2012 年第 3 期。

② 参见[英]安东尼·吉登斯：《第三条道路：社会民主主义的复兴》，郑戈译，北京大学出版社、三联书店 2000 年版，第 83 页。

体改善和提高社区居民的生活水平与生活质量；社会公共产品供应及时到位；社会保障状况良好，社群与各民族和谐相处，没有明显的对抗和尖锐的冲突。社区是最接近居民生活的地方，与居民的日常生活和精神生活紧密相连，和谐安定的社区不仅能保障居民生活幸福，增强居民的归属感，而且对于社会治理有着不可估量的促进作用。居民的获得感和幸福感除了受到个体主观认知的影响，更多的是来自社区内各种客观因素的互动与反馈。这些因素散落在社区生活的每一个角落，社区内的公共基础设施、社区安全性、社区卫生、社区绿化环境、文化风气等诸多宜居元素都深刻影响居民对幸福感的自我感知。

总体上说，社区治理的经济绩效是社区治理绩效的主要内涵和外在表现，它受社区政治资源、政治制度以及运行机制等多方面的影响，是政治绩效和社会绩效的体现，在整个体系中发挥着基础作用。社区治理的政治绩效是社区治理绩效的中枢和核心，为实现经济绩效和社会绩效提供制度保障。社区治理的社会绩效的核心是凸显居民的主体地位，将以人为本的思想贯穿于社区的规划、执行与综合治理的始终。尊重居民的主体身份，赋予居民发声的权利，规范居民参与治理的行为，以提升居民生活满意度作为提升社区治理绩效的重要目标指向。

三、社会资本理论

“社会资本”是一个源于“经济资本”的概念，但其内涵远远超越了“经济资本”。目前社会科学研究领域主要有三种社会资本理论：马克思的社会资本理论、人文社会科学领域的社会资本理论、以我国的对策研究为导向的PPP（Private Public Partnership，公共私营合作制）理论。本书研究的社会资本理论属于社会资源的范畴，即社会中存在的关系资源。

（一）马克思的社会资本理论

社会资本的概念虽然在20世纪广泛盛行，但对社会资本理论的文本分析可以追溯到马克思、马克斯·韦伯（Max Weber）和埃米尔·涂尔干（Émile Durkheim）。只不过马克思的社会资本理论是以“人的自由而全面发展为目标，嵌入社会中的能够促进社会良性运行和科学发展的非经济性因素的总和，它来源于社会生产过程，反映的是一种社会关系”①。在马克思看来，资本是一种社会关系，社会关系也是资本。早在1845年，马克思在《关于费尔巴哈的提纲》中就曾提出了人的本质“是一切社会关系的总和”②的观点，后来在《资本论》中系统深刻地阐述了资本主义社会最主要、最普遍、具有决定性意义的资本关系，揭示了资本的剥削实质。马克思虽然没有提出社会资本概念，但他关于资本的相关论述中蕴含着社会资本的思想。也就是说，在马克思看来，社会资本既有显性意义上的指单个资本量的总和的含义，又有隐性意义上的作为体现资本本质的生产社会化和社会关系的含义，即资本本质上包括“商品资本、货币资本、生产资本在内的一切资本和与价值实现有关的一切行为”③。马克思揭示的社会资本是在一定生产方式的基础上直接联合起来的全部个人资本与社会关系的总和，是对私人资本、个人资本的一种扬弃，这种扬弃的过程就是社会资本的生成过程。马克思认为，在资本主义社会，社会资本能否实现，资本主义生产是否能够继续，都是由剩余价值能否实现决定的。正是从这个意义上，马克思揭示了资本主义社会资本的剥削实质。

马克思的社会资本理论对社区治理的意义在于：其一，马克思对于“有限度的团结”的思想强调，“逆境可以成为群体团结一致的动力，能够推动一个人建立社会联系的关系网络，或者为了实现目标而把自身的资源让渡给他人，从而使自己与他人、自己与群体建立起某种社会关系网络”④。这就启示我们，在社区治理中，可以把各种社会关系网络纳入治理资源，服务于治理效能的提升。其二，马克思的社会资本理论为我们认识社会关系资源的生成提供了理论依据，即社会资本是能够为特定主体带来回报的社会关系资源。作为一种社会关系资源，社会资本的生成与社会关系的生成是同步的：现实的人是社会资本生成的前提，物质生产和交往是社会资本生成的实

---

① 黄晓波：《马克思社会资本思想形成的基本理论路径》，《社会科学家》2014年第4期。

② 《马克思恩格斯选集》第1卷，人民出版社2012年版，第139页。

③ 白梅花：《马克思的社会资本理论研究》，《长春理工大学学报》（社会科学版）2017年第1期。

④ 于颖：《社会资本概念的思想渊源及其形成》，《大连海事大学学报》（社会科学版）2010年第5期。

践基础，人的需要是社会资本生成的必要条件。[①] 这为我们探寻社会资本或社会资源提供了一个思维理路，那就是要时刻关注社区居民的需要。其三，马克思的社会资本理论是一个社会历史概念，是对资本逻辑的超越，价值目标是实现“每个人的自由发展”[②]，在这个目标没有完全实现之前，其指导意义必将随时代的发展而不断展现。

（二）社会资源视角的社会资本理论

20 世纪 50 年代，美国学者西奥多·舒尔茨（Theodore Schultz）首次从经济学意义上提出了人力资本的概念，将“物质资本”与“人力资本”区别开来。[③] 格伦·卢里（Glenn Loury）在 20 世纪 70 年代后期提出了与物质资本和人力资本相对应的“社会资本”概念。后来，“社会资本”概念被引入社会科学领域，并形成了一些不同的解释。既有格兰诺维特（Granovetter）和林南（LinNan）从社会网络及其拥有的社会资源视角作出的解释，也有皮埃尔·布迪厄（Pierre Bourdieu）从“制度化的持久关系网络”角度的解读，还有詹姆斯·科尔曼（James Coleman）对社会资本进行功能性的社会结构分析，以及罗伯特·帕特南（Robert Putnam）对社会资本进行的“特征性”[④]描述。除此之外，亚历山德罗·波茨（Alejandro Portes）的“获取资源能力”论[⑤]、弗朗西斯·福山（Francis Fukuyama）的“信任—繁荣”模式分析、约瑟夫·斯蒂格里茨（Joseph Stiglitz）的“非正式制度与市场”[⑥]探讨，以及约翰·克拉克（John Clark）对于“社会资本支持经济福利”的论证、奥斯特罗姆对“自主治理体系的社会资本”研究等，从不同层面和视角对社会资本作了解释。最典型的是布迪厄、科尔曼和帕特南的解释。

① 参见杨东柱：《社会资本的生成依据探究》，《社会工作》（学术版）2011 年第 6 期。

② 《马克思恩格斯选集》第 1 卷，人民出版社 2012 年版，第 422 页。

③ 参见[美]西奥多·舒尔茨：《论人力资本投资》，吴珠华等译，北京经济学院出版社 1990 年版，第 132 页。

④ [英]罗伯特·帕特南：《使民主运转起来：现代意大利的公民传统》，王列、赖海榕译，中国人民大学出版社 2015 年版，第 197 页。

⑤ 参见李惠斌、杨雪冬主编：《社会资本与社会发展》，社会科学文献出版社 2000 年版，第 29-143 页。

⑥ 曹荣湘选编：《走出囚徒困境：社会资本与制度分析》，上海三联书店 2003 年版，第 72、115 页。

从社区治理层面来看,我国学术界广泛认可的社会资本的内涵,是指镶嵌在由个人或组织拥有的关系网络中现实的和潜在的资源总和,其中信任、网络、规范是构成社会资本的核心要素。社会资本具有“生产性”和“公共性”[①]的属性特征。城市社区公共空间因其所具有的特殊“公共”空间属性,既是社区内的社会资本承载体,又“创生”着社区社会资本。社区公共空间通过居民的行为活动、心理思维习惯等中介,对社区居民的社会交往网络的范围与交往密度、社区居民彼此间信任的基础与强度、社区规范的内容与互惠性程度、社区文化的载体形式与功能发挥等都产生重要的制约与影响,进而塑造着具体且多样化的社区社会资本。而社区社会资本在社区空间内创生和生长的过程,也是社会资本在社区物理空间和社会空间内渗透与呈现的过程,塑造和改变着社区公共空间的存在形式与功能利用。

在我国城市化进程中,城市社区类型众多,多数还处于转型期。从社区治理资源来看,城市社区陷入传统社会资本流失和现代社会资本匮乏的双重困境。在这一历史条件下,学者们注意到了社会资本的重建对社区治理具有重要影响。蒋慧等认为,社会资本的重新整合是新型社区实现良治的关键因素。[②] 曹红杰认为,社会资本理论可以为解决社区建设中的许多问题提供新视角。[③] 张宏志等进一步探讨了社区治理的路径问题,认为目前社区治理最大的问题在于公共精神的缺乏,重建社区公共精神是社区治理的一大任务,最直接的方式就是提升社区的社会资本存量,通过密切社区治理主体之间的友爱、互助、合作和信任等关系,提升社区治理资本的增量,促进公共精神的重建。[④] 何艳玲认为,巨大的人口流动性加大了社区的异质性程度,这种异质性一方面不利于社会资本的整合,但另一方面却在一定程度上

---

① 张勇:《论社会资本的社区公共空间向度》,《深圳大学学报》(人文社会科学版)2017 年第 6 期。

② 参见蒋慧、吴新星:《“过渡型社区”治理问题的政治社会学解析:基于社会资本的视角》,《大连理工大学学报》(社会科学版)2012 年第 1 期。

③ 参见曹红杰:《当前城市社区建设推进障碍与创新路径:基于社会资本的视角》,《华北水利水电大学学报》(社会科学版)2017 年第 4 期。

④ 参见张宏志、吴新叶:《城市社区公共精神的建构性路径:以上海“社区自治家园”建设为例》,《上海行政学院学报》2016 年第 1 期。

促进了不同群体之间的交往，从而又会促使链合性社会资本的产生。[①] 当然，社区社会资本的产生也会来源于社区群体面临的共同压力，从而激发人们集体行动的爆发，这种集体行动容易运作成为社会资本。

（三）社会资本对社区治理作用的两重性

在中国语境下，社区社会资本属于社会资本的微观层面，涉及志愿者、社会慈善资源、市民群体、网络、制度和协作等多个维度。社会资本存量多的社区更能够应对贫困，促进就业，解决争端和矛盾，提高治理绩效，促进社区经济发展，改善治理生态，增强社区凝聚力等。结构性社会资本在社区治理绩效中起到一定的作用。但“资本本身具有逐利性，为了追逐利润，很多资本行为是基于短期视角的，将重心放置于投入产出，只关注效率，而忽视其行为长期对居民以及社会发展是否有利”[②]。

也就是说，探讨社会资本对社区治理的作用时需要注意双重性。一方面，那些共通性的社会资本，即具有包容性的社会信任和开放性的社会网络、志愿组织、社会慈善资源、志愿服务等，在社区治理中无疑具有积极作用，能够增强社区治理各主体之间的认同感，一定程度上能促进社区的善治；另一方面，那些封闭性的、具有人际关系局限性的、特殊信任性的社会资本对社区治理则有着消极作用。[③] 很多新情况、新问题都折射出社会资本在社区治理中的双重性，因此必须加强监管和引导，做到趋利避害，才能使之发挥应有的作用。

四、社会资本与公共价值生产的融合

由于社会资本在社区治理中的双重性，需要着力实现社会资本与公共价值生产的融合。价值属于关系范畴，揭示的是实践中所形成的价值客体对于价值主体的意义。公共价值作为存在于公众的共同生产和生活之中的

① 参见何艳玲：《成都：实现以人民为中心的社区发展治理》，《先锋》2019 年第 6 期。

② 徐鑫：《大数据环境下城市智慧社区治理机制研究》，《改革与开放》2021 年第 17 期。

③ 参见陈捷、卢春龙：《共通性社会资本与特定性社会资本：社会资本与中国的城市基层治理》，《社会学研究》2009 年第 6 期。

价值形态，反映的是同一价值客体以公共产品或公共服务形态满足不同主体消费和享受而产生的效用及意义。公共性是公共价值的本质属性，公共价值是公共性的实践形态。客体的公共效用、主体的公共需求、规范的公益导向是公共价值的基本表征。经验中的公共性是以公共产品和公共服务为载体，经由“对象化”而表现出的公共效能，是一个通过主体的消费活动使物品或服务的公共性性质“由潜在的可能性转化为显在的现实性的过程”[①]。我国城市社区公共价值生产，实质上是社区主体在一定的条件下经由价值生成机制和共享机制将公共价值由“观念形态”转化成“客观存在”的实践过程。

就我国城市社区治理来讲，公共价值生产是指在较为宽泛的意义上社区多元主体在常态下将生产、服务资源转换成居民需求的公共性活动，具有“共生”“共治”“共享”的属性，具有生产要素和生产流程稳定性特征。而城市社区公共价值创造突出的是以政府为行为主体，基于公共价值增值的战略意图，着力通过对城市社区主体要素的赋能，对生产、服务要素的重组和创新以及对生产流程的优化和再造，实现城市社区公共价值的“发现”和“发明”，这是具有很强的革命性、探索性的公共价值生产活动。[②] 其显著标识是公共价值的内容新增、价值创造或类型更新。

历史经验表明，我国城市社区公共价值生产既具有公共价值生产的一般性质，又具有由城市社区特有的“空间性”及“时间性”决定的特殊形态。这里讲的“一般性质”与“特殊形态”的最大公约数是社区公共价值。我国城市社区公共价值是社区公共产品和公共服务固有的“公共性”经“对象化”呈现出的效能的总称。它以公共产品和公共服务为价值载体，以政治、经济、文化、社会、生态为价值内容，以实现社区生态、形态、文态、业态的高度融合为价值指向，具有明确的空间性和指向性。我国城市社区公共价值生产是

---

① 熊子健:《社会主义核心价值观的个人价值研究:基于生成性思维的视野》,《法制与社会》2019 年第 9 期。

② 浙江省 2020 年启动未来社区建设。未来社区是以满足人民对美好生活的向往为根本目的，围绕社区全生活链服务需求，以人本化、生态化、数字化为价值导向，通过推动城市发展向长周期运营城市理念转型、社区管理向智慧型转型以及生活方式向绿色共享转型，以未来邻里、教育、健康、创业、建筑、交通、能源、物业和治理等九大场景创新为引领的新型城市功能单元。这个被称为“未来社区”(又称“人民社区”)的创建过程，本质上是城市社区公共价值的创造过程。

马克思主义生产理论的民族化、时代化、区域化实践，是由客体与主体、基础与资源、组织与职能、制度与机制等众多要素构成的知识体系和实践机制。其以满足人民对美好生活的向往为根本目的，以公共产品和公共服务最大化为价值载体，以政府导治、居民自治、市场精治、数字智治、社会联治的治理体系现代化为体制保障，以实现城市社区全面、协调、可持续发展为绩效评价标准。[①]

第四节　基于数字治理视角：技术嵌入与整体性治理的驱动

20 世纪 90 年代以来，随着信息技术的发展，欧美国家率先从电子政务时代进入数字治理时代。党的十八大以来，习近平总书记多次阐述建设"数字中国"的战略意义。数字治理时代的来临，使社区治理面临着治理环境、治理结构、治理方式等方面的挑战，迎接挑战必然引发治理变革。

一、数字治理的兴起

数字治理源于西方国家，早在 1969 年，拥有"现代管理学之父"声誉的彼得·德鲁克(Peter Drucker)就提出了"知识社会"的概念。[②] 1978 年，西蒙·诺拉(Simon Nora)和阿兰·孟克(Alain Minc)在《社会的信息化》一书中首次提出人类社会已经进入"信息化社会"。[③] 1993 年，美国发布了"信息高速公路计划"。为应对公共管理面临的诸多问题与挑战，时任美国副总统艾伯特·戈尔(Albert Gore)发起了"国家绩效考察"运动，并提出构建电子政府的重要改革方向。1995 年，美国计算机科学家、麻省理工学院媒体实验室创办人兼执行总监尼古拉斯·尼葛洛庞帝(Nicholas Negroponte)提出了数字

① 参见王晨：《我国城市社区公共价值生产的学理认知》，《山东社会科学》2020 年第 9 期。

② 参见[美]彼得·德鲁克：《知识社会》，赵巍译，机械工业出版社 2021 年版，第 22 页。

③ 参见[法]西蒙·诺拉、阿兰·孟克：《社会的信息化》，施以方、迟路译，商务印书馆 1985 年版，第 5 页。

化生存理论，认为人类社会已经进入“后信息化社会”。[①] 1996 年，拥有西班牙巴塞罗那加泰罗尼亚开放大学的研究教授及美国加利福尼亚大学伯克利分校城市和区域规划系社会学名誉教授等多所世界知名大学教授头衔的曼纽尔·卡斯特尔(Manuel Castells)出版了《网络社会的崛起》一书，对信息时代的到来对公共管理的治理体系提出的更高要求与挑战进行分析，形成了数字治理理论的雏形。[②] 1998 年，美国副总统戈尔在加利福尼亚科学中心发表了题为《数字地球：新世纪人类星球之认识》的演讲。[③] 之后，数字国家、数字政府、数字城市以及数字社区等概念相继出现。

伴随数字时代的到来，数字治理理论兴起。英国学者敦利威基于佩里·希克斯(Perri Six)的研究，将治理理论与数字技术相结合，提出了数字治理理论，认为数字治理的核心在于整体的、公共参与的新型决策方式及电子行政运作广泛的数字化。[④] 在敦利威看来，数字治理具有重新整合、重塑整体、数字化过程三重内涵，数字时代的治理是包括组织、政治、文化变革在内的“一个社会整体上的数字时代的运动”[⑤]。自此之后，西方学术界逐步建构起了注重公民参与、政务流程再造、数据治理与协同治理的数字治理理论。加拿大学者杰弗里·罗伊(Jeffrey Roy)探讨了跨部门治理和组织结构的电子治理及数字政府中的关键影响因素。[⑥] 方丹(Fountain)强调数字时代的政府治理不是单纯的互联网信息技术与政府传统行政体制的叠加，更重要的是政府组织内部体制和运行机制的改变。[⑦]

---

① 参见[美]尼古拉·尼葛洛庞帝:《数字化生存》，胡泳、范海燕译，电子工业出版社 2017 年版，第 158 页。

② 参见[英]曼纽尔·卡斯特:《网络社会的崛起》，夏铸九等译，社会科学文献出版社 2001 年版，第 153 页。

③ 参见胡税根、杨竞楠:《发达国家数字政府建设的探索与经验借鉴》，《探索》2021 年第 1 期。

④ Dunleavy P, Margetts H, Bastow S, et al., “New Public Management Is Dead—Long Live Digital-era Governance”, *Journal of Public Administration Research and Theory*, 2005, 16(3):467-494.

⑤ Dunleavy P, Margetts H, Bastow S, et al., *Digital Era Governance: IT Corporations, the State, and E-Government*, Oxford: Oxford University Press, 2006:64.

⑥ Roy J, “E-Governance and Digital Government in Canada: The Necessity of Both Structural and Cultural Transformations”, *Towards the E-Society*, 2001, 74:845-856.

⑦ Fountain J E, *Building the Virtual State: Information Technology and Institutional Change*, Washington, D.C.: Brookings Insttution Press, 2001:738-741.

我国是数字化转型的后发国家，20 世纪末才开始重视推动办公自动化的应用。党的十八大以来，随着互联网、大数据、人工智能技术的广泛应用，以习近平同志为核心的党中央提出了加强数字治理、加快建设数字中国、实施共享发展、区域协调发展等一系列战略思想，我国的数字治理理论和实践快速发展起来。国内学界对数字治理理论的研究也逐渐多了起来，从早期着重数字政府、数字政府运行的技术规制、政府数字化管理等局部领域的研究，扩展到数字治理理论的构建和比较研究领域，并从实然角度进行数字赋能案例分析等，相继形成了许多研究成果。

例如，孟天广明确指出，数字治理包括三方面的内涵：一是“对数据的治理”，即治理对象扩大到涵盖数据要素；二是“运用数字技术进行治理”，即运用数字与智能技术优化治理技术体系，进而提升治理能力；三是“对数字融合空间进行治理”，随着越来越多的经济社会活动搬到线上，治理场域也拓展到数字空间。① 陈水生将数字治理形象地概括为，数字技术简化以往依靠大量人力排查走访的方式，运用信息化技术完成信息收集。② 同时，明确基层横向部门之间在社区治理中的权责关系，运用信息化技术实现数据信息多方共享、业务协同共进，以“整体政府”形态进一步破除职能部门碎片化的弊病。③ 也就是说，数字治理的目标不仅包括提升行政效率和公共服务，还包括通过信息技术推进行政改革，扩大公众参与，重塑国家和公民、社会及私营部门之间的关系。④

应该说，数字治理理论是伴随数字治理的兴起而发展起来的，又是随着数字治理实践的深化而不断完善的。就内涵来说，它是一种治理理论与互联网信息技术的结合，是运用信息技术重塑公共部门管理流程的新型理论。它的核心观点是强调信息技术和信息系统在公共部门改革中的重要作用，从而构建公共部门扁平化的管理机制，促进权力运行共享，逐步实现还权于

---

① 参见孟天广：《数字治理全方位赋能数字化转型》，《政策瞭望》2021 年第 3 期。

② 参见陈水生：《数字时代平台治理的运作逻辑：以上海“一网统管”为例》，《电子政务》2021 年第 8 期。

③ 参见孟庆国：《数字化转型中政府治理的机遇与挑战》，《山东经济战略研究》2020 年第 10 期。

④ 参见郑磊：《数字治理的效度、温度和尺度》，《治理研究》2021 年第 2 期。

社会、还权于民的善治过程。并且这一理论与整体性治理理论密切关联。整体性治理理论是英国学者希克斯首创的。1997 年,希克斯在《整体政府》一书中提出了整体性治理理论,目的是为解决新公共管理遗留下来的碎片化症结提供一种“整合方案”。[①] 其主要解决两大问题:一是重新整合,二是整体性治理。核心内涵就是政府机构组织之间通过充分的沟通与合作,形成有效的整合与协调,彼此政策目标一致且连续,政策执行手段相互强化,达到合作无间的目标的治理行动。[②] 我国著名行政管理学家竺乾威教授曾指出,信息技术可以使政府内部职能部门从碎片化治理走向整体性治理。[③] 同时,数字治理理论关注公民参与问题,借助信息科技创新公民参与形式。随着大数据、云计算技术的进一步发展,数字治理理论借助先进的信息科技在智慧城市建设中发挥着越来越重要的作用。而引入整体性治理和数字治理理论,也可以从理论视角完善智慧城市建设。[④]

总的来看,数字治理理论还处于发展之中,学界的评价也不统一。帕斯卡莱瓦(Paskaleva)认为,数字治理理论从理论指导、民主活动、决策过程和公民参与等方面帮助城市管理者作出更好的决策,从而进一步提升城市的竞争力。[⑤] 达尔(Dahl)认为,数字治理理论仍存在一些问题,从某一个国家的行政环境归纳出来的理论,不能够立刻予以普遍化,或被应用到另一个不同环境的行政管理中去。一个理论是否适用于另一个不同的场合,必须先对那个特殊场合加以研究之后才可以判定。[⑥] 韩兆柱等还指出,数字治理理论提倡的一站式窗口、一站式服务的设计理念在根本上会造成利益均沾所带来的负面影响,治理责任与界限模糊。[⑦] 笔者认为,随着数字治理实践的不断深化,数字治理理论必将不断发展完善。

---

① Pollitt C, “Joined-up Government: a Survey”, *Political Studies Review*, 2003,11(1):34-49.

② 参见叶璇:《整体性治理国内外研究综述》,《当代经济》2012 年第 6 期。

③ 参见竺乾威:《从新公共管理到整体性治理》,《中国行政管理》2008 年第 10 期。

④ 参见董礼胜、崔群:《整体性治理:一种研究智慧城市的新视角》,《福建行政学院学报》2015 年第 3 期。

⑤ Paskaleva K A, “Enabling the Smart City:The Progress of City E-Governance in Europe”, *International Journal of Innovation and Regional Development*, 2009,1(4):405-422.

⑥ Dahl R A, “The Science of Public Administration:Three Problem”, *Public Administration Review*,1947(7):1-11.

⑦ 参见韩兆柱、马文娟:《数字治理理论研究综述》,《甘肃行政学院学报》2021 年第 6 期。

二、数字治理的特征

数字治理理论与实践相伴发展。从一般意义上讲，数字治理是指在公共事务领域运用信息技术对经济和社会资源的综合治理，涉及如何影响政府、立法机关以及公共管理过程的一系列活动，体现的是技术变革对组织及治理活动的影响。具体可理解为，在数字技术条件下，以政府为主导，平台与企业、社会组织、网络社群、公民个人等多元主体协同参与相关事务的制度安排和持续过程。作为一种转型的治理范式，数字治理主要表现为优化公共部门的运行流程、高效响应公众需求以及强化部门之间的协同联动。数字治理的主要特征：一是坚持以问题为中心的治理目标，二是着眼于政府、营利组织与非营利组织三大组织的跨界合作，三是重塑治理结构，四是嵌入信息技术治理之中，五是重视整合与协同运作。很大程度上讲，数字治理正在成为渗透各个国家、各个行政分支的全球化趋势。[①] 在数字时代，连接各种技术创新，将现实世界与数字世界融合，以使人们的生活模式得以重构。

三、数字治理的效度与限度

随着互联网、大数据、区块链等现代信息技术的不断普及，越来越多的国家积极利用信息技术创新政府运作方式、推动数字政府建设。根据《2020联合国电子政务调查报告》，全球电子政务发展平均指数（EGDI）从2018年的0.55上升到2020年的0.60，EGDI处于高或非常高级别的成员共有126个，占所有成员的65%。[②] 在我国，自党的十八大以来，习近平总书记在多次讲话中系统阐述了“实施国家大数据战略，加快建设数字中国”的战略意义。2019年，党的十九届四中全会提出推进数字政府建设，加强数据有序共享，依法保护个人信息。2020年，疫情暴发后，进一步推动了数字技术在政府信息公开、便民服务、动态监管、疫情监测分析、病毒溯源、防控救治、资源调

---

① Milakovich M E, *Digital Governance: New Technologies for Improving Public Service and Participation*, London: Routledge, 2011:163-187.

② 参见胡税根、杨竞楠：《发达国家数字政府建设的探索与经验借鉴》，《探索》2021年第1期。

配、智能决策等方面的应用。2023 年 2 月 27 日，中共中央、国务院印发《数字中国建设整体布局规划》，明确把建设数字中国作为数字时代推进中国式现代化的重要引擎，为构筑国家竞争新优势提供了有力支撑。

从治理实然的角度看，数字技术嵌入社区治理对提升治理效率具有显著成效，特别是在抗击疫情的进程中数字化手段发挥了不可替代的重要作用，同时也让广大参与者看到了数字经济的发展潜力。从价值属性的应然角度分析，数字治理是指借助现代信息技术手段，实现对政府组织的流程再造与体制机制重塑，以提升公共产品和服务需求匹配的精准度，优化社会公共资源配置，增强政府与社会、公众之间的协同和信任，凝聚数字时代的人文精神，更加高效地创造公共价值。

但是，数字技术在革新政府治理方式、重塑社会互动关系过程中会因追求形式化、快速化而不可避免地带来失信、失范与失序问题。特别是近年来出现的“数据鸿沟”“数据霸权”[①]“技术难民”“数字异化”，以及在基层实践中数字治理衍生出的大量“指尖上的形式主义”[②]等，必然会侵蚀公共价值。技术赋能不等于技术万能，数字治理有效度也有限度，必须趋利避害，坚持技术刚性与人文柔性相结合的原则，处理好治理手段和治理目的、数字权力和公民权利、个体利益和公共利益、技术赋能和制度创新之间的关系，不断从理论与实践的结合上对数字治理理论进行创新和发展。相信伴随数字理论的不断完善和数字治理实践的不断深化，数字治理的效度和温度必将不断提升，限度将逐步被克服。

四、技术嵌入与整体性治理的驱动

“嵌入”这一概念最早是匈牙利哲学家卡尔·波兰尼(Karl Polanyi)提出来的，意指蕴含于经济体系的运作过程之中并能够产生一定影响的社会体系，侧重于经济体系、社会体系之间的双边关系。[③] 后来学者们在研究中将

① 秦国民、张博：《智能化时代政府数据治理赋能制度执行力的效度与限度》，《河南社会科学》2021 年第 12 期。

② 郑磊：《数字治理的效度、温度和尺度》，《治理研究》2021 年第 2 期。

③ 参见杨玉波、李备友、李守伟：《嵌入性理论研究综述：基于普遍联系的视角》，《山东社会科学》2014 年第 3 期。

"嵌入"概念的内涵不断拓展到多个领域，并提出了结构嵌入、认知嵌入、文化嵌入、政治嵌入、技术嵌入等多个概念。可以说，无论是何种形式的"嵌入"，都蕴含着组织内各要素之间的耦合互动，而不是其中某一要素的单边行动或它们之间的简单结合。将嵌入理论应用于数字技术与城市社区治理研究中，并不是两个概念的简单叠加，而是一种具有多方共融性、发展动态化的结构性关系，即"数字技术以结构嵌入、功能嵌入、关系嵌入、认知嵌入四个维度，通过数字技术的全面覆盖、基础设施的数字升级、志愿服务的活力注入、社区共同意识的凝聚重塑社区治理体系"[①]，是一种整体性治理的驱动，从而达到提升社区治理效能的目的。

整体性治理理论最先是英国学者希克斯在 1997 年出版的《整体政府》一书中提出的。在希克斯看来，整体性治理作为公共治理问题的一种解决方式，是针对 20 世纪 80 年代末和 90 年代初政府改革形成的碎片化状况而提出的合作治理行动。整体性治理理论的产生主要源于两个方面：一是新公共管理理论式微；二是数字技术的快速发展推动人类社会尽快进入数字时代，其使命就是对新公共管理碎片化治理作出战略性回应。[②] 整体性治理的关键是协调整合机制的运作与执行，通过这种机制可以消除政策冲突，促进政策利益相关者合作，形成协同效应，从而为公众提供更好的公共服务。[③] 整体性治理的特点在于：一是以功能整合为支撑，二是以问题解决为导向，三是以公众需求为核心。[④] 数字治理的要义是强调数字化的服务整合，整体性治理既肯定传统官僚制行政的作用，又适应公共服务需求和公共治理资源的多元化趋势，强调政府要积极与市场主体、社会组织及公民建立合作关系，有效整合治理资源。[⑤] 整体性治理体现的是协调整合与相互嵌入的紧密

---

① 乔湘然、徐成铭：《嵌入理论视域下数字技术赋能城市社区治理论析：以上海市长宁区新泾六村精品小区为例》，《领导科学论坛》2023 年第 5 期。

② 参见张玉磊：《整体性治理理论概述：一种新的公共治理范式》，《中共杭州市委党校学报》2015 年第 5 期。

③ Pollitt C, "Joined-up Government: A Survey", *Political Studies Review*, 2003, 11(1):34-49.

④ 参见谢微、张锐昕：《整体性治理的理论基础及其实现策略》，《上海行政学院学报》2017 年第 6 期。

⑤ 参见费月：《整体性治理：一种新的治理机制》，《中共浙江省委党校学报》2010 年第 1 期。

结合，关注信任、责任和制度化安排，以实现公共治理价值最大化。

总的来看，在社会多元化、政治民主化、利益矛盾显性化、社会治理数字化的时代条件下，城市社区类型和利益需求日趋多样化与多元化，治理内容也越来越繁杂和琐碎。在这样的背景下，传统的治理理论必须与时代发展相契合，从城市社区发展的现状和居民需求出发，创新理论体系，使之实现现代化转型。

基于上述理论分析，笔者认为在数字时代，社区治理理论的转型将以数字化为技术支撑，以居民需求为导向，以公共价值生产为目标牵引，以提升治理效能为目的，构建治理主体多元化、治理方式智能化、治理体系整体化、治理规则法治化的体制机制。所以，国家—社会关系理论、协商民主与多元共治理论、社会资本与公共价值理论、绩效管理与数字治理理论、整体性治理理论等，作为社区治理的理论渊源，奠定了社区治理生成的理论基础、治理模式的划分依据、治理机制的操作指引、治理效能的评价依据以及治理方向上的现代化走向。这既是本书的立意所在，也是进一步研究的理论基础和重要依据。

第三章 迈向数字时代的中国城市社区治理实践

2023年2月，中共中央、国务院印发《数字中国建设整体布局规划》，首次系统提出数字中国建设的整体布局。自党的十九大报告提出加快建设创新型国家，建设网络强国、数字中国与智慧社会之后，数字中国建设步伐不断加快。城市社区作为城市社会的基层单元和国家治理现代化的微观场域，数字治理转型是时代所需。回顾和梳理中国城市社区治理实践的历史进程，总结历史经验教训，分析探讨社区治理数字化转型面临的挑战，成为研究新时代城市社区治理效能的逻辑起点。

第一节 城市社区：城市社会的基础单元

城市社区作为聚居在一定地域范围内的人们所组成的社会生活共同体，是城市社会的基础单元和重要细胞，肩负着促进城市现代化进程、减少风险、保障城市和谐发展的重担。

一、社区：居民生活共同体

"社区"这一概念最早出自德国社会学家、哲学史家滕尼斯1887年出版的《共同体与社会：纯粹社会学的基本概念》一书。该书使用了"gemeinschaft"一词，并把共同体（gemeinschaft）从社会（gesellschaft）概念中分离出来，进而阐述了共同体与社会的区别。后来英语学界把"共同体"

译为 commune(公社、村社)或 community(社区),并逐步强化了共同体的地缘属性。20 世纪 30 年代,我国著名社会学家费孝通将 community 引入中国,并译为"社区"。

(一)国外学者视野中的社区

滕尼斯认为,人们的相互关系可分为两种:一种是"真实的与有机的生命",即共同体的本质;另一种是"想象的与机械的构造",即社会。在滕尼斯看来,共同体是一种"亲密的、隐秘的、排他性的共同生活"①,"社会却只是一种短暂的、表面的共同生活"②。波普兰(D. E. Poplin)将"共同体"定义为"社区、社群以及在行动上、思想上遵照普遍接受的道德标准聚合在一起的团体"③。美国学者罗吉斯和伯德格进一步把社区界定为一个由彼此联系、具有共同利益或纽带、具有共同地域的一群人组成的群体。戴维·波普诺(David Popenoe)将社区界定为:"当一群人集中于个人家庭和工作地点,并且以社会互动的日常模式(例如与工作、购物和上学等相关的生活模式)为基础时,我们通常将这种集合称作社区。"④帕克等从制度角度揭示了社区与其他群体的区别,认为"一个社区不仅仅是人的汇集,也是组织制度(institutions)的汇集。社区与其他社会群体最终的、决定性的区别是组织制度,而不是人"⑤。英国工党主席巴克雷(Barclay)在《社会工作的作用与任务》中指出,社区是一个内涵广泛的词,在某一地区内生活的人,无论社会地位如何、政治态度怎样,他总会与周围人建立某种社会关系,如传递信息,给予同情、理解或帮助。⑥ 1986 年,麦克米兰提出了社区意识的定义,并且指出社区意识包含四个因素:成员资质(membership)、影响力(influence)、需求

① [德]斐迪南·滕尼斯:《共同体与社会:纯粹社会学的基本概念》,张巍卓译,商务印书馆 2020 年版,第 68 页。

② [德]斐迪南·滕尼斯:《共同体与社会:纯粹社会学的基本概念》,张巍卓译,商务印书馆 2020 年版,第 71 页。

③ 王湘穗:《三居其一:未来世界的中国定位》,长江文艺出版社 2017 年版,第 77 页。

④ [美]戴维·波普诺:《社会学》,李强等译,中国人民大学出版社 1999 年版,第 102 页。

⑤ [美]R. E. 帕克、E. N. 伯吉斯、R. D. 麦肯齐:《城市社会学:芝加哥学派城市研究文集》,宋俊岭、吴建华、王登斌译,华夏出版社 1987 年版,第 110-111 页。

⑥ 参见于燕燕编著:《社区居委会工作手册》,中国法治出版社 2006 年版,第 2 页。

的整合与满足(integration and fulfillmentofneeds)以及共享的情感联结(shared emotional connection)[1],在这四个主因素之下还有各自的亚因素。

总的来看,在西方学者的研究视野中,“社区”不仅是一个社会学概念,还是一个政治学概念,即社区不仅是居住在一定区域的人构成的社会群体,而且是一个有感情、有联系、互助合作、需要按照一定的规章制度行事的有机整体。

(二)中国语境下的社区

吴文藻认为社区至少要包括下列三个要素:人民、人民所居处的地域、人民生活的方式或文化。[2] 吴文藻还按照地域将社区分为部落社区、乡村社区、都市社区三种类型,从而奠定了中国学派的社区研究风格。费孝通作为吴文藻的学生,继承了吴先生的“社区研究”范式与“文化”概念,长时间从事社会学研究,对社区和社区治理提出了独有的见解。1981 年,费孝通在《略谈社会学:对〈中国青年报〉读者的回答》一文中说道:“对某一个生活集体,我们叫它作‘社区’,先得把它的基本情况搞清楚。”[3]在为恢复中国社会学而奔波时,费孝通更多地从事社会调查,对社区的认知不断深化。费孝通在《乡土中国》中明确指出,社区是若干社会群体(家庭、民族)或社会组织(机关、团体)聚集在一个地域里,形成一个在生活上互相关联的大集体。[4] 1997 年,费孝通进一步对社区的概念作了阐释,认为“社区是指一群聚集在一个地方分工合作的人,它是具体的,这群人之间的关系,即人际关系,构成社会”[5]。由此,社区的内涵进一步具体化。

随着我国改革开放的全面发展,社区研究进一步深化,对社区内涵的界定也越来越细化。郑杭生在研究中给社区作了如下界定:“社区是进行一定

---

① McMillan D W, Chavis D M, “Sense of Community: A Definition and Theory”, *Journal of Community Psychology*, 1986,14(1):6-23.

② 参见吴文藻:《论社会学中国化》,商务印书馆 2010 年版,第 442 页。

③ 《费孝通全集》第 9 卷,内蒙古人民出版社 2009 年版,第 43 页。

④ 参见《费孝通全集》第 6 卷,内蒙古人民出版社 2009 年版,第 109-110 页。

⑤ 费孝通:《从人类学是一门交叉的学科谈起》,《广西民族学院学报》(哲学社会科学版)1997 年第 2 期。

的社会活动，具有某种互动关系和共同文化维系力的人类群体及其活动区域。”[①]丁元竹认为，“社区应该是指可以满足居住和生活在其中的居民的基本需要的居住区”[②]。《民政部关于在全国推进城市社区建设的意见》对社区所作的定义是：社区是聚居在一定地域范围内的人们所组成的社会生活共同体。

综观多种关于“社区”概念的解释，可见社区构成要素主要包括地域空间、人口、人际关系结构、认同感等。可以说，“社区”概念在我国学术研究领域和基层社会实践层面都具有明显的居住区域和共同体的意义。社会学角度分析的“社区”，主要是指以邻里关系为主体的自然社区；而政治学或管理学角度研究的“社区”，指的是基层行政辖区，具体指街道辖区或居委会辖区。无论是社会学意义上的社区，还是政治学意义上的社区，其最基本的内涵是指一定区域居民的社会生活共同体。就概念的内涵来说，社区已是一个政治学与社会学概念的结合体。就“一定区域”来说，社区是一个行政管辖概念或地理地缘概念，从这个意义上说我国的社区就是指街道办事处下的居委会所辖区；而就“生活共同体”概念来说，社区则包含着利益关系、共享价值观、情感、文化等要素。所以，社区作为行政辖区，是一种客观的“实然”存在，而它作为生活共同体、价值共同体、精神共同体则具有丰富的内涵，其需要人们主观上去努力建构、治理与呵护，这样才能达到人们期望的“应然”状态。这也是把社区界定为“居民生活共同体”的意义所在。

二、城市社区：“陌生人”生活共同体

历史地看，城市社区是工业化发展的产物，是指在城市的特定区域内由从事各种非农业劳动且由各种社会分工的密集人口组成的生活共同体。我们称城市社区是“陌生人”生活共同体，是针对我国改革开放以来城市社区的转型以及与农村社区和传统城市社区相比较而言的。

随着改革开放的发展，大量外来人口流入城市，城市社区结构类型及人员构成等发生了显著变化。一是随着城市化的发展和城市住房制度的变

① 郑杭生主编：《社会学概论新修》，中国人民大学出版社2003年版，第272页。

② 丁元竹：《社区研究的理论与方法》，北京大学出版社1995年版，第69页。

迁，城市社区的数量大大增加，其组成结构冲破原来单一的组成格局。根据产权结构的不同，城市中的社区既有农转居社区，也有城中村、城市边缘本地—外来人口混合社区、老城传统社区、单位售后公房社区、纯商品房社区、商品房—回迁房混合社区等。[①] 二是城市社区基础设施建设和治理水平参差不齐。随着经济的发展和人民生活水平的提高，城市社区的基础设施条件大大改善，但具体到不同社区又存在很大差别，既有基础设施豪华的新建社区，也有基础设施陈旧的老社区；既有现代化的智慧社区，也有传统的单位制式社区，社区治理水平存在差距。三是城市社区的人口密度增大，居住人员身份多样且流动性强。邻里之间不相识、不了解，社区居民之间的"陌生感"明显。社区居民的情感需求、交往需求等在社区里得不到充分满足。如何打破这种邻里隔阂，改变邻里之间相见不相识的状况，促进人与人之间相依相助、和谐相处，成为现代社区治理必须考虑的问题。

所以，我们在强调加强城市社区治理时，只有从城市社区的历史发展演进中全面理解其内涵特点，才能真正把握城市社区"命运共同体"的内涵，并以此意识来指导治理行动，才能真正做到通过治理使社区居民体验到获得感、认同感和幸福感。

第二节　城市社区治理：国家治理现代化的微观场域

国家治理现代化拥有继工业、农业、国防、科技"四个现代化"之后的第五个"现代化"之称，具有结构性、广泛性、体系性的特点。[②] 城市社区作为国家治理现代化的微观场域，必将伴随国家治理现代化进程实现治理主体更加多元、理性，治理结构更加开放、科学，治理方式更加民主、法治的社区治理现代化。[③]

① 参见肖林：《"'社区'研究"与"社区研究"：近年来我国城市社区研究述评》，《社会学研究》2011 年第 4 期。

② 参见李景鹏：《关于推进国家治理体系和治理能力现代化："四个现代化"之后的第五个"现代化"》，《天津社会科学》2014 年第 2 期。

③ 参见陈朋：《治理现代化是啥状态》，《学习时报》2016 年 7 月 21 日。

一、治理:多元主体的合作行动

“治理”一词在中外历史上早有使用,而当今“治理”仍然作为一个“热点”存在,一方面是因为它作为学术概念被纳入公共管理研究领域,20 世纪 90 年代才在全球范围内逐步兴起,很多现代意义上治理的“应然”问题尚待理论阐释;另一方面是因为在数字时代,随着数字技术的嵌入,“实然”的治理效能以及面临的困境和出路等问题,急需作出新的判断和选择。而所有这些疑惑的破解都需要以对“治理”内涵的界定和认识为起点。

(一)中国历史上的治理

在中国古代,“治”和“理”是分开使用的。“治”的本义是水的名称;“理”的本义是攻玉的方法。《说文·水部》云:“治,水。出东莱曲城阳丘山,南入海。”《说文·玉部》曰:“理,治玉也。”后来“治”演化为与“乱”对应的能够将国家管理得有条理、有秩序的“治”。《道德经》第五十七章:“以正治国,以奇用兵,以无事取天下。”《国语·齐语》:“若必治国家者,则非臣之所能也。”《治国》:“故治国常富,而乱国必贫。”“理”演变为遵循规则、规律、道理、秩序行事之义。如《管子·正第》:“能服信政,此谓正纪。能服日新,此为行理。”《管子校注》:“能行日新,可谓行之理也。”《韩非子·制分》:“故治乱之理,宜务分刑赏为急。”这里的“理”是指顺应事物的内在规律。[①] 一直到战国晚期,“治”和“理”才合为“治理”。最早出现在《荀子·君道》中,谓之“材技官能,莫不治理”。《诸葛武侯文集》云:“圣人之治理也,安其居,乐其业,至老不相攻伐。”诸子百家将“治理”用于治国、理政、平天下抱负的抒发,将安宁、秩序及良好的社会状态作为治理的核心内容。在《现代汉语词典》里,“治理”具有两层意思:一是统治、管理;二是处理、整修。“治理”一词的这两层主要语义,隐含着运用权力进行制度约束与秩序管理的逻辑,但总体上看是一个有较强开放性与包容性的概念。[②]

---

① 参见卜宪群:《中国古代“治理”探义》,《政治学研究》2018 年第 3 期。

② 参见余军华、袁文艺:《公共治理:概念与内涵》,《中国行政管理》2013 年第 12 期。

(二)西方国家的治理

在西方,治理是由管理发展而来的。在古希腊文与拉丁文中,“治理”原意是指控制、引导和掌控。在中世纪,“治理”主要指“统治方法”。16世纪,“治理”成为一种治理术。此后,“治理”被相关的“统治”一词取而代之。[①] 直到20世纪90年代,“治理”一词重新返回政治学与公共管理领域,标志是1989年世界银行在讨论非洲发展时提出的“治理危机”一词,随之“治理”成为西方学界研究的热点。美国学者詹姆斯·罗西瑙(James Rosenau)等在《没有政府的治理》中明确指出,治理的主体未必是政府,还可能是非政府组织等。[②] 1996年,英国著名政治学家罗伯特·罗茨(Robert Rhodes)在《新治理:没有政府的管理》中提出了“治理”与“政府和统治”不是近义词的观点。他将“治理”定义为一种行为,即一系列公共事务治理过程中的未得到正式授权却有效发挥作用的管理行为。他认为“治理”意味着统治的含义有了变化,意味着一种新的统治过程,意味着有序统治的条件已不同于以前,或是以新的方法来统治社会。[③] 1998年,英国学者斯托克梳理了绝大部分关于“治理”的研究成果,提出了关于“治理”的五个命题[④],认为“治理是指行动者之间所形成的具有自主性的、自我组织的网络”[⑤]。“治理”源于政府活动,但具有更加深刻和丰富的内涵;强调“治理”除了需要厘清政府的权限和责任,还需要明确“治理”行为的主体及其与集体的关系或对集体的依赖程度;“治理”本身可以作为一个管理网络;“治理”网络能够较好地处理社会事务,在此过程中,政府只是提供技术指导或环境建设。[⑥] 鲍勃·杰索普(Bob

---

① 参见翁士洪:《数字时代治理理论:西方政府治理的新回应及其启示》,《经济社会体制比较》2019年第4期。

② Rosenau J N, Czempiel E, *Governance without Government: Order and Change in World Politics*, Cambridge: Cambridge University Press,1992:311-312.

③ Rhodes R A W, “The New Governance: Governing without Government”, *Political Studies*, 1996, 44(4): 652-667.

④ Stoker G, “Governance as Theory: Five Proposition”, *International Social Science Journal*, 1998,50(1): 17-28.

⑤ 何艳玲:《“公共价值管理”:一个新的公共行政学范式》,《政治学研究》2009年第6期。

⑥ Stoker G, “Governance as Theory: Five Proposition”, *International Social Science Journal*, 1998, 50(1): 17-28.

Jessop)指出,"治理"有可能是一场新的革命。[①] 美国著名治理理论家库伊(J. Kooiman)认为,治理所要创造的社会结构或秩序不能由外部强加;它之所以发挥作用,是因为多种相互发生影响的行为者的互动。[②] 与此同时,美国学者罗西瑙和德国学者恩斯特-奥托·泽姆(Emst-Otto Czempie)等还从全球治理角度提出了一种机制主义的治理观,探讨了全球治理的内涵及方法等。[③]

可以说,西方学者对于"治理"的研究多是从治理与统治的区别、治理范式以及治理本身有可能带来的后果进行阐释。治理理论在西方国家兴起的原因主要有两个方面。一方面,战后以来,多数西方国家所采取的"福利型国家"制度导致大量行政机构效率低下、服务质量下降,甚至在一些国家还出现了财政危机。在这样的历史背景下,治理理论作为将政府功能、社会组织群体势力、共同管理有效融合在一起的新型治理方式和理念,便进入了人们的视野。另一方面,在西方国家盛行的市场机制出现了问题,这些国家陷入了财政危机、信任危机等一系列困境。实践表明,西方国家的市场调节机制在有效配置资源的同时,也造成了社会分配不公、大量失业和市场垄断等后果。这就使得社会公共事务的治理急需进行方法创新,治理理论的网络管理体系恰恰能够解决这些问题。[④] 此外,代表经济与政治利益的社会组织的迅速成长也是治理理论兴起的一个原因。

(三)新时代治理内涵的创新

21 世纪以来,我国政界和学界也开始关注对"治理"问题的研究,并赋予了"治理"新的含义,揭示了"治理"与"统治""管理"的联系和区别。例如,著名政治学者俞可平通过对罗西瑙、罗茨、库伊曼、范·弗利埃特、斯托克、全

---

① 参见[英]鲍勃·杰索普:《治理的兴起及其失败的风险:以经济发展为例的论述》,漆燕译,《国际社会科学杂志》(中文版)1999 年第 1 期。

② Kooiman J, *Modern Governance: Government Society Interactions*, London: Sage Publications Inc., 1993:8.

③ 参见赵可金:《全球治理知识体系的危机与重建》,2022 年 3 月 11 日,http://ciss.tsinghua.edu.cn/info/zlyaq/4601。

④ 参见汪向阳、胡春阳:《治理:当代公共管理理论的新热点》,《复旦学报》(社会科学版)2000 年第 4 期。

球治理委员会等关于“治理”的定义进行梳理后认为，治理一词的基本含义是“多主体的公共管理组织在一个既定的范围内运用公共权威维持秩序，并运用权力去引导、控制和规范公民的各种活动，以最大限度地增进公共利益，满足公众需要的活动”①。这就凸显了以“善治”作为治理的目标性，明确了治理主体的多元性，强调各治理主体是在互惠合作的基础上运用公共权力对公共事务进行管理。毛寿龙等从政府管理角度关注治理理论，认为治理问题的关键在于实现政府自身的改革与重塑以及公共事务如何实现多中心的治理模式。陈振明等从“网络管理”角度关注治理理论，强调治理是政府与社会力量通过面对面的合作方式组成的网状管理系统。在这个系统中，政府与其他主体是平等的，通过对话、建立伙伴关系和借助其他主体的资源来实现依靠自身无法实现的目标，凸显了治理的本质就是合作管理。

习近平总书记指出：“治理和管理一字之差，体现的是系统治理、依法治理、源头治理、综合施策。”②治理是一种由共同的目标支持的活动，以协调或调和为基础，更体现人性化、顺应化、柔性化、自然化。其基本的内涵可概括为六个方面：一是治理主体多元和平等，二是重视政府相对于人的参与，三是治理主体拥有共同的目标，四是治理手段和方式多样化，五是责任合理分配，六是重视治理效率。也就是说，治理是基于共同事务管理的公共价值来凝聚最大的共识，以实现主体之间利益的最大化，从而使治理的理论与实践都有“善治”之内涵。

二、社区治理：社会治理的基础单元

从历史发展视域来看，社区治理是伴随着工业化进程中的社会变迁兴起的。“社区治理”一词最早出现在美国著名社会学家 F. 法林顿 1915 年编著的《社区治理：将小城镇建成更加适宜生活和经营的地方》一书中。自此以后，社区治理便进入西方学者的研究视野，并且在实践领域越来越引起关注。

---

① 俞可平主编：《治理与善治》，社会科学文献出版社 2000 年版，第 5 页。

② 《习近平在参加上海代表团审议时强调　推进中国上海自由贸易试验区建设　加强和创新特大城市社会治理》，《人民日报》2014 年 3 月 6 日。

(一)社区治理的内涵

在西方学术界,社区治理通常指的是在一定区域范围内政府与社区组织、社区公民共同管理社区公共事务的活动。西方学者认为,社区治理包含国家机关与公民社会的双重角色①,社区治理代表着公私部门界线渐趋含糊的统治风格②。库依曼认为,21 世纪,治理可以被理解为政府、私人部门、志愿者组织和社区彼此关系的变化,以应对越来越复杂、不断变化和多样化的世界。③ 而博克斯则指出,社区公民治理系指社区公民、社区代表与社区实务工作者三者之间密切合作所组成的统治系统。④ 博克斯提出了一种新的社区治理模式,他认为社区可以成立其他众多的组织,公民代表可以通过这些社区治理平台获得更多的权力。⑤ 并且他认为 21 世纪是公民治理的新时代,公民参与治理对社区善治起到了非常大的作用。美国华裔学者孙英翔和刘朱胜以美国马里兰州格林贝尔特市的地方社区自治为例,认为居民可以通过选举、参加咨询委员会、志愿组织等多种形式实现自治。⑥

康宇认为,“社区治理是指以社区地域为基础,政府与社区组织、社区居民共同管理社区公共事务的活动,它体现为社区范围内的不同主体依托各自的资源而进行的相互作用模式”⑦。社区治理既是政府及非政府组织介入社区发展的过程、方式和手段,又是社区公民参加社区发展计划、项目等各类公共事物与公益活动的行为及其过程,体现了公民对社区发展责任的分担和对社区发展成果的分享,本质是确保公民在社区建设中的主体地位,充

---

① Leach R, Percy S J, *Local Governance in Britain*, New York: Palgrave, 2001:6.

② 参见[美]乔恩·皮埃尔、B. 盖伊·彼得斯:《治理、政治与国家》,唐贤兴、马婷译,格致出版社 2019 年版,第 122 页。

③ Sullivan H, “Modemisation Democratisation and Community Governance”, *Local Government Studies*, 2001, 27:1-24.

④ Box R C, *Citizen Governance: Leading American Communities into the 21st Century*, New York: Sage Publications Inc., 1997:47.

⑤ 参见[美]理查德·博克斯:《公民治理:引领 21 世纪的美国社区》,中国人民大学出版社 2005 年版,第 2-31 页。

⑥ 参见陈幽泓主编:《社区治理的多元视角:理论与实践》,北京大学出版社 2009 年版,第 249 页。

⑦ 康宇:《中国城市社区治理发展历程及现实困境》,《贵州社会科学》2007 年第 2 期。

分发挥公民在社区治理中的作用。[①] 社区治理事关党和国家大政方针的贯彻落实，事关居民群众切身利益，事关城乡基层和谐稳定。[②] 社区治理是社会治理的核心单元，在国家治理体系和治理能力现代化中的地位与作用至关重要，处于基础性地位，发挥着基础工程作用[③]，对国家和社会的和谐稳定具有不可替代的重要性。社区犹如国家的细胞，在国家中的基础性地位决定了社区治理在国家治理中的基础性战略作用[④]，是加强和创新社会治理的切入点和关键点[⑤]。

（二）社区治理的基本特征

综观学者们对"社区治理"的内涵及其地位和作用的阐述，焦点无外乎社区治理的主体、客体、手段和目的等，涵盖静态、动态两个方面。静态上的治理主要是指治理结构，更强调宏观层面的作为制度性安排的治理；动态上的社区治理是一个治理过程，包括多元主体协商合作、参与社区管理和服务的价值实现过程。社区治理的基本特征具体包含以下内容。

第一，社区治理主体多元化。我国社区治理主体包括政府、居委会、物业公司、业主委员会和居民/业主等。政府是社区治理的主导力量，是社区公共服务的提供者，是各组织机构的协调者，是各级社区治理的宏观引导者。居委会是社区治理的重要组织者之一，它无时无刻不充当一个协调者的角色，主要负责解决社区邻里纠纷，维持社区秩序。物业公司是一种营利组织，主要向业主提供有偿的房屋保养、维修、小区绿化等服务。业主委员会就是对物业公司进行监督和管理的组织机构。居民是社区治理的自主参与者。

第二，社区治理内容宽泛化。社区治理内容主要是社区公共事务，包括

---

① 参见沈君彬：《社区建设中参与主体角色问题的反思》，《哈尔滨学院学报》2005 年第 6 期。

② 参见汪广丰：《推进社区治理体系和治理能力现代化》，《中国建设报》2022 年 7 月 18 日。

③ 参见袁方成：《国家治理现代化进程中的农村社区治理现代化——评〈村民自治到社区自治：农村基层民主治理的现代转型〉》，《通化师范学院学报》2015 年第 6 期。

④ 参见王红艳：《社区治理的英国经验及其启示》，《福建论坛》（人文社会科学版）2014 年第 11 期。

⑤ 参见尹广文、林秀梅：《后单位制时代的中国城市社区治理：从地域共同体到精神共同体》，《山西师大学报》（社会科学版）2015 年第 2 期。

提供社区公共服务以及社区公共产品的生产与供给。宏观上，就是依据国家治理的方针政策和法律法规，对社区进行组织、协调、运作，提供社区公共物品；微观上，主要是对社区的科、教、文、卫以及社区安全保障等进行治理，涵盖社区意识的培养。

第三，社区治理方法多样化。社区治理方法主要包括行政方法、经济方法、教育方法、法律方法等。行政方法一般是通过下达命令、指令、决定、通知、规定等方式对治理对象实施治理，优势在于便于目标与行动的统一，执行力强，方便对全局活动的管控；缺陷是层级等级遵循严格的制度，容易形成长官意识。经济方法一般是指利用一定的物质作为激励来实行治理，优势在于它主要运用价值手段，最大限度地调动治理主体的积极性；缺陷是它突出了物质方面的补偿，却难以顾及人们在精神方面的需求。教育方法是通过一定的宣传教育和劝导，培养居民的集体荣誉感和社会责任感，优势是通过潜移默化的思想引领给予人们一定的心理暗示，具有“润物细无声”的作用；缺陷是缺乏一定的强制性，难以保障治理目标的顺利完成。法律方法主要是指社区治理主体遵循一定的法律法规来实施治理，优势在于法律手段具有规范性、合法性和稳定性特点，能有效保障社区治理工作有序开展；缺陷是法律手段弹性不足，有时难以解决城市社区治理其他新生的问题。

第四，社区治理手段越来越趋向数字化、智能化。随着以大数据、云计算、人工智能等为代表的数字技术的发展，社区治理也逐步趋向数字化、智能化。当然，数字技术在赋能社区治理的同时，也产生了“赋权于民与限制民意”“形塑治理形态与解构治理基础”“建构社会秩序与消解社会关系”三组矛盾关系①，出现了社区治理“技术赋能”和“技术负能”并存的现状②。并且社区治理的数字化还受制于国家政策导向与地方政府改革迫切度的影响，也会使得社区治理数字化转型的力度呈现明显的地方差异。这也恰恰是加强对社区治理方式转型研究的重要意义所在。

---

① 参见涂子沛：《大数据及其成因》，《科学与社会》2014 年第 1 期。

② 参见黄建伟、陈玲玲：《国内数字治理研究进展与未来展望》，《理论与改革》2019 年第 1 期。

三、城市社区治理:国家治理的实验场

社区作为庞大又复杂的社会机器中的“零部件”,内在地构成并精密地影响社会机体的运行,而蕴含在社区内部的政治能量,不仅保障基层社会秩序建设畅通开展,而且引领着国家治理体系和治理能力现代化努力的方向。城市社区治理作为基层社会治理的重要组成部分,是国家治理现代化的微观场域,是展示国家治理体系和治理能力现代化的关键节点。就内容来说,它是社区治理的进一步延伸或具体化,除了具备一般社区治理的特征以外,城市社区治理的内容比农村社区治理或传统社区治理更加宽泛,治理主体及其价值追求更加多样化、复杂化等。

(一)城市社区治理的内涵

目前国内学者对城市社区治理概念的定义大同小异。赵毅旭将城市社区治理定义为,在某个城市中,政府与负责社区管辖的非政府组织、单位和社区居民共同协作管理社区事务,无论在公共物品的提供还是社区秩序的维护等方面,都以社区的服务需求为基础,维护社区健康稳定发展。① 原珂认为,城市社区治理是指在一定地域范围内,政府、社区组织、居民及辖区单位、营利组织、非营利组织等基于市场原则、公共利益和社区认同,共同管理社区公共事务并最终实现社区自治乃至社区善治的活动过程。② 更多学者对城市社区治理的定义主要是从治理范围、主体、手段、内容、目的等方面出发的,将城市社区治理定义为在城市社区范围内,政府、非政府组织、居民群众、营利组织以及非营利组织等治理主体,为了达成城市社区善治目的而形成合作,给予有效的公共物品,改善社区秩序并联合治理社区公共事务。

笔者认为,城市社区治理不仅要明确治理主体、手段、制度、机制、目标等“硬件”,更要找准城市社区发展面临的问题症结,把城市社区打造成地缘共同体、利益共同体、情感共同体的有机统一体,实现“人人有责、人人尽责”的治理过程与“人人享有”的治理目标的有机结合。

---

① 参见赵毅旭:《城市社区治理路径》,四川大学出版社 2010 年版,第 7 页。

② 参见原珂:《广州市社区治理模式研究》,华南理工大学硕士学位论文,2013 年,第 17 页。

(二)城市社区治理的特点

随着城市社区的发展及理念的创新,城市社区治理的特征发生了变化,主要具有以下几个特质。

一是治理主体多元化。传统的社区治理模式中,政府是社区治理的主体,并起着决定性的作用。而随着城市化、现代化的发展,政府的职能逐渐弱化,兴起了一些新的社区组织主体,包括居委会、业委会、物管会等,它们之间互相配合,共同处理社区事务,使得城市社区治理真正意义上实现了从"管理"到"治理"模式的转变。

二是治理模式具有多样性。在城市社区治理实践中,逐步形成了三种基本模式:协商式社区治理模式、复合式社区治理模式、互嵌式社区共治模式。① 对不同模式的探索,有利于推动我国城市社区治理方式的转变进程,同时也为我国城市社区治理达到善治奠定了基础。

三是治理结构网络化。社区治理结构是指社区治理中的主体关系,既包括社区组织与外部组织(政府或市场)结成的关系,也包括社区内部的主体关系。越来越多的人认同,社区志愿组织在社区发展、健康、社会服务等领域发挥着越来越重要的作用,并且常常与政府发生契约性关系以获得可持续发展的基金。因而,任何网络都需要不同组织的协调和合作。从结构而言,社区治理包含国家机关与公民社会的双重角色。城市社区治理结构由原来纵向的以行政手段为主的垂直科层结构转向以社区组织为核心的横向网络互动结构,各主体之间的权力执行出现了融合的现象。城市社区网络组织在政府与居民之间拉起了一条纽带,使得社区治理的资源得到有效整合与配置。

四是城市社区治理内容多样化。城市社区治理不局限于社会福利保障这种传统的内容,而是强调社区科、教、文、卫等多方面内容的综合管理。

目前中国的城市社区治理在国家制度层面已经从"强制性制度"走向"诱导性制度",社会基础已经从"强国家、弱社会"走向"强国家、强社会",组

① 参见王木森:《社区治理:理论渊源、发展特征与创新走向——基于我国社区治理研究文献的分析》,《理论月刊》2017 年第 9 期。

织载体已经从“依附性组织”走向“合作式组织”，群众参与已经从“消极性参与”走向“积极性参与”，治理方式也由粗放式治理转向精细化、数字化。党的二十大报告明确指出：“健全共建共治共享的社会治理制度，提升社会治理效能。在社会基层坚持和发展新时代‘枫桥经验’……完善网格化管理、精细化服务、信息化支撑的基层治理平台，健全城乡社区治理体系。”①这就为实现城市社区治理体系和治理能力现代化指明了方向。

第三节　历史回眸：中国城市社区治理的实践沿革

在我国，“城市社区治理”作为一个学术用语虽然20世纪90年代才逐步进入学者的研究视野，但就实然形态来说它早已存在并经历了内涵不断丰富、外延不断拓展的历史演进过程。可以说，由于不同历史阶段城市社区治理面临的任务不同，呈现出的治理特色也有所区别。下面我们通过梳理中华人民共和国成立以来不同历史条件下城市社区治理的目的、内容、方式及概念表达的历史性演进——社区管理、社区服务、社区建设、社区治理、智慧社区建设的实践载体、要素支撑、价值指向及其发展逻辑，在揭示不同历史时期城市社区治理组织结构、行为特征、治理效能特色的基础上，着重阐述数字时代城市社区治理的变革特点及发展趋向。

一、社区管理：以社会整合与行政管控为主导

1949年，中华人民共和国成立，建立了人民当家做主的政治制度，为基层民主建设包括社区建设奠定了制度基础。第一届全国人民代表大会常务委员会第四次会议通过的《城市街道办事处组织条例》和《城市居民委员会组织条例》，为城市社区治理提供了制度保障和政策指导，同时也为城市社区街居制和单位制的形成提供了制度依托。直到1978年改革开放后，城市街居制特别是单位制的模式才逐渐演化。

---

① 习近平：《高举中国特色社会主义伟大旗帜　为全面建设社会主义现代化国家而团结奋斗——在中国共产党第二十次全国代表大会上的报告》，人民出版社2022年版，第54页。

（一）社会整合：城市社区街居制、单位制的形成

中华人民共和国成立前，社会治理主要依赖“皇权秩序”和“乡土秩序”，到清朝晚期，管辖地域空间逐步由府县向城市转变，特别是民国时期，城市社区才逐步形成，但受当时经济水平低和社会动荡的影响，城市社区的形成自发且相对固定，大中城市社区的划分基本上是按照等级形成的，政府官员、富豪、社会名流与底层市民、手工业者居住区域严格划分。中华人民共和国成立后，特别是经过社会主义改造，城市的经济功能日益突出，城市人口迅速增加，形成了按照行政区域划分的城市社区。

城市社区是按照《城市街道办事处组织条例》（2009 年废止）和《城市居民委员会组织条例》（1990 年废止）的规定，建制和发展起来的行政单元。具体的机构设置是，在城市中具有 10 万人口以上的市辖区和不设区的市设立了街道办事处，其主要职责包括：第一，办理市、市辖区的人民委员会有关居民工作交办的事项；第二，指导居民委员会的工作；第三，反映居民的意见和要求。而参照公安户籍段的管辖区域，按照居民的居住情况设立的居民委员会，具体负责城市社区的管理工作。居民委员会的任务是，办理居民的公共福利事项，向当地人民委员会或者它的派出机关反映居民的意见和要求，领导群众性的治安保卫工作，动员居民响应政府号召并遵守法律，调解居民间的纠纷。这样以街道办事处和居民居委会为基本组织形式的城市社区设置得以确立。在这种街居制的管理体制中，街道党组织和街道办事处在街区的管理中处于垄断性地位。

在城市社区街居制形成的同时，城市社区的建制也深深地打上了单位制的烙印。依据《城市居民委员会组织条例》第五条的规定：机关、学校和较大的企业等单位，一般地不参加居民委员会，但应当派代表参加居民委员会所召集的与它们有关的会议，并且遵守居民委员会有关居民公共利益的决议和公约。企业职工集中居住的职工住宅区和较大的集体宿舍，应当在市辖区、不设区的市的人民委员会或者它的派出机关的统一指导下设立居民委员会，或者由工会组织的职工家属委员会兼任居民委员会的工作。

（二）行政管控为主导：城市社区街居制、单位制下的管理

中华人民共和国成立后一直到改革开放之前，城市社会基本上是由一个个企事业单位构成的。各个单位之间几乎没有横向联系，都是纵向上隶属于国家与单位所对应的各个部门，国家通过单位管理社会。而单位制以外的“非单位”人，基本上是由国家通过以户籍为基础的居民委员会将其组织起来的。但由于这些“非单位”人一直生活在社会的边缘，主流社会成员更多的是从属于“单位”管理，居民委员会在城市社会的依托也主要是“单位”人，居民委员会职责的履行更多的是依附于“单位”，附属于政府。在很大程度上，“单位”代表国家掌握着社区（家属区）的所有资源，通过在社区（家属区）设立家属委员会实施管理。

在管理方式上，单位制和街居制一样实行一元化管理。在这种以单位制为主、街居制为辅的城市社区管理体制下，城市社区治理结构只有政府单一的治理主体，单位直属于国家领导。在当时的条件下，这种单位制的管理形式显示出很强的社会整合力。从横向上来看，国家通过“低工资、高就业”的方式把几乎所有的城市劳动力整合到了单位体制中，同时又通过“统包统配”的方式对城市的劳动就业行为等实施有效的控制，并且通过系列的单位式的福利制度使职工家属形成了对单位的高度依附和高度服从，从而实现了单位对整个社会的超强整合。从纵向上来看，党和国家依靠行政层级制的设置，通过上下级企事业单位的隶属关系，使各个单位变成了类似于城市肌体的基本细胞，它们成为国家对社会进行有效控制和整合的微观基础。

当然，单位制对城市社会的整合并不是万能的，因为在城市社会还存在一些无单位归属的居民。对此，国家通过以户籍为基础的居民委员会将其整合起来，使他们隶属于街居制体制之中。与单位制相比，由于街道的资源基本上被纳入了各个单位，街道办事处和居民委员会管辖的多是老弱病残和其他零散社会成员，加之居民委员会是被纳入政府行政系统之中的基层行政机构，不具有实际的行政权力。而“单位制”则不同，因为当时城市社会成员的生活、生产和社会活动等几乎所有社会事务都是在单位全封闭式的管理之下完成的，人们对单位的依赖和依附性比较强，具有依附于一个单位

就有安全感的社会心理，并且对单位有着高度的认同感，反而对自己的居住地无法形成社区归属感和社区意识，从而又促使单位制进一步固化。

从城市社区治理的微观视角来看，城市街居制和单位制的形成，使城市社区主要是依靠街道党组织、街道办事处和居民委员会这一基层社会行政管理体制来运行的，或由单位组织对单位所属的宿舍区进行管理，单位及街道党组织和街道办事处对于街区的管控处于垄断性地位。在这一时期，城市社区治理总体上处于统一的行政管控之下，街道党组织和街道办事处对于社区的控制处于垄断性地位。

二、社区服务：社区自我服务功能显现

党的十一届三中全会作出了把党和国家的工作重点转移到社会主义现代化建设上来和实行改革开放的战略决策。随着改革开放的深入，特别是社会主义市场经济体制的建立，我国城市社会结构发生了重大变化，城市流动人口大量增加，单位以外的人员增多，“单位人”开始逐渐向“社区人”转变，单位的社会管理功能日趋弱化。在这一历史背景下，第七届全国人大常委会第十一次会议审议通过了《中华人民共和国城市居民委员会组织法》（于1990年1月1日起施行，原有的《城市居民委员会组织条例》同时废止），明确把居民委员会定性为居民自我管理、自我教育、自我服务的基层群众性自治组织，城市社区逐渐由单位制向社区服务转变。

（一）城市社区管理转向社区服务

市场化导向的经济改革的深入发展，一方面推动了政企分开、政事分开的政治体制改革，另一方面也刺激了原有的单位制条件下的劳资制度和住房、医疗以及养老福利制度体系的改革。到20世纪90年代，中国城市社会传统的单位制式微，日益趋向解体，社区管理转向社区服务。

其一，随着经济体制改革的深入，特别是非公有制经济的迅速发展和工业化进程的加快，数千万城镇社会人员流入城市成为游离于传统单位体制之外的“非单位”人。其二，随着市场经济体制的建立和发展，城市的一些职工与工作单位的关系发生了重大变化，原来的“铁饭碗”、终身制的固定工变

成了工作单位的合同制、聘任制工作人员，原有的与单位之间的人身依附关系变成了经济契约关系。个人由依附性的“单位人”变成了自由式的“市场人”，特别是随着城市企业经营方式的改革和产业结构的调整，下岗工人大量流向社会，甚至有些人变成了“流动单位人员”。其三，随着自然年龄的增长，20 世纪 80 年代末 90 年代初以来，大量劳动人口进入退休者行列，成为有单位但单位已难以管理的人员，其中有相当一部分人原来所属的单位已不复存在。其四，随着住房制度的改革，商品房社区作为一种“新生的城市社会——空间现象”开始出现。作为对单位制消失和国家等级控制减弱的回应，商品房社区的出现，从总体上结束了单位制对城市空间统治的时代，其所造就的空间行动为具有深刻意义的社会转变和空间社会重构提供了可能性。

总之，从 1978 年到 20 世纪 90 年代末，中国城市的社会结构发生了重大变化，大量离开单位的人和一些原本就没有固定单位的人以及退休人员都进入了日常生活的社区。工作场所与生活场所日益分离，人们停留在生活场所的时间远远多于在工作场所的时间，特别是新兴商品房的兴建，更使人们的相当一部分利益聚集于生活住宅区或社区。同时，城市社会中的各种矛盾和难题也挤压到了社会的基层——城市社区。此时，国家既不可能再通过直接控制的单位将社会成员整合到国家体系中来，也不可能再通过单位来解决基层社会面临的各种问题。随着政府和单位职能的变化，传统社会的单位制逐渐走向了解体。著名社会学家费孝通指出：“街道地位的变化，意味着一个地区的居民被紧紧地组织到了区域行政体系之中，而不是像过去那样作为从业人员被单位组织起来。”①这揭示了这个时期我国城市社区治理的状态，即城市人完全依附单位的局面被打破，城市管理的许多职能被下放到社区，城市社区治理开始向着政府推动与社区自治相结合的趋向发展。

（二）城市社区治理渐显服务性

随着改革的深化，特别是城市商品房改革后，大量人员和社会事务以及

① 《费孝通文集》第 16 卷，群言出版社 2004 年版，第 11 页。

社会矛盾进入了社区。形势就是,社区需要治理,治理需要进入社区。对此,民政部于1986年首先倡导以民政对象为服务主体的社区服务,从而推动我国城市社区管理进入了一个新阶段。

虽然当时民政部倡导的城市社区服务以民政对象为服务主体,但同时也从宏观上提出了建立具有中国特色的社区服务体系的战略目标,并且在实践中相继在各类社区建立了多种形式的社区服务和福利设施,为城市社区建设提供了重要的物质基础。随着社区服务在全国的推广,服务对象逐渐由民政对象扩展到了全体社区居民,服务项目也越来越广泛,既包括面向居民的便民利民服务,又包括社区文化建设、社区环境整治、社区治安、社区教育、社区医疗、社区保障、社区劳动就业、社区保险等。从特征来说,这一时期的社区服务不只是一些社会自发性和志愿性的服务活动,而是形成了一套有指导、有组织的服务体系;社区服务以社区全体居民的参与为基础,有别于经营性的社会服务业,而是自助与互助相结合开展社会公益活动。社区服务向高标准、规范化方向发展。20世纪90年代,我国城市基层的各种组织行动者,包括街道办事处、基层党组织和作为基层群众自治组织的居委会,纷纷通过各种策略服务社区。与基层党组织的变迁相呼应,街道层面出现了各种跨部门的联席会议制度和行政网络,形成了具有“政社合作”特征的社区服务供给机制。

三、社区建设:社会治理重心逐步下移

20世纪90年代以来,我国城市社区建设与社区服务交互发展。从称谓上看,“社区服务”与“社区建设”是先后出现的两个概念(1986年民政部首先倡导“社区服务”,1991年在社区服务的基础上提出了城市“社区建设”的概念)。从功能上看,“社区服务”与“社区建设”的实施交互运行。也就是说,“社区建设”概念提出后,“社区服务”功能继续运作。从20世纪90年代到党的十八大这段时间,社会治理重心逐步下移,社区治理呈现出行政主导与社区自治相互融合的特色。

(一)社区建设从点到面逐步推进

所谓从点到面地开展,就是在全国范围内先设立国家级和省级社区建

设实验区，通过实验区的试点，形成新的社区建设经验，然后逐步推广开来。首先在全国确立了北京市西城区、天津市河西区、石家庄市长安区、沈阳市沈河区、本溪市溪湖区等26个国家级城市社区建设实验区，在各省份设立了100个省级社区建设实验区，采取边研究边实验、边实验边召开现场会、先进经验交流会等形式，推动城市社区建设的发展。在实验区建设中形成了各具特色的城市社区建设模式，为在全国全面开展城市社区建设提供了宝贵经验。例如，武汉市江岸区百步亭社区、青岛市市北区浮山后社区进行的不设街道的社区建设探索，宁夏进行的“一个思想、两项活动、三项改革”实验，南京市白下区推行的撤销街道办事处、成立社区行政事务受理中心的实验，以及沈阳市坚持推行的居民自治、上海市推行的理顺社区管理体制、杭州市倡导的提高居民满意程度的实验等，都积累了丰富的经验，特别是社区建设实验中形成的关于整合社区资源和社区力量实施社区共建的做法，成为这一时期社区建设的共识。

随着社区建设实验经验总结以及理论探讨的深入，在民政部的推动下，社区建设在全国得以全面开展。其间，民政部牵头在南京、杭州、青岛、北京等地先后组织召开了多场社区建设经验交流会、社区体制改革专家论证会、社区服务与社区发展国际学术研讨会等，为社区建设提供了坚实的理论支撑和政策指导，从而在实践上极大地推动了社区建设的发展。一些工作基础较好的城市，还提出了“创建全国社区建设示范市、区”的口号，其核心内容就是从城市的基础性工作抓起，从社区居民群众的迫切需要出发，注重解决实际问题，为群众办好事、办实事。与此同时，民政部还组织了“全国社区建设示范市”和“全国社区建设示范区”的评选活动，全国多个省（自治区、直辖市）以党委、政府名义召开会议，统一思想，部署任务，并成立了社区建设工作领导小组。大部分省（自治区、直辖市）制定了社区建设五年规划，把社区建设纳入地方国民经济和社会发展“十五”计划，城市社区建设在实践上全面展开。

（二）社区服务融入社区建设之中

社区建设全面开展后，社区服务项目继续推进，并且以社区服务作为社区建设的龙头，一度在全国掀起了建设和谐社会的热潮。从内涵和功能来看，社区服务和社区建设的属性是共同的，但由于不同时期的社会背景不同，导致在顺序上先提出了社区服务概念后提出了社区建设概念，但在后来的实际运行过程中，社区服务又是作为社区建设的一个项目展开的，二者功能互相支撑。

城市社区作为社会的基础细胞，契合时代发展建设和谐社区，就成为进入 21 世纪后中国城市社区建设的核心内容。在前期的社区服务推进过程中，各地社区都遇到了一些新问题，包括社区服务设施数量不足、功能单一，总体水平不高，相关法律法规不健全，针对性、可操作性不强等。这些问题能否及时合理解决，不仅涉及社区建设能否正常开展，而且还影响着整个社会能否实现和谐发展。契合和谐社会的构建，完善社区服务项目，推动建设居民自治、管理有序、服务完善、治安良好、环境优美、文明祥和的社区就成为社区建设的一项重要任务。对此，民政部等九部委于 2005 年联合下发了《关于进一步做好新形势下社区志愿服务工作的意见》，2006 年国务院颁发了《关于加强和改进社区服务工作的意见》，2007 年国家发改委、民政部联合印发了《“十一五”社区服务体系发展规划》，从全社会和谐发展的高度对社区服务中存在的问题作了具体分析，明确了社区服务的具体目标和指导思想。这些文件强调要逐步建立与社会主义市场经济体制相适应，覆盖社区全体成员的社区服务体系；要引导社会力量积极参与社区服务，提高服务质量和管理水平；要坚持服务主体多元，完善服务功能；对社区居民要做到难有所帮、困有所助、需有所应。社区服务与社区建设相融相持，互相促进。

（三）社区治理重心下移

党的十九大报告强调要坚持以人民为中心的发展道路和共建共治共享的战略思维，“打造共建共治共享的社会治理格局……加强社区治理体系建设，推动社会治理重心向基层下移，发挥社会组织作用，实现政府治理和社会调节、居民自治良性互动”[①]。在这一方针指导下，我国城市社区建设不断

① 习近平：《决胜全面建成小康社会　夺取新时代中国特色社会主义伟大胜利——在中国共产党第十九次全国代表大会上的报告》，人民出版社 2017 年版，第 49 页。

拓展，涌现了一大批“示范社区”，并且形成了一些别具特色的社区治理新模式。虽然从总体上看城市社区治理仍以行政导向为主，但社区自治逐渐兴起，社区治理重心逐步下移，呈现出行政与自治融合的趋向，具体体现为社区民主治理制度建设与社区治理模式多样化发展。

一方面，从制度建设来看，社区民主治理制度和民主治理机制逐步建立和完善。这一时期全国人大常委会、中共中央国务院、民政部等相继颁布了《中华人民共和国城市居民委员会组织法》以及一系列关于社区服务、社区建设的法规、条例、意见和规划等，从制度建设上保障了城市社区民主自治的有效开展，行政管控色彩逐渐弱化。例如，1989 年全国人大常委会通过了《中华人民共和国城市居民委员会组织法》，对城市社区基层组织的性质、职能和工作程序作出了明确规定。一是把居民委员会定位为居民自我管理、自我教育、自我服务的基层群众性自治组织。二是规定居民委员会的任务是宣传宪法、法律、法规和国家的政策，维护居民的合法权益，教育居民履行依法应尽的义务，爱护公共财产，开展多种形式的社会主义精神文明建设活动等。三是规定居民委员会应当开展便民利民的社区服务活动，可以兴办有关的服务事业。四是规定居民委员会向居民会议负责并报告工作。五是规定居民委员会决定问题采取少数服从多数的原则。2006 年国务院颁发的《关于加强和改进社区服务工作的意见》，进一步明确把“充分发挥政府、社区居委会、民间组织、驻社区单位、企业及居民个人在社区服务中的作用，整合社区资源，健全服务网络，创新服务方式，拓宽服务领域，强化服务功能”作为加强和改进社区服务工作的指导思想。2010 年 8 月 26 日颁发的《关于加强和改进城市社区居民委员会建设工作的意见》，再次强调城市社区建设的基本原则是：坚持党的领导，把握正确方向；坚持以人为本，服务居民群众；坚持政府主导，社会共同参与；坚持因地制宜，注重工作实效。这就从制度建设上对社区党组织、社区居委会的职能作出了明确规定，同时也为社区居民和其他社会力量广泛参与社区治理提供了制度保障。

城市社区管理体制与运行机制的重建，在这一时期呈现出“宏观设计与微观创新”[①]的特点。从宏观设计上来说，国家通过各种制度供给，努力在城市社区场域中创建多元主体共治的社区管理体制与运行机制。从微观创新上来看，一些城市对社区中的养老服务、文化服务等较多地尝试运用服务外包的形式，以增进社会组织对社区治理的参与。从总体上看，这一时期我国的城市社区建设取得了明显成效，基本上建立起了以地域性为特征的新型社区，构建了新的社区组织体系，实现了社区服务向公共服务的转变。

另一方面，从城市社区治理的实际运行状况来看，这一时期基本上呈现出行政导向、自治导向和行政与自治交叉融合(衔接)、市场运作导向发展的趋向，并形成了多种治理模式。主要包括：

其一，行政导向模式。这种模式重点强调的是基层政府职能，主要是通过政府控制之下的各种资源来进行社会整合，既不同于单位制的整合形式，又不同于社区制。20 世纪 90 年代上海实行的“两级政府、三级管理和四级网络”的管理体制就是这种模式的典型，它突出重心下移、属地管理，强调市场运作、社会参与，将社区定位于街道范围，构筑起了领导系统、执行系统和支持系统相结合的街道社区管理体制。这种由政府统一领导、部门各负其责、社会广泛参与的权责明确、范围清晰、运转协调、监管到位的社区管理体制的建立及运行，对提升社区治理绩效起到了显著作用。当时这种做法被北京、天津、南京、杭州等一些发达城市的社区治理借鉴和引用。

其二，自治导向模式。这种模式的特点是提倡政府下放权力，强化社区功能，通过建立社区自治组织动员社会参与，创建社区制社会。在社区内通过实行民主选举、民主决策、民主管理、民主监督，逐步实现社区居民自我管理、自我教育、自我服务、自我监督。在社区日常生活中，居民通过积极参与民主活动维护自己的合法权益，一起创造良好的社区生活环境。其中的典型是“沈阳模式”。“沈阳模式”是将社区定位在小于街道办事处、大于原来居委会的层面，建立了由决策层、执行层、议事层和领导层构成的社区治理体系。在社区管理上采取“社区自治、议行分离”原则，具体体现是：由社区居民和社区单位代表组成的社区成员代表大会，通过定期讨论决定社区重

① 单菲菲：《基于公共价值视角下的城市社区治理绩效反思》，《兰州大学学报》(社会科学版) 2016 年第 6 期。

大事项，履行决策职责；社区管理委员会和居委会实行“一套班子、两块牌子”，执行社区管理职责，对社区成员代表大会负责并报告工作，其职能是教育、服务、管理和监督；由社区内人大代表、政协委员、知名人士、居民代表、单位代表等组成的社区协商议事委员会即“议事层”，在社区代表大会闭会期间行使对社区事务的协商、议事职能，对社区管委会的工作进行监督；社区党组织居“领导层”。

其三，行政与自治交叉融合（衔接）模式。这一模式的特点是坚持政府行政管理和社区自我管理有效衔接。在我国这一模式比较有代表性的就是“江汉模式”。“江汉模式”是基于小于街道、大于居委会的社区定位，明确街道办事处与居委会的关系不是行政上下级的关系，而是指导与协助、服务与监督的关系。强调政府将权力下放给社区，通过民主协商和依法选举，构建社区自治组织，成立社区成员代表大会、社区居委会和社区协商议事会。区街政府部门工作人员配置到社区，工作任务落实到社区，服务承诺到社区，考评监督到社区，工作经费划拨到社区。权随责走，费随事转，建立责任到人、承诺到人和监督到人的实施机制。

其四，市场运作导向模式。这种模式的主要特点是依靠市场运作，实施社区公共参与。武汉的百步亭社区实行的就是这种治理模式。具体做法是：百步亭社区打破了以往传统的“区—街—居委会”的行政管理体制，不再设立街道办事处，武汉市江岸区委直接领导社区，从而形成了“区—社区—居委会”的自治性服务体制。依据市场、社会、居民三方各司其职的原则，使得基层公共管理职能化、实行公共服务社会化和住宅及配套的硬件建设市场化等。同时，百步亭社区在日常工作中坚持以党的领导统揽全局，协调各种社会资源，形成了“一好双强”“三位一体”“四项服务”“五级负责”“六步议事”“七类活动”的百步亭工作法。[①] 除此之外，还有专家参与模式[②]或精英治理模式等。比如北京海淀区开展的“清河实验”试点社区就属于这种治理模式。受聘而来的专家学者通过从专业角度提供专业咨询和项目介入的方式

① 参见顾兆农、田豆豆：《和谐社会的基石：武汉“百步亭社区党建工作法”的调查报告》，《人民日报》2012 年 8 月 31 日。

② 参见张怡恬、殷鹏：《提升城乡社区治理现代化水平：访中国社会学会会长、清华大学社会学系教授李强》，《人民日报》2017 年 7 月 9 日。

来参与社区事务，从而为社区治理及创新提供强大的专业技术支持和社会资源支撑。当然，这种治理模式需要具备雄厚的专家智力资源，并且需要专家有一定的时间保障，并不是每个社区都能具备这样的条件。

总之，随着市场经济体制的建立和运行，社会物质财富逐步积累，人们的生活水平极大提高，需求越来越多样化，社区治理模式也日益多样化。从治理效能的视角分析，我国城市社区治理无论是行政导向型还是自治导向型，都取得了一定的成效，推动了社区公共事业的发展。既有直接的政府介入，也有社区居民自治体系和自愿服务系统，还包含着通过社区来提振道德的努力。对此，戴维·布雷(David Bray)曾评论道："即使社区建设只获得不完全的胜利，它也能极大地帮助政府降低治理成本。"[①]从治理成本来看，社区居民自治是一种成本较低的社区治理模式，而行政导向的治理模式虽然有其合理性，但它需要的条件和付出的成本较高。如前所述的上海模式，就是由雄厚的社会经济资源为后盾的。上海是我国经济功能最强的城市，基层政府可以运用强大的财力支付行政整合所需要的管理成本，而在其他城市，特别是中小城市和经济社会发展不够发达的城市，这种模式是难以复制的。从社会发展趋势和社区治理成本与效益相比较的角度来看，实现社区自治无疑是一种有效选择。但实现社区自治不可能一蹴而就，需要一个发展过程。

四、社区治理：打造共建共治共享格局

党的十九大报告提出了"加强社会治理制度建设，完善党委领导、政府负责、社会协同、公众参与、法治保障的社会治理体制，提高社会治理社会化、法治化、智能化、专业化水平"[②]的目标要求，社区治理开启了以基层党组织建设为关键、政府治理为主导、居民需求为导向、改革创新为动力，健全体系、整合资源、增强能力，完善社区治理体制，努力把城乡社区建设成为和谐有序、绿色文明、创新包容、共建共享的幸福家园历史进程。

---

① Bray D, "Building 'Community': New Strategies of Governance in Urban China", *Economy and Society*, 2006, 35(4): 530-549.

② 习近平：《决胜全面建成小康社会　夺取新时代中国特色社会主义伟大胜利——在中国共产党第十九次全国代表大会上的报告》，人民出版社2017年版，第49页。

(一)以基层党建科学化推动社区治理现代化

如前所述,治理是一种不同于传统统治、管制、管理的新方式和新理念,强调多元主体之间是平等参与,而不是依赖与服从的关系。"社区管理现代化是由'管理'走向'治理'的基本方向。"①实现社区治理现代化,从根本上来说就是要打破传统,解决以往存在的矛盾,努力推动居民的沟通和交流,使他们积极参与社区治理,同时政府要下放权力给社区,建设服务型政府,培育社区居民的公共精神。

坚实而富有感召力的基层党组织,既是党的领导水平和执政能力的重要体现,也是其进一步发展的先决条件。基层党组织的坚实性和感召力取决于它与社会组织结构内在的契合程度,党的领导水平和执政能力则集中表现为党对社会的政治整合和政治动员的能力。在这个意义上,一方面,社区党建使基层社会获得强有力的中坚和领导力量,实现国家调控和社会自主的和谐发展,从而有效地推进国家治理现代化的进程;另一方面,社区党建既是党巩固与扩大群众基础的战略举措,也是基层社会不断发展的政治过程。以党建带群建,把社区党建、驻区单位党建、非公有制经济组织和社会组织党建统揽起来,充分发挥基层党组织在价值引领、组织动员、支持服务、统筹协调和凝聚骨干方面的作用,汇聚治理资源,协调治理行为,提升精细化治理水平和基层治理能力。

(二)以社区治理现代化推动国家治理现代化

以社区治理现代化推动国家治理体系和治理能力现代化发展,是实现全面深化改革总目标的关键和有效途径。习近平总书记提出:"社会治理的重心必须落到城乡社区,社区服务和管理能力强了,社会治理的基础就实了。"②可以说,社区治理现代化不仅关涉城市居民日常生活的便利化与舒适化这样普遍性的个体叙事和局部叙事,与人民群众的利益息息相关,更关涉

---

① 商巍:《社区治理现代化》,《青年文学家》2015 年第 11 期。

② 中共中央文献研究室编:《习近平关于社会主义社会建设论述摘编》,中央文献出版社 2017 年版,第 127 页。

国家治理现代化这样独特性的宏大叙事，其重要意义包括：

第一，城市社区治理是国家治理架构中重要的有机组成部分，城市社区治理现代化是国家治理现代化的必要条件。这源于中国社会的发展变化，即作为共同体意义上的国家，中国正在从一个“乡村国家”迈向“城市国家”。在“城市国家”中，城市必然是国家行政的最主要载体，国家治理的最主要内容就是城市治理。而城市社区作为城市社会的基层行政单元，当国家治理重心转向城市治理时，城市社区治理就必然成为国家治理的起点和终点。在很大程度上讲，没有城市社区治理现代化，就不可能实现国家治理现代化。

第二，中国城市化和城市发展的独特进程，使得城市社区的发展轨迹与国家整体发展轨迹存在逻辑一致性。在国家整体上从“乡村国家”向“城市国家”转型过程中，实现国家治理体系和治理能力现代化需要通过城市社区治理现代化进程来突破，通过城市社区治理体系和治理能力现代化，为夯实党的执政根基、巩固基层政权提供有力支撑，为推进国家治理体系和治理能力现代化奠定坚实的基础。

第三，作为生活共同体意义上的社区治理现代化是国家治理现代化的认识论基础。因为现实中人们的具体生活必须依托于具体的地理空间和社会空间，而社区层面的生活实践与国家层面的生活实践必然具有同构特性。社区治理实践所形成的经验必然为国家治理提供丰富的养料，从而推动国家治理现代化进程。

当然，从全国范围来看，由于城市化水平存在很多差异，城市社区治理的实践样态也纷繁复杂。不同地区城市的社区治理起点有着质的差异性，欠发达地区的城市社区和发达地区的城市社区之间甚至存在着时代性差异。同一地区的不同城市之间存在历史文化差异，导致城市之间社区治理水平存在差异，从而致使在一些大型城市内部，城市发展规划和城市产业政策不同形成区位差异，造成社区治理“同城不同治”的现象。实现城市社区治理现代化仍是一项复杂艰巨的工程，需要通过法治化路径来达成。对此，李广德指出，社区治理现代化转型有两个层面的含义：一是作为治理手段的法治方式及其运用，二是作为治理结果的法治状态得以实现。前者表现为法治化的路径依赖，后者则呈现为社区法治这一具体的法治类型。[①]

值得欣慰的是，经过改革开放40多年的实践与理论探索，我国城市社区正在以自己独特的方式实现着社区治理的创新发展。一些城市在推进社区治理现代化的过程中，形成了各具特色的经验和做法。例如，武汉市以社区治理的体制机制创新为切入点，以建设“幸福社区”为目标，摸索出了加强顶层设计、推进社区治理法治化、推行“减负增效”、激发社会参与活力等途径。[②] 成都市武侯区玉林街道黉门街社区探索了以“网格治理立体化、服务管理社会化、全员参与联动化”[③]为核心的社区治理“三化”模式，有效地提升了治理能力。青岛市市北区坚持以人民为中心，以提高公共服务能力作为工作的出发点，寓城市治理于公共服务之中，通过提高办事效率和信息应用能力，不断完善社区服务体系，及时回应人民群众最关心、最直接和最现实的利益诉求，不断提升人民群众的获得感、幸福感和安全感，使“生活在市北区的每一个人，都能感受到城市的温度和厚度”[④]。厦门市在思明区和海沧区启动了以“责任网格化、平台信息化、管理精细化、服务人性化”[⑤]为核心内容的试点活动，目的在于共同构建美丽城市，在充分发动街道办事处、居委会组织作用的同时，注重社会组织的协同参与，激发广大居民的参与热情，从而构建了相对完善的社区治理体制。

（三）构建共建共治共享的社区治理格局

党的十九大报告强调，“提高保障和改善民生水平，加强和创新社会治理”，“打造共建共治共享的社会治理格局”。[⑥] 共建共治共享的提出不仅是对过去我国“党委领导、政府负责、社会协调、公众参与、法治保障”的社会管

---

① 参见李广德：《社区治理现代化转型及其路径》，《山东社会科学》2016年第10期。

② 参见王杰秀、何立军：《社区治理创新的“武汉经验”武汉市社区治理创新调研报告》，《中国民政》2015年第1期。

③ 谢祥智、柯伟：《成都市武侯区构建新型服务型社区：居民下班　社区上班》，2016年6月8日，http://dangjian.people.com.cn/n1/2016/0608/c117092-28422799.html? from=singlemessage。

④ 汪碧刚：《社区治理现代化的基层方案》，《光明日报》2018年4月19日。

⑤ 林世雄、陈韵：《打造健康生态新海沧：美丽厦门共同缔造的海沧示范》，《福建日报》2013年9月3日。

⑥ 习近平：《决胜全面建成小康社会　夺取新时代中国特色社会主义伟大胜利——在中国共产党第十九次全国代表大会上的报告》，人民出版社2017年版，第44、49页。

理体制的进一步扩充和升华，而且是在顺应国家治理体系和治理能力现代化发展的要求下，对中国未来社会治理提出的新要求与新期待。党的二十大报告进一步指出："健全共建共治共享的社会治理制度，提升社会治理效能……建设人人有责、人人尽责、人人享有的社会治理共同体。"[①]这一重要部署鲜明地规划了新时代中国特色社会主义社会治理体系的基本框架，从而为作为社会治理基本单元的社区治理机制创新指明了方向，提供了原则遵循。

基于国家治理现代化视角，构建共建共治共享社区治理格局，从理论上讲就是要明确治理主体关系的定位、治理机制运行的方式和治理成果的归属。共建就是要充分认识政府（街道办事处、居委会）、社会组织、企业、个人等多元治理主体的重要角色，在坚持政府主导和政社合作原则的基础上，构建使各种社会力量根据自身特点发挥作用的制度与机制。共治就是要发挥多元主体共同参与治理，构建"小政府、强政府、大社会"的治理体制。共享就是要坚持以人民为中心的思想，引导全体居民树立共享意识，使治理成果惠及全体人民，并建立有利于实现共享的制度予以保障。其中，共建是基础，强调的是制度和体系建设的基础地位，重点在于确立治理体系的"事前"制度性安排；共治是关键，要树立共治观念，主要体现在"事中"的各类社区事务、问题处理及矛盾解决上；共享是目标，也是动力，强调的是"事后"治理成果的共同享有。共建要求多元主体各司其职，共治要求其各尽其责，共享要求其各得其所，三者形成完整的治理体系和动力机制。

共建共治共享视域下的城市社区治理，顺应参与主体多元化、治理过程动态化和治理成果可分享化的现实要求。中国特色城市社区治理，即社区党组织发挥领导核心作用，基层政府管理服务以发挥主导作用，社区群众自治发挥主体作用，社区成员广泛有序参与以发挥基础性作用，实现政府治理和社会自我调节、居民自治的良性互动。目前，在全国范围内形成了一系列共建共治共享社区治理创新模式。

例如，北京石景山区以建设全国社区治理和服务创新实验区为契机，通

---

① 习近平：《高举中国特色社会主义伟大旗帜　为全面建设社会主义现代化国家而团结奋斗——在中国共产党第二十次全国代表大会上的报告》，人民出版社 2022 年版，第 54 页。

过搭建区—街—社区三级党建工作协调委员会，创新议事协商机制，持续深化“老街坊”[①]品牌内涵，完善共建共治共享社区治理机制。如今，石景山区154个社区都组建起了“老街坊”社区议事厅，还组建了208个“老街坊”楼委会，常年参与志愿服务的“老街坊”志愿者达9.96万名，“老街坊”治安队、劝导队、应急小分队实现了社区全覆盖。[②] 在吉林省长春市长山花园社区，建立了社区党委—楼栋党支部—单元党小组—党员家庭户“四级”党建网络工作体系，网格长、楼栋长、单元长“三长”管理体系，将社区治理服务延伸到基层。长山花园社区在实践中逐渐探索出以社区党委提议、社区“两委”商议、党员和居民代表审议、社区公示决议为步骤的“四步议事工作法”，实现了由“为民做主”向“由民做主”的转变。“目前社区有12个‘红马甲’特色志愿服务队，还有10多个‘百姓说事点’‘邻里守望哨’，谁家有事了，大家都争着互相帮助，整个社区其乐融融、活力满满。”[③]杭州市萧山宁围街道把党建领和、机制建设、合力发挥作为打开社区治理共同体大门的三把“钥匙”，探索创新“党建＋网格”社区治理模式，创建了治理共商、和谐共建、资源共享的网格党建责任片区，打造了社区党建和治理有机融合、“线上＋线下”融合、“网格＋网络”协同的联动联治共同体。深圳市南山社区还创建了政企共合、法治共筑、区域共治、资源共享、智慧共融、党群共建“六共”模式。[④] 各具特色的共建共治共享社区治理典型在全国不断涌现。

五、智慧社区：社区治理数字化转型

与打造共建共治共享社区治理格局相伴随，随着互联网、物联网、云计算、大数据的快速发展，社区治理开启了数字治理时代，智慧社区、未来社区应运而生。

---

① “老街坊”是石景山群众志愿服务品牌，热心公益的居民们以“老街坊”相称。

② 参见彭训文：《“小社区”书写社会治理“大文章”》，《人民日报》(海外版)2022年10月31日。

③ 蔡春玲、李抑嫱：《社区治理的“最美零距离”》，2022年9月1日，https://baijiahao.baidu.com/s?id=1742740350172364768&wfr=spider&for=pc。

④ 参见唐荣、郭聪：《深圳南山走出“六共”社会治理新路子》，《法制日报》2019年7月5日。

(一)智慧社区的建设背景

智慧社区是指最大限度地利用互联网、物联网、云计算、大数据等信息技术,将居民社区的物业管理、社区服务、医疗卫生、家居生活、安全防护、网络销售、园区生态等置于一个效率极高的网络系统之中,为居民打造居住智能化、服务智能化的安全、宜居、高效的智能社区。

在我国,智慧社区是随着"智慧城市"概念的提出应运而生的。智慧社区建设作为智慧城市建设的重要基点,镶嵌于智慧城市建设之中,二者融为一体。"智慧城市"的概念最早是2010年由IBM咨询公司提出的,其内涵就是利用先进的信息技术,实现城市智慧式管理和运行,进而为城市中的人们创造更美好的生活,以促进城市的和谐与持续成长。简单地说,智慧城市指的是一种新的城市发展生态,它综合运用现代科学技术,促进城市在规划、建设、管理、运行和服务上的科学发展。对我国而言,建设智慧城市,尤其能推动新型城镇化在质量上的提升。从实践来看,我国的智慧城市建设可以追溯到1995年,当时是以地理信息系统为核心进行数字化城市建设。从2005年开始,我国着重推动建设互联城市,互联城市的主要特点是全方位的信息化和互联化,应用范围扩大,服务对象也涵盖了政府、企业和居民等各个层面。2011年,"智慧地球"概念提出后,智慧城市建设进一步引起了全社会的广泛关注和响应。一些省市将智慧城市建设作为"十二五"时期加快经济发展的战略导向,80%以上的城市将物联网列为智慧城市建设的主导产业。2011年5月,中国智慧城市发展战略咨询会在扬州举行,得到了与会专家们的一致认同。之后,在政府各项政策的推动下,智慧城市建设如火如荼地开展起来。与智慧城市建设相联系,智慧社区的研究和建设逐渐被纳入社区治理研究和实践建设日程。

(二)智慧社区的建设目标

在我国,智慧社区建设是在国家大政方针政策指导下,由个别城市试行到全国各大城市逐步运行发展起来的,具有明确的目标和指导原则。2012年11月,住房和城乡建设部印发了《关于开展国家智慧城市试点工作的通知》《国家智慧城市试点暂行管理办法》《国家智慧城市(区、镇)试点指标体系(试行)》,首次在国家层面提及智慧社区,将智慧社区建设定位于社区管理和服务的数字化、便捷化、智慧化,包含社区服务信息推送、信息服务系统覆盖、社区传感器安装、社区运行保障等方面的建设。

2014 年 5 月,住房和城乡建设部出台《智慧社区建设指南(试行)》,第一次对智慧社区的评价指标原则、总体框架及支撑平台等进行了系统性的阐述。提出的近期目标是到 2015 年,初步建成 100 个左右的智慧社区示范点;中期目标是争取到 2020 年,使 50%以上的社区实现智慧社区的标准化建设,同时建立可持续发展的社区治理体系和智能化社会服务模式,建立完善的社区服务体系。《智慧社区建设指南(试行)》还提出了涉及保障体系、基础设施与建筑环境、社区治理与公共服务、小区管理、便民服务和主题社区等 6 大领域的智慧社区评价指标体系,包括 6 个一级指标、23 个二级指标、87 个三级指标,明确了智慧社区建设的目标方向,对智慧社区实践具有重要的指导意义。2016 年 8 月,民政部印发《全国民政标准化"十三五"发展规划》,提出"应着重开展社区信息化和智慧社区建设等标准研制",从国家层面引导智慧社区建立相关标准,进而实现规范化管理。2016 年 12 月,国务院印发《"十三五"国家信息化规划》,提出推进智慧社区建设,完善城乡社区公共服务综合信息平台,建立网上社区居委会,发展线上线下结合的社区服务新模式。2017 年 6 月,中共中央、国务院印发《关于加强和完善城乡社区治理的意见》,提出到 2020 年实施"互联网+社区"行动计划,加快互联网与社区治理和服务体系的深度融合,推动智慧社区建设由试点到全面展开。从 2019 年开始,智慧社区建设在我国掀起新高潮。

2020 年 7 月,住房和城乡建设部、国家发展和改革委员会、民政部、公安部、生态环境部、国家市场监管理总局等 6 部门共同制定印发了《绿色社区创建行动方案》,提出到 2022 年,力争全国 60%以上的城市社区参与创建行动并达到创建要求,基本实现社区人居环境整洁、舒适、安全、美丽的目标。2022 年 5 月,民政部等 9 部门印发了《关于深入推进智慧社区建设的意见》,进一步明确了智慧社区建设坚持以习近平新时代中国特色社会主义思想为指导,全面贯彻新发展理念,深化物联网、大数据、云计算和人工智能等信息技术应用，按照智慧城市和现代社区的发展要求，到 2025 年，基本构建起网格化管理、精细化服务、信息化支撑、开放共享的智慧社区服务平台，初步打造成智慧共享、和睦共治的新型数字社区。

（三）智慧社区的建设成效

综观国家关于智慧社区建设的系列政策方针，可见我国智慧社区建设是有计划、有目的、有标准、有步骤地循序发展，不同时期的建设内容和要求有不同侧重。早期的智慧社区建设是镶嵌于智慧城市建设和高新科技园区建设之中的，一般是由相对发达城市的基础设施较先进的社区试点，然后在总结已有经验的基础上，不断完善相关政策措施，逐步将智慧社区建设推向深入。从实践上来看，我国智慧社区建设是在上海、杭州、深圳、苏州、北京等发达城市率先开启，进而在总结试点经验的基础上在全国普遍开展。目前智慧社区建设已遍地开花，并形成了多种典型模式。

北京作为最早开展智慧社区建设的城市之一，在 2016 年 1 月就有 43 个街道实现了智慧社区全覆盖，“建成了 1672 个星级智慧社区，覆盖 366 万户家庭，有 969 万居民受益”①。朝阳区作为北京市经济社会发展的先行先试区域，形成了以智慧生活、智慧养老、智慧交通、智慧安防为主要特色的智慧社区建设模式，一批“数字大脑”基层上岗②，智慧社区建设全面开展。

上海早在 2013 年就创建了陆家嘴、金桥、南码头等一批各具特色的智慧社区，特别是陆家嘴智慧社区建设起步早、起点高、智能全、涵盖面广，搭建了“天、地、人”的立体服务体系，极大地提高了社区治理绩效，为广大社区居民提供了及时精细的服务。2016 年，陆家嘴智慧社区建设案例入选《新型智慧城市发展报告》，为推动中国智慧社区建设提供了重要参考。

深圳在我国智慧社区建设中一直走在前列，其创建的“南园模式”可谓新时代“枫桥经验”的典型代表。南园社区是一个从边陲小渔村转型为现代化、国际化大都市的中心城区，近半数的常住居民以租房居住为主，是城市

① 梁丽：《北京市智慧社区发展现状与对策研究》，《电子政务》2016 年第 8 期。

② 参见刘苏雅：《北京推进智慧社区建设顶层设计　一批“数字大脑”基层上岗》，《北京日报》2022 年 8 月 4 日。

化进程中典型的城中村社区代表。全区有 3 万人口，流动人口占 90%。南园社区因地制宜，契合居民的幸福诉求，从 2016 年开始，开启了新技术引领下的智慧社区建设，搭建了“1+3+1”模式①的数据平台，并迅速生成大数据时代的“社区大脑”，赋能社区治理“群防群治”②，有效地实现了社区智慧化管理。

在杭州，智慧社区建设凸显“党建引领”鲜明特色，治理场景提出社区“党建引领+社区自治”的治理机制、“智慧化+智能化”的服务等。在数字化推进过程中，将增进公民个体的便捷度和获得感放在首位，通过精细设计和规划的数字化开发，实现精准化和精细化的服务管理，提高社区治理的有效性和居民满意度。潮鸣街道自创“1355 防控工作法”，以“八个一”为标准探索闭环式管理；文晖街道实施“一名党员一幢楼”“五色五证”等措施，将贴心服务送到群众心坎上，实现了“精准研判—精密智控—精准服务”的全周期管理和整体智治模式。③

这些先行智慧社区建设取得了显著成效，之后智慧社区建设在全国普遍展开。2022 年全国智慧社区建设累计完工数量突破 50 万个，仅山东省就建成约 1200 个智慧社区；计划在 2025 年年底前，建成不少于 5000 个智慧社区。④ 2022 年，济南市全市 200 个社区被纳入省重点支持建设智慧社区名单，2023 年计划新建 100 个以上智慧社区，各区县也加大投入力度，全力推进智慧社区建设，并打造了多个各具特色的智慧社区样板。北京梯环科技有限公司调查数据表明，截至 2023 年 6 月，我国智慧社区建设比例已达到 80%以上。当然，从全国智慧社区建设的分布来看，仍不平衡，主要集中在珠三角、长三角、环渤海经济圈等经济发达城市及部分省会城市，内陆经济欠发达地区因受制于建设成本以及消费水平等，智慧社区建设进程比较缓慢。

智慧社区的建立标志着社区治理的数字化转型，通过数据的应用，社区

---

① “1”指 1 套门禁系统，“3”指 3 个视频监点，“1”指 1 个主要出入口光纤接入点。

② 唐荣、郭聪：《深圳南山走出“六共”社会治理新路子》，《法制日报》2019 年 7 月 5 日。

③ 参见秦新春：《让数字化转型为社区精细化治理赋能聚力》，《中国社会报》2020 年 5 月 25 日。

④ 参见保臻科技：《一文看懂“十四五”全国智慧社区发展趋势》，2023 年 3 月 15 日，http://k.sina.com.cn/article_6694634166_18f0802b6001017cp6.html。

居民在享受生活智慧化的同时，感受着社区温暖和谐的氛围。其效能在于：(1)通过充分发挥数字技术优势，能有效加强社区基层单元的感知、分析、决策和预警能力，实现社区治理由传统的粗放型向精细型、智慧型转型。(2)凸显“以人为本”的治理理念。智慧社区建设围绕着社区居民生活链各环节的公共安全、公共服务以及公共管理等需求，通过提供相匹配的综合配套和智慧服务支撑，加快形成多元化、多层次社区服务体系，进一步促进基础公共服务均等化、普惠化、便捷化，实现居民生活更智慧、更幸福、更安全、更和谐、更文明，全方位提升居民的参与度和满意度，促进社区和谐稳定。(3)智慧社区作为天然、动态的试验场，不仅能有效推动社区智能升级，提升社区治理服务效能，还能充分发挥智慧社区的示范、展示效应，赋能城市相关产业发展。(4)智慧社区通过智慧化系统的建设，可以搭建社区乃至整个社会的共建共享平台，从而增强居民的归属感、获得感，形成城市发展良性循环，促进城市治理转型升级。

第四节　未来图景：数字赋能城市社区治理效能提升

2019 年，浙江省政府工作报告首次提出了“未来社区”的概念，并印发了《浙江省未来社区建设试点工作方案》，明确了未来社区建设的目标和要求，确立了未来社区建设的“139”主体架构[①]，开启了以人本化、生态化、数字化为价值导向，以未来邻里、未来教育、未来健康、未来创业、未来建筑、未来交通、未来低碳、未来服务和未来治理等 9 大场景创新为引领的新型城市社区建设新征程。数字赋能城市社区治理效能提升，让社区拥有“未来感”，让人们更加充满对未来美好生活的向往和期待。[②]

---

① “1”是指紧紧围绕促进人的全面发展和社会进步，突出高品质生活主轴，把满足人民对美好生活的向往作为中心，打造群众生活满意的人民社区；“3”是指把人本化、生态化、数字化作为 3 个维度的价值坐标，彰显以人为本、生态低碳、智慧运营社区本原价值；“9”是指未来邻里、未来教育、未来健康、未来创业、未来建筑、未来交通、未来低碳、未来服务和未来治理 9 大场景创新重点。参见李玉梅：《未来社区是“让老百姓幸福”的新平台：访浙江省委副书记、省长袁家军》，《学习时报》2019 年 11 月 25 日。

② 参见孙文豪：《社区治理亮点新观察之一——未来社区：高效源自“能思考”》，《半月谈》2022 年第 22 期。

一、提升城市社区的风险防控和科学决策能力

风险防控理论诞生于西方国家，经过长时间的实践，西方国家不仅在国家层面形成了完整的公共安全管理体系，而且在微观社区层面也有很多典型的做法。例如，在美国，20 世纪 60 年代社区组织的基本体系架构就已形成，并在社区公共安全服务供给中发挥着重要作用。“9・11”事件后，美国公民对公共安全的需求更加强烈和迫切，美国政府相继采取了一系列措施，加强政府、私营部门和非政府组织间的沟通与联系。在日本，政府制定并颁布了一系列法规来保障公共安全的实施，包括《兵库宣言》和《2005—2015 年兵库行动纲领:建构国家与社区的灾害恢复力》等，指导社区预防减灾建设，培育社区恢复力等。在澳大利亚，政府专门提出了有准备的社区理论，主要是将综合性、全灾害、跨部门的管理方法应用在地方层面，主张通过社区层面的一些安全管理项目，把不同的管理主体纳入社区安全管理建设中，以提升社区层面的整合度。

我国关于社区风险防控理论的研究起步较晚，并且多是从社区治安、警务研究开展的。近年来随着各种突发事件的增多，特别是疫情的暴发，从国家到基层充分认识到了风险防控的重要性，学者们的研究也日益多了起来。从国家层面来看，相继制定了防灾减灾标准和安全应急防控条例等。2006 年 1 月 8 日，国务院发布《国家突发公共事件总体应急预案》，明确了各类突发公共事件分级分类和预案框架体系，规定了国务院应对特别重大突发公共事件的组织体系、工作机制等内容。2010 年 5 月 5 日，国家减灾委员会发布《全国综合减灾示范社区标准》，要求各地积极开展全国综合减灾示范社区创建活动，从而不断提高社区防灾减灾能力。疫情暴发后，民政部、国家卫生健康委下发《关于进一步提高城乡社区防控精准化精细化水平的通知》，要求激活和健全社区防控工作机制，改善常态化防控条件下的社区服务等。

学者们针对社区的风险识别、风险排查、风险评估、风险分担机制等问题也展开了多方面的研究，形成了一些真知灼见。例如，在风险识别方面，影响社区公共安全的风险包括自然灾害、事故灾难、公共卫生问题以及社会

安全问题等。在风险评估方法、评估指标方面，佟瑞鹏等将社区的结构性因素和社区存在的风险即胁迫性因素相结合建构了社区安全脆弱性评估模型。[①] 尚志海等将社区公共安全风险评估指标体系分为风险源危险性、风险受体暴露、社区应对能力和居民风险认知四个层次。[②] 唐桂娟还提出了致灾因子危险性评价指标和承灾体脆弱性评价指标等。[③] 在社区风险防控机制方面，滕五晓提出了关于层级式安全管理模式传导过程的效能衰减要建立考核评估追溯机制和风险分担机制的主张。[④] 滕五晓等提出需要探索创建“政府—研究机构—社会组织—社区”多元参与模式。[⑤] 张宇栋等强调“社区作为对突发事件风险监测与防范的末梢，承担着‘发现问题’和‘解决问题’的双重任务”[⑥]。对此，张登国提出要“构建社区应急教育常态机制，培育风险应对意识与能力；完善社区应急物资配置机制，实现平战快速转换”[⑦]。所有这些研究成果，必将对社区治理实践中的风险防控产生积极影响。

在互联网、物联网、大数据、云计算快速发展的时代条件下，数字赋能社区治理为防控各种风险提供了坚实的技术支撑或“硬件”设施，而要使这些“硬件”充分发挥效能，还需要在“软实力”上下功夫，充分发挥社区治理主体的主观能动作用。

其一，全面认识风险防控的内涵要义。所谓“风险防控”，就是指对各类风险隐患进行预防和控制，目的是未雨绸缪，对可能会导致突发事件发生的因素、发生的概率以及发生的后果进行预测，然后尽可能消除风险隐患或使其处于可控的范围之内。风险防控注重将科学方法用于事前的“防”，完善体系用于事中的“控”，主动作为对风险隐患进行精准预警和精确干预，保证公共安全的最大化。

---

① 参见佟瑞鹏、李丹、翟存利：《社区安全脆弱性评估模型的构建与应用》，《中国安全生产科学技术》2017 年第 3 期。

② 参见尚志海、欧先交、曾兰华等：《城市社区公共安全风险评估：以东莞市虎门镇赤岗社区为例》，《热带地理》2013 年第 2 期。

③ 参见唐桂娟：《上海市社区灾害风险评估与管理研究》，《公共治理评论》2014 年第 1 期。

④ 参见滕五晓：《层级式安全管理的效能衰减及其治理策略》，《社会科学》2012 年第 4 期。

⑤ 参见滕五晓、陈磊、万蓓蕾：《社区安全治理模式研究：基于上海社区风险评估实践的探索》，《马克思主义与现实》2014 年第 6 期。

⑥ 张宇栋、刘奕：《信息技术赋能的社区风险精准治理研究》，《安全》2021 年第 6 期。

⑦ 张登国：《社区风险防控须加强韧性治理》，《学习时报》2021 年 2 月 22 日。

其二，构建社区风险治理共同体，实现多元主体联动。具体就是要构建由社区党组织、社区居委会、社区企业、社区物业、社会组织、社区居民、社区志愿者等组成的社区风险治理共同体，形成多元主体联动、功能耦合、分工明确、反应迅速的沟通协作机制，打造一支常态化的社区风险治理队伍。

其三，聚力整合资源，构筑社区应急管理与风险防范的安全屏障。一是要打造社区数字治理平台，打破"信息孤岛"，充分利用互联网、大数据、物联网、区块链、云计算等现代数字技术，将社区家居、社区物业、社区医疗、社区服务、社区市场、电子商务等全部"网起来"，实现信息资源共享，对社区开展全时空、全要素监测，以更快地识别、预防风险。二是要建立健全社区应对各种自然灾害、恶性事件、医疗卫生事件等的应急设施，提高社区应急设施的总体水平。三是要编制或完善社区突发事件应急预案，配备相关负责人员，确保一切预案都能落到实处。四是要营造健康、安全、便捷、和谐的社区环境，打造15分钟生活圈和社交网络，以增强居民的集体认同感、归属感和安全感。

其四，提升社区管理人员的数字技术水平和技能。一是加强社区工作人员对数字技术的学习，提升治理主体对数字技术知识的应用技能。二是健全社区管理人才的引进和培养机制，提升社区治理专业化队伍的整体水平。三是引入管理志愿者参与社区信息化系统网络维护和更新，借助更多的外脑资源提升网络资源的质量和管理水平，真正实现"人"与"术"从"共在"走向"共生"①，从而有效地提升城市社区的风险防控能力和科学决策水平。

二、增强公共服务的精细对接和精准回应

"精细化管理"的概念源于20世纪50年代日本企业管理理念，主要是指在科学高效的管理思想下追求工作态度精益求精和工作精神敦本务实。从理论发展的角度看，具有"科学管理之父"之称的弗雷德里克·温斯洛·泰勒(Frederick Winslow Taylor)是精细化管理的奠基者，他关注工人的流水

---

① 参见周济南:《数字技术赋能城市社区合作治理:逻辑、困境及纾解路径》,《理论月刊》2021年第11期。

作业和操作实践，寻求以最少的时间高效率完成工作任务，其《科学管理原理》一书奠定了精细化管理的基础。

世界著名质量管理专家威廉·爱德华兹·戴明（William Edwards Deming）针对20世纪50年代日本的工业振兴，提出了以较低的价格和较好的质量占领市场的战略思想。80年代，他受命于福特汽车公司首席执行官唐纳德·彼得森（Donald Peterson），来到底特律后，将一系列统计学方法应用于美国产业界，提出长期的生产程序改进方案、严格的生产纪律以及体制改革思想，将精细管理扩大到产品质量的每一个部位。他提出的质量管理十四条法则，推动了企业内部精细化管理的发展。日本丰田公司的精细化生产方式，进一步将精细化延伸到企业的生产经营系统，成为企业效能的关键支撑。由此，也推动精细化管理逐步拓展到世界各国。

精细化管理既是现代企业发展的命脉，也是现代社会分工越来越细化、市场竞争日益激烈的必然产物，同时也蕴含了一种管理文化，即通过资源占用的减少和成本投入的降低，实现管理效益的最大化。也就是说，通过对工作流程、管理流程进行科学细化和合理优化，实现“组织结构专业化、工作方式标准化、管理行为制度化、员工配置职业化”[①]，以解决工作过程中各关键环节及其主要控制点的资源优化匹配问题。精细化管理既追求团队精神又重视个人发展，通过“硬件＋软件”双管齐下，为企业生产增加动力。

诚然，精细化管理中的精心、细心和耐心是非常值得我们学习的，但一个不容忽视的问题是，西方国家的精细化管理更多的是关注经济效益，重视个人发展和团队协作是为提升经济效益服务的。虽然我国对精细化治理理论的研究起步比较晚，但我们的出发点是服务于人，倡导的是“人本导向”的精细化治理。也就是说，在数字时代，增强公共服务的精细对接和精准回应，就是要坚持需求导向，确保公共服务供给与人民需求之间的精准匹配，避免“所供非所需、所供超所需、所供欠所需”[②]现象的发生，精准对接群众需

① 海丽、吴双江、满文汇：《精细化管理概述》，《大东方》2016年第7期。

② 容志、宋纪祥：《以供给侧改革提升公共服务供给精细化水平》，《社会科学报》2020年2月13日。

求，有效供给公共服务，真正实现“民有所呼、我有所应，民有所呼、我有所为”①。牢记习近平总书记关于“城市管理应该像绣花一样精细”的谆谆教导，以绣花般的细心、耐心、巧心，提高精细化管理水平。

三、促进社区居民认同与公共价值合作生产

城市社区作为城市社会的组成细胞和城市治理的基层单元，是党和政府联系、服务居民群众的“最后一公里”，社区居民的认同感和参与意识，直接影响着社区治理效能的提升。

技术赋能社区治理毫无疑问会大大提升社区治理效率，但技术并不是万能的。“社区微脑”不应只是智慧城市在社区层面的复制和微缩，而更应该以居民的实际需求为导向，在制度功能设计上广泛吸纳社区居民参与。智慧社区或未来社区的建设，根本上应该是促进居民的价值认同的一种公共价值合作生产品，而不只是政府引导的规划产品。提升社区居民的价值认同，需要在建立健全社区治理体制机制上下功夫。

一是要建立健全主体权利行使机制，鼓励居民参与社区治理。居民参与是社区治理的核心要求，关系着社区治理的宗旨及动力。居民参与度源于居民的自主意识和社区主体意识。数字时代的到来，客观上极大地拓展了居民参与社区事务的平台，可以通过加强优质网络文化产品供给或开展形式多样的网络活动，引导广大居民在一种积极健康、向上向善的网络文化熏陶中凝聚“社区是我家，建设靠大家”的共识，充分调动居民参与社区治理的积极性。

二是要建立健全诉求回应机制。建立党代会代表、人大代表、政协委员联系社区制度，完善党员干部直接联系群众制度，引导群众理性合法表达利益诉求。运用社区论坛、微博、微信、移动客户端等新媒体，引导社区居民密切日常交往、反映利益诉求、参与公共事务、开展协商活动、组织邻里互助，使广大居民真切体验到“远亲不如近邻”，需求得到有效回应与满足，这样居民对社区的认同感自然会上升。

---

① 鲍蔓华：《呼声：杭州市深入践行“民有所呼、我有所应，民有所呼、我有所为”20 年的蝶变》，《人民政协报》2023 年 5 月 5 日。

三是要建立文化感召凝聚机制，强化社区精神培育。社区精神是指通过社区居民的价值观念、道德水平、理想信念、精神追求、精神境界、传统风尚等表现出来的一种精神风貌，它影响着社区居民的行为方式。而社区作为居民生活共同体，其精神在本质上反映的是社区群体的整合力，是基于群体生活意识的认同感、归属感、互助性和公益精神等。[①]

实际上，社区居民的价值认同既源于社区公共价值合作生产水平，又取决于公共价值生产能力，两者相辅相成，有机统一。我国城市社区公共价值生产的逻辑起点就是居民需求，逻辑过程是居民个人价值在“公共性”驱使下内涵的依次跃升和扩展。公共价值生产作为我国城市社区发展进步的价值驱动与集中表达，是一个由政府主导的以公共产品和公共服务的“增值”为战略目标，以人本化、生态化、数字化为价值导向，以生产的要素重组、生产流程再造为实践载体的价值再生机制。随着数字技术嵌入社区治理，更要凸显以人民为中心的价值理念，以公共价值生产最优化为社区治理效能标准，及时回应人民群众最关心、最直接和最现实的利益诉求，不断提高社区居民的获得感、幸福感和安全感。

① 参见左伟清:《论现代文明中社区精神的失落与重建》,《华南理工大学学报》(社会科学版)1999 年第 2 期。

第四章　数字赋能城市社区治理的创新形态

数字技术的变革与应用引领全球治理转型，推动了数字赋能国家发展的顶层设计创新与地方实践探索。自2017年以来，国家层面相继提出“加快数字中国建设”和“加强数字社会、数字政府建设，提升公共服务、社会治理等数字化智能化水平”等宏大战略规划。在新技术更迭所带来的数字红利与国家政策导向的双重驱动之下，城市社区治理快速实现了数字化转型。城市社区进入数字时代后，数字赋能生产力促使城市的功能场景由原有的城市物理空间转向数字空间并实现线上与线下互动融合。同时，数字化的生产方式与运行逻辑也改变了政府的治理行为、市场的商业模式以及居民的生活方式。

显然，数字作为一种新型生产要素，使城市从空间到功能、从行动到制度都发生了根本性的变化。城市社区数字治理的主要特征是以数字基础设施为载体，以数字生产资料为流通形式，进而生成数字化场景，以解决社区公共问题、满足广大社区居民的需求为目标。那么，在数字时代出现的数字政府、数字社会乃至数字公民，其各自在适应数字化时作了何种调适，又是如何实现彼此目标与行动的协同？如何在社区治理过程中基于共同的目标产生集体行动？相较于传统治理时代，数字技术发挥了何种优势，让多元主体在合作治理过程中实现高效配合、协同并进？同时，政府、市场和社会又如何能在互动中为数字化转型保驾护航，推动数字中国建设战略实施？上述问题是本章需要明晰的核心问题。

第一节　统合数字化目标：数字治理与城市社区治理的内在契合

在任何时代，技术都犹如一把“双刃剑”：科学善用技术，可以带来高效、开放、普惠的公共治理，创造公共价值，切实为人民群众带来福祉；滥用、误用数字技术，则会带来一定的新风险和挑战，危及公共安全，不但不能释放“数字红利”，反而陷入“数字负能”，破坏公共价值。所以，我们既要看到数字治理中技术起到的增效、赋能和赋权的作用，也要对技术的功能边界保持反思，警惕数字技术的价值限度。城市社区治理是一个聚合多元主体诉求和行动的复杂、动态、多元博弈的过程，包含公平、公正、正义等价值内涵。因此，有必要明晰城市社区数字治理的价值导向，调和不同治理主体的价值冲突，促进数字善治，提升公共价值。

一、公共价值生产：既是治理目标也是治理手段

社区是城市治理数字化转型的基础单元和重要支撑。随着城市数字治理建设的迅速推进，社区数字治理成为数字城市建设的题中应有之义。所谓“社区数字治理”，是指以居民需求为导向，以美好生活为目标，以多元组织为主体，以智能化服务为手段，以数字化技术为支撑，以资源整合为基础，为社区居民提供方便、快捷、透明、公平的公共服务的新型社区治理模式。[①]城市社区数字治理本质上是一个公共价值创造的过程，遵循的是以人为本的治理逻辑，践行的是以人民为中心的发展思想。通过数字技术的赋能，进而更新基层社区的治理理念，健全社区治理体系，提升社区治理效能，最大限度地满足人民群众对美好生活的向往，这既是公共价值生产的具体体现，也是城市社区数字治理的目标。

就社区居民而言，一方面，数字技术肩负着满足居民需求与实现社区利

① 参见姜晓萍、张璇：《智慧社区的关键问题：内涵、维度与质量标准》，《上海行政学院学报》2017 年第 6 期。

益的使命；另一方面，数字技术扮演着“唤醒城市精神与社会良知的数字媒介”[①]。此外，由于数字本身所具有的便捷、高效、可分析等优势，它在给人们带来良好体验感的同时也会使人们对数字化生存产生高度依附，这就使得个体的偏好、认识与社会关系成为被精确分析的对象，人们将会变得更加透明化。并且，“一切智能的背后都是监控与控制”[②]，各类技术平台与商业平台通过海量数据库与算法规则，将会实现对私权力的渗透，进而依托数据优势介入公权力，形成以数据为纽带的“政府＋平台＋社会”[③]权力格局。数字蕴藏的巨大商业与战略价值，抑或因为本身所内含的工具理性趋向，致使公共权力滥用的风险被无限放大，有可能重蹈技术主义、效率至上的覆辙，从而陷入管窥蠡测的认知困境。[④] 因此，数字时代的城市社区治理应是治理方式与治理理念同步的数字化转型。然而，数字治理究竟如何重塑社区治理的新秩序，建构精简高效的新治理模式，以及如何促进社会公平和民主法治，这既属于治理现代化的范畴，又是一个城市正义性的命题。就此问题，数字治理作为治理理论的最新发展成果，需要在治理理论研究的基础之上构建一个新的解释框架，既能够赋予治理更全面深刻的价值内涵，同时又能对治理风险和冲突起到调和与平衡的作用。在此情况下，公共价值生产就成了数字时代城市社区治理的目标，也是实现城市社区科学治理、有序治理和民主治理的手段。

二、理论契合：数字治理与公共价值阐释

数字治理可理解为在数字技术条件下，以政府为主导，平台与企业、社会组织、网络社群、公民个人等多元主体协同参与相关事务的制度安排和持续过程。作为治理范式的转型，数字治理主要表现为优化公共部门的运行

---

① ［美］马修·萨尔加尼克：《计算社会学：数据时代的社会研究》，赵红梅等译，中信出版社2019年版，第19页。

② Sadowski J，*Too Smart*：*How Digital Capitalism Is Extracting Data*，*Controlling our Lives*，*and Taking Over the World*，Cambridge：MIT Press，2020：73.

③ 方兴东、严峰：《“健康码”背后的数字社会治理挑战研究》，《人民论坛·学术前沿》2020年第16期。

④ 参见王学军、陈友倩：《数字政府治理绩效生成路径：公共价值视角下的定性比较分析》，《电子政务》2021年第8期。

流程、高效响应公众需求以及强化部门之间的协同联动。可见，数字治理对公共权力的重构以及社会互动关系的影响最为显著。[①] 而且，相应地产生了数字政府、数字社会与数字公民等具体形态。

数字政府旨在重塑公共部门内部的联动关系。公共部门以城市居民需求为出发点，借助各种数字技术，建立大数据共享平台，在顶层设计、基础设施、社会服务等领域进行全要素数字化转型，实现跨部门、跨层级的流程整合与再造。[②] 数字社会旨在建立公共部门与社会组织的协同关系。公共部门依托大数据、公共数据平台等，围绕公共利益与需求的行动导向，在遵循特定原则与规范的基础上打破时空限制，从而真正实现政府和社会组织、公众等多元主体的协同与合作，实现对社会运行过程的整体性治理[③]，在提升城市服务品质的同时为社会公平赋能。数字公民旨在培育数字与公众的数字人文关系。公共部门依托数字化手段，在精确识别公众服务需求的基础上，精准地为公众提供便捷化、高效化的公共服务，提升公众的数字认同感，强化公众数字身份的自我认知，以此来培育公民的数字化共识、数字素养与数字文明。[④]

由此可见，数字治理顺应着“公共需求—公共行动—公共文明”的逻辑进路，这与20世纪末的公共价值理论有着深度的内涵契合。1995年，穆尔首次提出“公共价值”这个概念。此后，随着研究视角、内容、方法的累积与拓展，公共价值理论的内涵不断丰富。根据穆尔提出的“战略三角形”模型，公共价值管理涉及组织与运作能力、合法性支持以及价值目标三个维度，公共管理者的任务就是实现这三者的高度匹配与平衡。[⑤] 其中，在组织与运作维度上，公共价值产生于公共部门履行其法定职能的动态过程之中。公共

---

① 参见颜佳华、王张华：《数字治理、数据治理、智能治理与智慧治理概念及其关系辨析》，《湘潭大学学报》(哲学社会科学版)2019年第5期。

② Nour M A, Abdel R A A, Fadlalla A, “A Context-based Integrative Framework for E-Government Initiatives”, *Government Information Quarterly*, 2008, 25(3):448-461.

③ 参见颜佳华、王张华：《数字治理、数据治理、智能治理与智慧治理概念及其关系辨析》，《湘潭大学学报》(哲学社会科学版)2019年第5期。

④ Thomas J C, “The New Face of Government: Citizen-initiated Contacts in the Era of E-Government”, *Journal of Public Administration Research and Theory*, 2003, 13(1):83-102.

⑤ Moore M H, “Managing for Value: Organizational Strategy in for-profit, Nonprofit and Governmental Organizations”, *Nonprofit and Voluntary Sector Quarterly*, 2000, 29(1):183-204.

价值是公众对公共部门的期望合集，公共部门的首要目标是创造公共价值，但必须具备足量的资源以及相应的执行力。[①] 在合法性支持维度上，公共价值体现为公共部门提供产品、服务等行为产出的价值，这构成了公共部门的合法性基础。公共价值是公共部门向所有公民提供的无差别特权、规范性标准、支持、权利与程序保证[②]，具体可细化为服务价值、产出价值、信任与合法性等三个要素[③]。在价值目标维度上，公共价值旨在为社会贡献最大化效用。公共价值是社会公众的集体偏好，不仅是公共服务生产者与使用者偏好的简单累加，而且是政府与相关利益主体共同协商的结果[④]，需要由众多的利益相关者在公共政策议程中共同维系与创造[⑤]。

综上所述，公共价值理论对数字治理具有更强的解释力。数字治理借助现代信息技术手段，实现了对政府组织的流程再造与体制机制重塑，提升了公共产品和服务需求匹配的精准度，优化了社会公共资源配置，增强了政府与社会以及公众之间的协同和信任，凝聚了数字时代的人文精神，本质上就是在更加高效地创造公共价值。由此可见，数字治理不仅是公共权力和公共资源的优化与分配，更是公共价值的创造、整合与表达。

三、城市社区数字治理的公共价值表征

（一）“人本价值”是根本

数字时代城市治理的核心理念是以人为本，致力于推动城市治理规范有序、城市服务高效普惠和城市生活安全稳定，以此推动数字赋能城市高质量发展。数字城市建设背景下的城市社区数字治理，要坚守以人民为中心

---

① Moore M H, *Creating Public Value: Strategic Management in Government*, Cambridge: Harvard University Press, 1995: 46-52.

② Barry B, Daniel S, “Public Values and Public Failure in US Science Policy”, *Science and Public Policy*, 2005, 32(2): 119-136.

③ Kelly G, Mulgan G, Muers S, *Creating Public Value: An Analytical Framework for Public Service Reform*, London: Cabinet Office Strategy Unitit, 2002: 1-35.

④ Stoker G, “Public Value Management: A New Narrative for Networked Governance?” *American Review of Public Administration*, 2006, 36(1): 41-57.

⑤ Bryson J M, “What to Do When Stakeholders Matter: A Guide to Stakeholder Identification and Analysis Techniques”, *Public Management Review*, 2004, 16(1): 21-53.

的价值理念，想群众之所想，急群众之所急，坚持人民立场、人民至上，为人民提供更优质的公共服务和更多的便利。坚持“人本价值”，彰显以人民为中心的核心主旨，才能强化社区居民主体地位，唤醒社区居民的主体意识；才能更好地使数字技术深入民心，以数字技术满足人民群众对美好生活的向往，解决社区居民最关心的切身利益问题。通过先进的数字技术精准地挖掘居民的差异化需求，提供针对性、个性化的基本公共服务，丰富社区服务内容，优化社区服务流程，完善社区设施环境，精准地解决不同群体、不同层次社区居民的急难愁盼问题。“人本价值”是公共价值的感知、识别与回应的关键核心点。除了社区居民日常生活需要之外，还要充分考虑到数字时代社区居民的心理状态，如对于数字技术的适应性或接纳能力，确保居民特别是数字弱势群体不因数字技术而被隔离、被约束，关注社区居民应用数字技术的心理状态与使用习惯。一方面，要充分利用社区数字治理平台，精准感知并满足社区居民的精神文化和心理健康需求；另一方面，要尽可能降低数字技术应用与操作的复杂程度，使数字技术真正实现服务民生、利民惠民的民本思想，充分体现“以人为本”。

（二）“效率价值”是原则

数字技术的重要特征是效率优势，这也是数字治理的独特价值所在。具体分析，数字治理的效率突出体现在数字服务的便捷性、低成本，以及治理流程的精简优化。与传统治理模式相比，数字治理能够让社区居民在“家门口”享受便捷、高效的政务服务以及高品质的公共服务。通过数字技术能够最大限度降低行政成本，整合政府职能，简化不必要的办事流程和步骤，提升服务效能以及民众满意度。具体可通过以下方法实现。一是过程精简。提升数字效率，简化办事流程，优化服务程序，统一办理标准。线上线下办理相结合的事项，要最大限度减少线下办理的次数。二是成本缩减。数字技术大大节省了时间成本、沟通成本、信息与人力成本等，通过整合公共部门职能，促进各级政府之间、政府各部门之间的政策衔接和数据互联互通，实现政府与企业、政府与社会之间的数据协同共享，减少政府内部技术系统更新以及信息收集、处理和存储的费用。三是技术支撑。发挥数据的技术创新带动作用，借助先进的数据处理技术、高效的数据运用以及可测的数据安全，为提高城市社区数字治理效率提供源源不断的技术支撑。[①]

（三）"民主价值"是动力

民主是人类的共同价值追求。在民主与治理双重潮流的合力作用下，民主治理越来越成为当代世界治理理论与实践发展的趋势。从总的趋势来看，民主包括治理内涵，而治理也有民主要求，两者具有高度的相关性，民主程度越高的国家，治理效能越好。[②] 当下，民主价值也是城市社区数字治理的题中应有之义。在表现形态上，主要体现为城市居民运用数字化手段，通过特定的场合或途径以治理主体身份参与社区治理，通过对话、协商、合作、沟通等形式，共同管理社区公共事务，提供并享受社区公共服务。数字技术降低了民主成本，弱化了行政色彩，强化了民主意识与共治理念，也进一步促进了数字协商民主的形成。所谓"数字协商民主"，指的是基于数字技术的协商民主，在这种民主形式中，社会政治生活中不同行为者借由数字技术与平台展开平等对话、沟通，以实现合法决策和达成治理共识。[③]

首先，数字技术使得参与主体的广泛性得到较大程度的保障。数字技术灵活连接了城市社区各参与主体，使他们实现了跨时间、跨地域、跨身份参与，居民民主治理的动力进一步提升，能力进一步增强，居民协商参与治理的表达与互动更充分、更高效。

其次，数字技术使社区参与的议题更聚焦民生。借助数字技术，社区各类议题或信息的交互可以更频繁、更简易、更聚焦，民情民意更能得到反映，各级各类关乎居民生活的一系列民生问题如娱乐、公共基础设施建设、社区养老等都能便利地在线上汇集。数字技术助推这些议题受到广泛关注，并得到快速响应和解决。

---

① 参见陈振明、黄子玉：《数字治理的公共价值及其实现路径》，《郑州大学学报》（哲学社会科学版）2022 年第 6 期。

② 参见佟德志、王毅刚：《民主治理何以可能：民主与治理融合的理论分析与实践趋势》，《吉林大学社会科学学报》2022 年第 4 期。

③ 参见陈家刚：《数字协商民主：认知边界、行政价值与实践空间》，《中国行政管理》2022 年第 1 期。

最后,数字技术保障了社区居民参与协商治理的平等性。原有的社区治理模式主要依靠基层政府自上而下单向了解居民需求、单向实施社区管理。在行政模式主导下,居委会主要负责执行与行动,而群众性自治组织如业委会等很难有自主空间参与管理,社区各参与主体缺少充分的沟通与交流的场合,这使得社区居民日益增长的民主参与诉求被限制,参与治理的动力与积极性被约束。信息不公开、不透明等信息不对称问题,则会导致城市社区治理低效或无效。数字化技术与社区治理的有机结合使社区居民可以平等、自由地表达和对话,有利于基层政府、城市社区更全面地感知与获悉居民的需求,增加城市社区治理的开放性与透明性。

因此,城市社区数字治理的全过程民主协商和民主参与有利于激发社区居民的参与活力,提升政府获取信息的准确性、全面性,真正实现问政于民、问需于民、问计于民。

(四)"法治价值"是保障

法治价值对应的是数据安全。"没有网络安全就没有国家安全,就没有经济社会稳定运行,广大人民群众利益也难以得到保障。"①数据安全不仅关乎社区居民个体的利益安全,关乎人民群众对于数字治理的信任与接纳,而且关乎数字中国建设。就社区数字治理实践而言,目前还有不少社区居民对于个人信息是否应被共享、个人数据是否能被保护等存有顾虑,在一定程度上,对于社区治理的数字化转型还处在"观望"甚至是拒绝状态。对于此问题,非常有必要做好数字安全和保密工作,进一步消除广大人民群众对于个人信息隐私泄露的顾虑。通过构建跨地区、跨部门、跨层级的协同联动机制,明确数据安全管理职责,加大对涉及国家秘密、工作秘密、商业秘密、个人隐私和个人信息等数据的保护力度,强化问责机制;加强关键信息基础设施建设,提升基础设施保护水平,完善数字安全评估机制,强化日常监测、通报预警、应急处置,提升网络安全事件、网络泄密事件的预警和发现能力。②

---

① 习近平:《论党的宣传思想工作》,中央文献出版社2020年版,第301页。

② 参见陈振明、黄子玉:《数字治理的公共价值及其实现路径》,《郑州大学学报》(哲学社会科学版)2022年第6期。

加快构建以《中华人民共和国网络安全法》《中华人民共和国数据安全法》《中华人民共和国个人信息保护法》为支撑的网络信息安全保护法律和制度体系，为确保城市社区数字治理的有效运行提供有力的信息安全保障。

第二节 构建数字化关系：政府、社会与社区居民的公共价值合作创造

数字治理推动了城市向数字化、智能化与智慧化的方向演进，也助推了共建共治共享社会治理新格局的形成。“数字化不仅是信息交流的数字化，算法正不断改变人类生活的方方面面”[①]，因此，城市社区的数字化意味着在数字基础设施建设之上的结构形态、内容属性、制度规则以及生活体验与技术应用的深度融合，处理的是技术与政府、技术与社会、技术与人类之间的协同关系。在数字时代，政府、社会与社区居民的互动关系也相应地发生了改变，政府由资源和权力的主导型角色转变为利益协调与平衡的服务型角色；社会与居民个体由原来的碎片化、零散式参与转变为在数字驱动下的整体式参与。由外观之，城市社区数字治理是技术赋能国家治理之下的政府治理与基层社会治理的同步转向；由内观之，公共价值导向下的城市数字治理更是一个“政社”与“政民”的协同与合作过程：一个包括数字政府的生产、数字社会的整合以及数字公民的表达的过程，遵循的是技术驱动、制度重塑以及价值生成的系统发展路径。

一、数字政府：以服务为导向的公共价值生产者

（一）公共价值框架下的数字政府的内涵

在西方学者看来，公共价值的构成要素应包含公众对公共服务的满意度、社会信任与合法性。有效提供公共产品和服务从而满足公共需求，是政府正当性、合法性的体现。作为公共需求的载体，公共产品和公共服务的开放性、平等性与普惠性不仅能够在满足社会和公众需求时产生合适且持久

---

① 陈刚、谢佩宏：《信息社会还是数字社会》，《学术界》2020年第5期。

的公共效用，更能促进社会主体形成统一的公共认知以及具有公共利益导向的行为规范，这是数字政府生产公共价值的正义性所在。因此，回应符合数字时代特征的公共需求是数字政府的首要职责。

数字政府保障了公共价值的高效化生产。在数字时代，城市政府的数字能力决定着城市发展的质量与价值定位。随着政府角色的转型，技术赋能大大提升了政府服务的效率与品质。借助一体化、智能化公共数据平台，政府可以依据数据和信息的反馈作出具有前瞻性、系统性和科学性的决策，变被动服务为主动服务，变解决问题为提前发现问题，全面提升城市治理的预判能力和响应速度。在政务流程优化方面，国内已有地方实践“最多跑一次”改革、“一网通办”和“接诉即办”等创新性做法，体现了数字技术对政府权力运行与组织形式的重塑：职能部门由传统的单打独斗治理模式变为了跨部门、跨层级、跨区域的互联互通、协同共享的一体化治理网络，以流程的精简提升政府办事效能，以技术的赋权实现治理主体和治理资源的融合，从而构建政府、市场与社会之间的新型数字互动关系，共同促进公共价值的高效率、高质量生产。

数字政府实现了公共价值的精准化生产。在“数据＋算法”的双轮驱动下，政府运用大数据、云计算、物联网、区块链等技术，能够对社会问题或公众需求作出精准的“数字画像”，增强对社会复杂现象的感知与回应力，提高决策的科学化与精细化水平，为快速破解城市治理难题、创造城市新业态等提供可靠的解决方案。通过大数据搜集、分析、处理与应用工具，政府、社会及公众可以同步对治理问题、治理对象、治理过程进行动态监督与反馈，政府可根据客观事实作出适应性调整，这就使得政策的制定与实施兼具原则性与灵活性的特征，从真正意义上实现政府供给与社会诉求的精准匹配。

数字政府促进了公共价值的民主化生产。数字时代的政府不仅是城市治理中的关键引领者，更是与市场、社会密切互动的合作者，通过政社互动、政企互动、政民互动的联动机制，充分调动各方力量参与城市治理的积极性、主动性与创造性，激励企业、社会组织和公众多样化、多渠道、多层次参与城市治理。打通社会公众参政、议政、问政的“最后一公里”，在治理决策中征求公众的意见，在治理行动中接受公众的监督，在治理绩效中回应公众的评价，在践行以人民为中心的治理理念中进一步丰富数字治理时代民主的内涵，彰显民主在公共价值生产过程中的先进性与优越性。

（二）数字政府的价值限度

我国的条块结构决定了权力在纵向和横向上的流动与互嵌，也影响着数字资源的流通与功能发挥。一是条块结合模式较为普遍。在数字时代，数据作为一种重要的信息资源或权力资源，同时受制于纵向权力结构自上而下的约束管控以及横向权力结构的割裂阻隔，信息流不全面、不通畅、不耦合，因而不同层级、不同部门之间难免会出现数据壁垒，这就使得跨层级、跨部门数据信息共享共用极为有限。二是“条强块弱”问题较为突出。由于城市公共服务核心业务数据主要在垂直管理业务信息系统之中，数据在“条”上即纵向信息系统内多以上报形式单向流动，使得“块”上即地方政府掌握与民生直接相关的数据的能力不足，数据获取的权限低、时效弱。这在一定程度上不仅加剧了“块”上政府工作的难度，而且相应地削弱了地方政府的能动性与自主性。三是条块协同困境较为明显。制约政府数字化转型的主要原因在于政府职能部门职责划分不清晰，导致职能部门存在重复交叉管理，对内难以形成合力促进业务协同推进，对外难以构建政府、市场与社会共建共治共享的治理格局，在一定程度上抑制了数字赋能城市治理的价值发挥。

（三）提升政务服务数字化效能：以“数治＋共治＋智治”为价值引领

数字赋能体现的是政府由过去的信息牵引到现在的主动适应并积极转变职能的发展逻辑，打造的是政府由传统的管理到服务再到共治的角色转换路径，凸显的是技术为政府、社会及公民赋权增能的巨大优势。从数治到共治，体现的是技术理性与价值理性的有机融合，通过优化政府内部治理结构、再造治理过程、丰富治理模式来构建共建共治共享治理格局，实现政府、市场与社会之间协商合作的公共行动，以公共价值生产的最大化实现提升数字治理效能的最优解。

首先，提高政府数字治理的整体性。传统的治理在政府内部表现为以部门驱动的碎片化运行方式，这主要是由政府部门条块分割的组织体制决定的。由于资源开发管理缺乏统一的布局与规划，造成部门化现象，导致数据资源之间无法互联互通，更难以在制度和政策上形成数字治理的合力。而当推行数字化建设的时候，由于部门之间的割裂造成的数据不流通，大量数字开发工作因单打独斗而陷入重复建设之中，这不仅造成资源浪费，更与数字治理的主旨相悖。为此，破解技术壁垒之困境，首要的便是打通数据“动脉”，建立公共数据统一共享交换平台，厘清数据管理和共享的边界与方式，将部门驱动的治理转变为数据驱动的政府部门之间、政府与社会及公民个体之间的整体性治理，从而实现政府治理的科学决策、精准服务、精细管理与高效协同。

其次，构建政府、市场与社会多元主体共建共治共享的治理格局。处理好政府与市场、政府与社会之间的数字关系，以共建数据系统、共享数据资源构建“政府—市场—社会”的共治格局，激发社会多元主体的数据潜能，将数据资源转化为治理资源，提升全域治理的智能化水平。理顺政府、市场和社会的职责及边界，坚持政府在数据平台、数据系统建设中的主导地位，在城市治理、生态治理等公共价值凸显的领域，提倡政府引导社会参与，以保障公平为先；在关乎民生、经济活动活跃的领域，则鼓励政府与市场紧密合作，体现效率为重，以此来促进政府、市场与社会相互补位、协调配合的共治格局的实现。

二、数字社会：以协同联动为抓手的公共价值整合者

（一）公共价值框架下的数字社会的内涵

数字社会是数字技术发展到一定阶段所特有的人类社会形态。它以大数据、云计算、人工智能等现代信息技术为载体，以数字生产资料为流通形式，以塑造和生成新的数字空间与数字化生活方式为特征，以满足人民群众的需求和提升人民群众的幸福感为导向。显然，数字社会是在社会系统因信息化、数字化、智能化所出现的社会结构分化、离散与调和之后而形成的

一种新型组织形态，其本身也在转型过程中实现了对公共价值的整合与再塑。

数字社会是公共价值认同的凝聚体现。曼纽尔·卡斯特在《网络社会的崛起》中指出，互联网社会改变了人们对时间与空间的传统认知，网络空间可以随着信息的流动形成区别于地域空间的流动空间，而在这流动的、无边界的且自由自在的空间内，多元的个性化表达成为可能，同时也影响着人们对基于固定地域空间所形成的传统的认同感。[①] 因此，在脱离了历史传承、文化与宗教信仰制约的数字社会，如何凝聚新的社会共识、维持全体社会成员对公共价值的理性认同尤为必要。对于公众而言，数字社会可以提供高效率、便捷化、个性化的公共服务，可以满足人们对于城市品质生活的美好向往；借助数字技术，公众可以更加关注城市生活，增进邻里互助与交流，进而获得平等的发言权与参与权，共同致力于城市美好生活建设。在数字社会，公共价值认同可以表征为公众对数字技术促进社会善治的适应和信赖，并以此为基础整合公众的意志、增进社会信任并达成统一的公共行动，赋予公众强有力的城市参与权和话语权。

数字社会是公共价值生产的协同成果。数字社会治理本身是一项集系统性、复杂性与协同性于一体的持久任务，它不仅表现为跨部门、跨场景的整体性治理，还应是兼容线上和线下的一体化治理。治理主体由单一的政府向多元治理共同体的形式转变，以数字信息网络或平台为支撑，实现纵横贯通的整体治理模式。治理主体间的互动关系也由政府单向权威掌控变为多主体相互协同合作的形态，其权力向度是多元的、交互的和可协商的。这样不仅确保了公共意志的表达和实现，还能有效地限制公共权力的扩张和腐败，降低治理成本。

数字社会是公共价值传承的展示窗口。数字社会为解决人与人、人与生态之间的矛盾提供了先进的实践方案，为数字价值的挖掘或数字文化的发展创造了实验场域。在疫情防控方面，数字社会所展现出的精密智控、快速响应与有序行动折射出城市对于数字治理逻辑的强大适应力。可见，数

---

① 参见［美］曼纽尔·卡斯特：《网络社会的崛起》，夏铸九等译，社会科学文献出版社 2000 年版，第 465 页。

字技术对于城市治理的影响是沿着从工具到理念、从行动到文化的路径渐次发展的，而此时的公共价值则蕴含在人人皆知、人人皆用的数字文化之中并得以传播。

(二)数字社会的价值限度

科学合理的治理成效评估体系有助于提升城市数字治理的有效性和可持续性，但是就目前而言，还存在不少问题。一是数字化成效的评估主体多以政府为目标对象，评价内容侧重于政府网站、政务服务、政府体制机制、政务互动等，评估内容单一，存在指标形式化、“一刀切”现象，而对数字治理范畴内的数字社会及数字人文等维度的评价较少，不能完整反映当下数字治理的水平与价值。二是数字形式主义现象多见，实操性不强。在“大数据绩效”锦标赛和“数字 KPI”的推动下，数字平台建设表面化、回应反馈程序化、数据采集重复化等“指尖上的形式主义”凸显，这就使数字社会应用场景的展示性有余而实操性不足。三是缺少对数据安全、隐私保护等方面的关注与评价。集中体现在数据安全意识不强，数据信息、网络信息和个人隐私容易遭到泄露；对于数据开放和数据运用规则与尺度的规范度不高，往往会导致数据滥用、信息过载、“数据鸿沟”等数据安全问题。四是对于数字治理发展水平不均衡的理性认识不足。受制于数字基础设施建设水平的城乡差异、区域经济发展不平衡、数字化政策导向侧重点不同，以及地方政府数字治理创新能力和公众数字化接受程度不一等要素，数字化建设的整体性与协同性进程较为缓慢，这也充分反映了对于数字治理成效的评估应当分情况、分地区、分阶段开展，真正实现数字赋能与城市善治的逐步融合。

(三)丰富数字化公共产品与服务供给：以增进人民福祉为价值驱动

公共产品与服务直接关系人民群众切身利益，数字治理的关键目标就是通过数字技术或数字化公共产品及服务来提升人民群众的生活品质，同时兼顾数字弱势群体使用数字技术的平等性，找准数字社会建设的切入点和着力点，提高利用数字技术保障和改善民生的可及性、便利性、普惠性、时效性，切实增强人民群众的获得感、幸福感与安全感。在丰富数字化公共产品和服务的同时，要优先保障满足公众的数字需求，全力助推数字参与和切实保障数字安全，避免公共价值失灵。

首先，以“小切口”解决民生“大问题”。数字技术的重要贡献体现在对人民群众日益增长的美好生活需要和不平衡不充分的发展之间矛盾的有力调节。在数字时代，公众对于数字化公共服务与产品的需求向着多元化、个性化与精细化升级，这不仅是公众对数字技术广泛应用的适应性表现，也是公众产生利益追求、价值取向、社会认同的根本依据和动力。因此，数字红利不仅要平等、公正地惠及每一个人的生活，而且在保障基本需求的基础上，还需重点解决公众在教育、医疗、养老等重大民生领域的“急难愁盼”问题。以数字赋能民生，实现人与人之间、地区与地区之间的平等和互惠，真正使数字发挥增进人民福祉的重要作用。

其次，变被动的知情、表达为主动的创造、共享。数字参与能够有效克服传统公众参与的信息获取不全面、意图表达不准确和互动方式不便捷等弊端。利用数字平台，政府决策变得更开放、更透明，公众偏好变得可感知、可预测、可追踪、可反馈，以此能够持续优化并保持公共决策的民主化与科学性。数字时代的公众参与不仅是形式上的由线下移到了线上，其本质是在数字化驱动下，利用技术实现政府治理、政民互动与社会整合的深层次融合，在构建便捷高效的数字参与模式的同时，让公众无缝隙地参与公共政策的制定、实施、监督、评估等各个环节，让公众由原来被动的知情者和表达者变为主动的公共政策的创造者和共享者。

三、数字公民：以民主为特征的公共价值表达者

（一）公共价值框架下的数字公民的内涵

随着数字时代的到来，公民的社会身份呈现出了数字化特征。数字公民是公众身份与权利在数字世界的映像，是能够安全、合法、道德地使用数

字化信息与工具的人。[①] 由于公共价值代表着公众的集体偏好，因而数字技术赋能公众有利于更好地表达与体现公共价值。数字公民在数字政府与数字社会之间发挥着沟通与黏合剂的作用。通过立足公民需求，培育公民数字素养与数字化应用能力，鼓励公民主动、合法地参与到社会治理中，协同政府组织形成上下联动的治理合力。

数字公民是公共价值的学习和传播者。数字社会高度依赖信息技术的支撑和使用，而数字价值的发挥则有赖于人的学习力与创造力。从公民角度而言，提升数字化学习能力，首先必须从理念和认识上打破对于数据的片面认知，要用大数据思维来发现问题的本质，用数据或数字化来提取或表征问题现象，真正实现用“数治”取代“人治”。与此同时，大数据对传统行政部门的管理方法提出了新的挑战，如何将海量的原始数据经过云计算等新型处理模式转化为有效的信息资源，如何通过对业务部门进行流程再造来提升治理效能，都需要经过专业的学习与实操。

数字公民是公共价值的最终消费者。数字技术能在微观层面带来公共价值的提升，最直接的体现就是公众与政府的互动以及获取政府信息和服务方式的变革。在数字化场景应用中，公民可通过成本更低的方式享受到质量更高的公共服务。数字公民正是以公众的切实需求为出发点，通过大数据等信息技术创新自下而上的公共服务供给体系，将可感知、可识别、可预测的数字公民需求变为更具有针对性、更快速直达的服务供给，以此打造公民“掌上办”“指尖办”的智慧化生活方式。这种新型的政民互动方式既推动了社会治理方式朝着个性化、精细化转型，也使公民成为公共价值最广泛意义上的消费者、共享者。

数字公民是公共价值的坚定维护者。数字公民的显著特征是具有确定的数字身份，通过统一身份认证平台实现公民个人身份合法化的数字转译。通过实名制，公民能以唯一真实的数字身份从物理世界进入到数字世界。这种方式不仅可以在线上场景中解决线下场景里的矛盾，如停车缴费中的先离场后付费、就医时的先看病后付费等一系列民生痛点议题，还能成为公

① Parry F, “Digital Citizenship: The Internet, Society and Participation”, *Online Information Review*, 2008, 32(4): 538-539.

民参与城市治理、促进城市治理方式创新的有效途径。公民在参与城市治理的过程中，一方面能够借助数字化手段准确高效地行使权利和履行义务，发现城市问题、监督治理效果；另一方面能够在享受数字红利的同时，实现个体诉求与城市公共价值的平衡，从而真正实现数字时代人民群众对美好生活的向往的城市发展目标。

（二）数字公民的价值限度

回应民生诉求、便利公众参与、真正为民办事是数字社会的根本目标。从数字治理现状来看，数字社会的参与群体构成较为单一、数字化场景丰富度不足。一是面向民生服务的各类数字化应用场景在设计、开发过程中缺少有公众参与的互动机制。虽然已有较多品类的数字平台应用于社区、街区、园区、商圈等场域中，但是场景设计多从自上而下的管理视角出发，对民众参与互动以及反馈评价的环节鲜有考量。二是目前大多数应用场景的建设往往以数字化载体为中心，更多地依赖计算机、人工智能等领域的工程技术人员研发设计。社会学、哲学、法学、心理学等领域人才的参与不够，不仅导致数字社会中的数字属性强于社会特征，而且造成数字化应用场景重技术投入、轻理念价值开发以及人文关怀匮乏的现象。特别是部分应用场景建设脱离了解决实际问题这一根本出发点，忽略了民众的体验感与获得感，成了为数字化而数字化的工程。

（三）开展数字治理的人文反思：以实现数字化可持续发展为价值归宿

数字技术的优越性为推动人类社会高质量发展提供了有力支撑，然而，数字技术在革新政府治理方式、重塑社会互动关系的过程中也可能会因追求形式化、快速化而带来失信、失范与失序问题，从而侵蚀公共价值。如何恰当地处理技术与人、技术与文明之间的矛盾冲突，促进数字化可持续发展，既是对数字理性的冷静反思，也是对数字文明的热切探索。

首先，坚持技术理性与以人为本相统一。人民至上是中国特色社会主义制度的价值自觉。科技进步的最大意义就在于消除不平等，实现全人类的共同利益，这也是技术正义的核心要义。然而，人们丧失了对社会否定和批评的能力，后果是使社会失去了自我超越的内在驱动力。[①] 坚信技术万能，甚至认为技术会成为一种控制的新形式[②]，这显然是技术的过度化导致的技术对人类的“控制”。因此，如何在数字时代确保技术与人类的理性对话，让技术成为人类社会真正意义上的“善”，就成为防范技术支配危机的关键所在。应做到以下三点：

一是坚持以人为本，立足于全体社会人的需求，坚持人的主体性。以人的实际需求与满意度为目标，不可为数字化而数字化，设计切实贴合民众需要的数字应用场景，打造“老幼友好”的数字产品与服务界面，进一步消除“数字鸿沟”和数字不平等现象，让数字技术服务既有速度又有广度。

二是树立数字正义观和数字人文观。在维护公民合法权益方面，将数字技术应用于诉讼服务和司法审判领域，推动在线化、智能化方式预防与化解纠纷，针对各类诉讼当事人提供不同层次的便捷方案，通过实现起诉“掌上办”“指尖办”来降低诉讼成本，以数字正义全方位推动社会公平正义。在规范数据使用方面，为保障公民的数字权利，必须规范公共部门及数字平台对于公众数据的使用边界与共享标准，探索“还数于民”的可行之道。

三是以多元协同突破数字单向度治理的局限。数字治理面向的是更加多元的利益主体，应利用数字信息平台广泛听取公众利益诉求的表达与评价，通过构建利益对话与协商机制形成数字共识，纠正数字治理失灵，确保数字公共价值的实现，真正体现以人为本和以人民为中心的核心理念。

其次，坚持技术刚性与人文柔性相结合。数字技术的广泛应用并不意味着人力服务被全面取代，同样，数字技术的精度与效度也不一定带来人与人之间有温度的交流互动。面对数字化改革“一刀切”的现实困境，人力服务同样应保持必要的“在场”，一方面，这是提供给数字弱势群体的必要辅助，从而确保数字服务享有的均等性；另一方面，人与人之间的交往和互助不应因数字技术的出现而变得冷漠或隔离，技术刚性与人文柔性相结合的

---

① 参见张成岗：《从意识形态批判到“后技术理性”建构：马尔库塞技术批判理论的现代性诠释》，《自然辩证法研究》2010 年第 7 期。

② 参见王治东、马超：《技术正义何以可能？——基于马克思对资本逻辑批判的考察》，《哲学分析》2020 年第 1 期。

数字治理才更有智慧、更具包容力。

综上，数字驱动下城市治理背后的新技术、新场景、新业态和新模式，引发了诸多领域的颠覆性变革，城市生活的选项因此而变得更为丰富和更具创意。然而，当数字化的洪流正成为一种新的理性或信仰时，清醒与反思同样不可或缺——唯有与人的生活和需要相结合的技术，与人的本性与发展相适应的技术，才具有真正的“未来”意义。数字的确重新定义了未来城市的生活方式，但也无时不体现着城市之人的本质需求——认同、安全与守望相助。在新旧时代极速更迭之时，在变与不变的争议之中，可以预见的是，只有蕴含着“善”的数字化才能持续推动城市生活走向“美”，只有具备人本价值的数字技术才是城市“真善美”的缔造者。数字之美就在于理解人之为人的意义。

随着数字时代的到来，城市治理的数字化转型成为学术界广泛讨论的焦点议题。在学理认知上，公共价值理论为数字治理提供了一个新的解释框架。数字治理牵动的是政府治理、社会治理与公众参与治理的数字化同步转型。公共价值创造体现在不同主体、不同层次、不同环节之间的协同与合作之中，在价值层面表现为一个公共价值生产、整合与表达的系统过程，而在行动路径层面则呈现为一个数字化效能提升、数字化供给保障以及数字化人文反思的动态图景。显然，以公共价值为切入点，对于深入理解和探索数字治理的生成逻辑、运行机制和发展理路有着重要的意义。

第三节　探索数字化模式：让“数字”嵌入社区

一、北京：“接诉即办”高效解决社区“关键小事”

2017 年，北京开始在基层治理实践中探索“街乡吹哨、部门报到”工作模式，并取得了一定的成效。2019 年起，北京市开始推进“接诉即办”改革，将各类热线整合到 12345 市民服务热线，建立起市委统一领导、政府负责、以 12345 市民服务热线为主渠道，对群众诉求快速响应、高效办理、及时反馈的为民服务机制。通过 12345 市民服务热线，市民可实现咨询、建议、举报、投诉等事项，以此来撬动城市治理的“痼疾”，实现城市治理中心下沉，基层治理主体激活；通过将群众诉求直派到街道(乡镇)，以响应率、解决率、满意率为考核指标，推动各级党委政府对群众诉求“闻风而动、接诉即办”，快速响应、快速办理、快速反馈。从实践机制上来看，“接诉即办”是以电子通信技术为技术支撑，以群众反映的问题为驱动，实现街道(乡镇)、区、市三级协同联动的一项创新性工作机制。这是一种鲜明的以群众需求或问题为导向、联动群众与政府的创新互动模式，同时以“工单”机制的形式优化了政府绩效考核的方式与模式，既体现了数字政府建设背景下一体化政务服务质量和办事效率提升的优势，也反映了北京城市治理现代化水平的提高。此外，“接诉即办”工作机制作为一种由北京市政府由上而下推行的城市治理模式，在推进的过程中，也对基层尤其是社区治理能力的提升起到积极的助推作用。

(一)民情民意更“直达”

2019 年，北京 12345 市民服务热线通过整合 64 条政务便民服务热线，将全市 343 个街道(乡镇)、16 个区、65 个市级部门、46 家国有企业和 60 家绿通企业全部接入 12345 市民服务热线平台系统，实现一条热线听诉求，全年无休快速受理群众来电。同时，为更好地适应数字时代的发展，便于民众沟通，“接诉即办”也逐步向数字化转型，开设了首都之窗网站“12345 网上接诉即办”平台，搭建起以“北京 12345”微信公众号为主，涵盖微信、微博、“北京通”App、人民网领导留言板等“17＋N”网上“接诉即办”工作矩阵，全方位地让“接诉即办”改革深入民心、直达民意。据统计，自改革以来，12345 市民服务热线总共受理群众诉求超过 1 亿件，解决率、满意率在原有基础上提升至 94％、95％，网络端受理占比从 10.8％提升到 55.0％。① 其中反映的问题多集中于社会管理与服务方面，涵盖拆迁安置、公共服务、社会综治、劳动社会保障等与市民生活息息相关的领域。从“耳畔”到“指尖”，一时间，“有事就打 12345”成了诸多北京市民解决家门口的急事、难事、复杂事的最快最有效的方式。

---

① 参见李文钊：《北京市接诉即办的治理经验》，《前线》2022 年第 2 期。

“接诉即办”就像是一座用热线架起的群众诉求与政府治理之间的沟通桥梁。与传统的政务热线主要负责接听和记录来电信息不同，新12345热线蕴含着丰富的“数字智慧”：在嵌入大数据分析技术后，利用数据可视化技术可直观地对海量的来电进行聚类分析，对重复性问题进行合并；通过数据文本挖掘算法进一步厘清群众反映事件中的关键要素，将同一类型问题诉求归类处置来提高效率。此外，经过分析和整理的数据还能够将群众反映的问题进一步提取和概括，挖掘内在关联，用于发现、识别和预防城市风险。例如，环境污染、社区物业矛盾、夏季防洪等一系列城市治理的“疑难杂症”，如今利用大数据便可以及早进行预测预警，有助于决策者提前采取防范措施，由被动治理转为主动治理，由经验治理转为数据治理，以此提升城市韧性。12345市民服务热线就像是一根“探针”，在数据海洋里为城市做好“体检”、为市民排忧解难。

（二）政府服务更“通达”

“接诉即办”推动了政府体制机制的创新与业务流程的系统性再造，具体体现为一个小组抓统筹，强化统一领导、顶层设计和整体推进。

首先，通过对12345市民服务热线进行更新、整合，融入数字技术，凸显先进性与科学性，拓宽民意表达的渠道与方式，实现“一号响应”“一线通达”。

其次，明晰工作体制。通过成立领导机构、专项小组或工作专班，建立健全党委领导、政府负责、部门协同、街道（乡镇）以及承担公共服务职能的企事业单位落实、社区（村）响应的责权明晰的领导体系和工作体系，压实各主体责任。

再次，创新工作机制。探索新型直接派单机制、考评机制、点评机制、首接负责机制等，强化“条”“块”协同，真正形成到基层一线解决问题的治理格局，进一步推动超大城市治理的重心下移。促进城市治理更加主动智能、精细精准。

最后，技术驱动联动市民诉求驱动。以数字技术优化市民诉求驱动，以市民诉求驱动规范技术驱动。随着城市数字治理技术应用日益深入，超大城市治理的"技术理性"特征也愈加明显。目前北京社区的数字化发展水平较高,例如回天地区拥有"亚洲最大的社区",通过引入"城市大脑"嵌入了包含基层治理、社区管理、交通出行3大领域共9个场景的数字化应用,以及基于"回天有数"的城市体检、行动计划、周报日报3个专项成果,采用精细到户的人口数据化采集与管理办法、智能门禁系统等,针对群租房治理、垃圾分类等诸多问题提供了有效的解决方案。

不可否认的是,如今的城市治理离不开数字技术的强劲支撑,但是不能忽视市民诉求城市治理的本质是围绕人的需求、感知、体验与获得来开展,技术的作用在于遵循人的意愿、体现科学的理智以及预见未知的风险。"接诉即办"正是以技术驱动的方式来促进市民诉求驱动的达成,其本质是通过市民诉求驱动的智能化来提升诉求驱动水平。① 这不仅是传统城市管理的智能化升级,而且是人的"价值理性"与技术"工具理性"的良性融合,更是城市治理智能化与人本化兼有的美感所在。

(三)政民沟通更"畅达"

"接诉即办"不仅让人民群众成为城市问题的发现者、治理过程的参与者,还成为治理程序的监督者、治理成效的评价者。这既是全过程人民民主在基层社会具体实践的有力体现,也是"以人民为中心"作为党和国家治国理政的原则指向,还是"人民城市人民建、人民城市为人民"的价值彰显。"接诉即办"依托12345市民服务热线,对业务、功能、流程和制度进行全面变革,打造了超大城市治理中政府与民众有效互动的北京样本,在市民诉求驱动模式下,政府更关注民生、倾听民意、回应民意,在治理中更加考虑民众的需求、意见、感受和态度,及时解决群众生产生活中所遇困难和问题,实现"民有所呼、我有所应"。一方面,"接诉即办"促使政府积极响应民众诉求;另一方面,将民众纳入治理过程中,让民众从问题的发起者进一步转为城市公共服务的合作生产者、城市冲突与风险的合作解决者,最后作为效果评价者对诉求办理结果进行评价。在这个过程中,民众的主体地位得到充分体现,民众的主体意志得到充分表达。这样不仅赋予了居民城市话语权,而且

---

① 参见李文钊:《北京市接诉即办的治理经验》,《前线》2022年第2期。

增强了居民参与社区、城市治理的积极性，在与政府和其他参与主体互动协同过程中，公共价值得以创造，公共精神也得以培育。

由此可见，“接诉即办”改革实质上也在塑造着“一种城市治理的文化、习惯、传统、精神和民情，实现自上而下的推动和自下而上的民情相互支撑，使得接诉即办更可持续、效果更好”①。在现代数字技术的赋能下，政府与民众的互动更紧密、更畅通，也更有实效。习近平总书记强调：“健全共建共治共享的社会治理制度，提升社会治理效能……建设人人有责、人人尽责、人人享有的社会治理共同体。”②北京的“接诉即办”正是践行打造社会治理共同体这一重要理念，坚持政府主导与社会协同有机统一，在共建共治共享治理格局的框架下，政府以强回应性凸显主导性，社会以高参与度凸显协同性，用“一条热线”撬动了整座城市治理格局的变革，实现了“民有所呼、我有所应，民有所求、我有所为”。随着“接诉即办”改革的不断深化，接下来“未诉先办”“自诉自办”等更自主的治理形态将会涌现，不断为数字时代的超大型城市治理提供新思路、新样板。

二、上海：“一网统管”让社区一网“智”理

2019 年，习近平总书记在上海考察时强调，要深入学习贯彻党的十九届四中全会精神，提高城市治理现代化水平。要抓一些“牛鼻子”工作，抓好“政务服务一网通办”“城市运行一网统管”。于是，2019 年上海提出城市治理数字化转型的“一屏观天下、一网管全城”这一开创性设想，从 2020 年上半年起，正式启动“一网统管”数字化治理工作，从技术层面、组织体系等维度全方位助推城市治理数字化转型。推进组织体系和体制机制重塑，成立市、区和街镇三级城市运行管理中心，作为“一网统管”的运作实体，并建立了大数据中心，整合接入了公共安全、绿化市容、住建、交通、应急、民防、气象、卫生健康等数十个部门，跨区域、跨层级、跨部门、跨业务共同推进城市数字化治理。运用云计算、大数据、物联网和人工智能等技术，设立市、区、街镇“三

---

① 李文钊：《北京市接诉即办的治理经验》，《前线》2022 年第 2 期。

② 习近平：《高举中国特色社会主义伟大旗帜　为全面建设社会主义现代化国家而团结奋斗——在中国共产党第二十次全国代表大会上的报告》，人民出版社 2022 年版，第 54 页。

级数字化平台”和“五级应用”这一基本逻辑架构，并以“六个一”作为技术支撑体系，实现数字化平台、信息系统、应用场景、传感器和监控探头等互联互通，搭建完备、领先的数字化基础设施。通过数字化平台接入案件，可进行任务派单处置和统一指挥调度，实行“观、管、防、处”的全流程闭环治理。依靠大数据和各类数字化场景，及时发现问题，评估风险，实现线上线下协同高效治理。①

（一）“一网统管”构筑城市“安全底座”

“一网统管”体现了城市治理全生命周期理念，坚持的是“应用为要、管用为王”的价值取向。为顺应城市数据共享和流通这一刚性趋势，促进原有的隔离的业务网络走向业务融合，上海以数据为核心，有机整合动态实时数据流、跨云管控赋能、安全运营服务、数字化智能分析平台、地理信息系统、人工智能，强化数据流动视角下的安全管控能力，打造新一代服务于政府部门、企事业单位和社会公众的数字“安全底座”。

以“一网统管”实现“一屏观天下”，通过数据汇集，能够将法人库、人口库以及市公安局、市规划和自然资源局、市交通委员会、市水务局、市应急管理局、市市场监管局等16家单位的数据都整合到一张“屏”上，实时的数据展现了城市运行的当下实况，也预示着城市未来的走向。例如，上海街头的红绿灯能自行感知、收集数据，研判后给出信号控制的最佳方案，有效缓解全市车辆拥堵问题，提升通行车速。通过对特殊时期车流量的监测，第一时间发出交通预警，由公安、交通等部门协同处置，确保市民出行畅通无阻。又如，当沿街楼宇外立面出现玻璃破损等紧急情况时，大屏幕会立即发出预警信息，在自动生成感知事件报警单登记表的同时，负责部门可以收到事件发生的地理位置信息和处置要求，第一时间避免风险事故的发生。此外，对于上海这样一座超大城市的治理，其数字化转型靠数据驱动只是其中一方面，另外还需要广大市民群众的广泛参与和支持。除了依靠近1.8亿个智能传感器的数据外，12345、“随申拍”等也为上海数字治理贡献了一份力量。这

① 参见徐连明：《超大城市数字化治理的协同障碍与发展路径研究：以上海市“一网统管”为例》，《华东师范大学学报》（哲学社会科学版）2022年第5期。

些市民反馈或共享的真实信息从后台汇聚成有效数据，也能形成强大的发现和处置机制，助力及时发现和化解城市各类问题。

“一网统管”系统不仅让上海这座城市变得“可知可感”，而且有力地推动着城市治理规则之治的转型，“由人力密集型向人机交互型转变，由经验判断型向数据分析型转变，由被动处置型向主动发现型转变”①，从而使得治理更智能、生活更安全。

（二）数字孪生为社区保驾护航

上海实施“一网统管”后，按照“三级平台”的原则，在市、区、街镇分别设立了相应的城市运行管理中心。社区经过数字化“改造”之后，将报警机制嵌入“一网统管”平台，就可以实现社区内事务“及时发现—快速响应—高效处置”的流程闭环。对于社区治理聚焦问题领域，如垃圾分类、非机动车停放、高空抛物等危及社区公共安全与秩序的问题，通过“一网通管”则可以防患于未然。2021 年，上海启动城市最小管理单元数字化治理项目，激活每一个最小管理单元，使数字治理真正下沉到城市的神经末端，让数字化成果真正惠及每一个社区居民。

例如，虹口区选取云舫小区及周边地块作为探索试点，通过建设三维数字孪生底座，联通物联感知、视觉感知、大数据、云计算等先进技术手段，接入 19 类 1000 多个物联感知设备，开发电瓶车进电梯、高空抛物、车棚充电桩监测等场景，将报警信息与“一网统管”平台对接，并为不同场景建立“一对一”处置流程，有效解决了日常管理中许多“看不清、管不过来、处理不了”的问题。此外，为了更好地照顾社区内老年人群体，体现数字治理的温度，借助数字孪生技术，通过大数据分析，精准找出试点区域的失能、独居老人，上门为老人安装物联感知设备“五件套”，通过智能门磁、红外线感知、烟感、燃气报警器和水管家等，全方位感知老人居家生活状态，保护老人安全。一旦出现异常情况，系统自动将信息告警至居委会干部和结对“老伙伴”的手机，督促他们第一时间上门查看，确保老人的安全。这样的“政策找人”，不仅为社区工作人员精准服务提供了有力的数据保障，还打造了一个让居民安心、

---

① 陆益峰：《“一网统管”形成数字治理“上海方案”》，《文汇报》2022 年 1 月 9 日。

放心的安全管家，通过数字“智治”提升社区安全能级，为小区的安全自治保驾护航。[①] 由此可见，对于社区居民而言，数字技术所带来的幸福感，首先是来自生活的安全感。不论技术更新还是场景拓展，安民、便民、利民才是社区数字治理的本质所在，“一网统管”不仅展现了科技如何赋能城市实现精细化、智能化治理，而且为上海市民织就了一张美好生活的“幸福网”。

三、杭州：“城市大脑”驱动社区走向精细化治理

杭州“城市大脑”是应用于城市生活的数字化界面，它是一个由中枢、系统与平台、数字驾驶舱和应用场景等要素组成，以数据、算力、算法等为基础和支撑，运用大数据、云计算、区块链等新技术，推动全面、全程、全域实现城市治理体系和治理能力现代化的数字系统和现代城市基础设施。由于“城市大脑”的出现，市民可以享受城市服务，感受城市便利；城市管理者可以配置公共资源，作出科学决策，进而提高城市治理效能。2016 年，“城市大脑”以交通领域为突破口，从数据治堵发展到如今的综合治城。它涵盖了交通、城管、卫健、警务、基层治理等 11 大系统共 48 个应用场景，以实现城市治理全面实时分析和智能化资源配置为目标，打破横向各部门、纵向各层级的业务壁垒与数据壁垒，以此推进城市数据资源互联互通、共享共用，有效降低治理成本，提高治理效率，推进城市治理水平现代化、智能化。

（一）“城市大脑”破解城市治理难题

在数字技术驱动下，新时代城市治理的核心在于推动城市经济发展，实现民生服务高效便捷以及城市高质量与可持续发展。“城市大脑”的出现，为加速推进城市治理现代化提供了全新的技术支撑，成为智慧城市建设发展的“数字底座”，不仅能够为城市治理注入新活力，有效破解城市治理困境、解决“城市病”，还同步推动了社会制度和运行规则的创新，而且是实现基层社会治理精细化和现代化的有力途径。

首先，破解数据共享难。在“城市大脑”的驱动下，可以将城市里的各类

---

① 参见何欣荣：《上海“一网统管”推动基层治理“在线”》，2020 年 8 月 16 日，https://baijiahao.baidu.com/s? id=1675173667545481258&wfr=spider&for=pc。

生产要素和生活要素转化为数据信息，通过“城市大脑”收集和处理，将分散在不同部门的数据资源进行上下对接、横向连通，实现信息在城市治理单元之间准确、快捷、高效流通，消除城市各个治理单位之间的信息壁垒，促进彼此之间分工合作，实现真正意义上的城市运行“一网统管”。此外，杭州还有诸多先进的高新技术企业，如海康威视可以依托AI(人工智能)技术、视频技术、AI Cloud等，应用物联感知、大数据、人工智能等技术，为智慧社区、数字乡村、智慧养老等提供有效的解决方案，以推动基层治理模式创新、提升民生服务水平为目标，助力政府更加精准化、精细化地服务民众。

其次，破解事项集成难。通过“城市大脑”统一汇聚城市社区治理与服务所关联的人、事、地、物、情、组织等信息，整合城市各类网格化信息与服务资源，将交通、医疗、教育、住房等民生问题整合为一个整体，利用人工智能、大数据、物联网等现代化信息手段进行全局即时分析，统筹部署、优化决策，制定高效便捷的治理方案，后续再推送给城市治理的相关职能部门。在此过程中，利用“城市大脑”的数据汇集与融合功能，打造了全域的综合性城市治理平台，建构了城市治理运行的中枢指挥体系及社会服务的综合平台、政民互动的对话平台、政企合作的协同平台，推动跨部门数据打通和业务打通，由此形成一个彼此互通、紧密配合的城市治理流程闭环，达到整体性、系统性的城市精细化管理。[①] 同时，在社区层面也在积极探索建立信息数据库，实现物业、安防和社会服务机构等数据协同，并实现数据系统应用。例如，通过对社区人口、地理信息、城市态势等基础数据信息的采集，构建“上联下通、横向到边、纵向到底、互联互通”的基层数据交互体系，融合各系统能力，实现多系统协同联动，为社区运行监测预警、数据统计分析、指挥调度及业务应用提供基础能力支撑。通过内部48个不同的场景模块，打造便民服务、社区治理、社区养老、治安停车等一系列个性化、便民化居民服务体系，同时发动社会力量共同参与社区管理，实现决策共商、责任共担、成果共享的和谐社区治理格局，让社区居民生活更有幸福感、安全感、满意感。

最后，破解服务粗放式难题。数字时代为城市精细化治理带来新的契

① 参见王延隆、毛燕武：《城市大脑＋社区小脑：“十四五”时期我国城市社区精细化治理新模式》，《学习论坛》2022年第2期。

机。随着城市化进程的加快，城市流动人口规模扩大，城市群体异质化日益突出，这也导致了城市社区需求更多样化、复杂化，社会治理矛盾频发。党的二十大报告提出："完善网格化管理、精细化服务、信息化支撑的基层治理平台，健全城乡社区治理体系。"[①]这意味着提升城市精细化治理水平，迫切需要加强社区"微治理"，利用"城市大脑"促进社区治理的科学化、精细化与智能化，从微观层面提升以需求为导向的社区服务的精度与温度。借助"城市大脑"能够精确识别城市社区人群的个性化特征与差异化的偏好需求，促使城市治理机制转变为以人为本的定制化治理，以此实现异质化与差异化的个体管理，更好地满足不同居民的个性化需求，最大限度地增加城市治理机制的适应性与灵活性，提升居民的社区生活质量。

（二）"城市大脑"叠加"社区小脑"

"城市大脑"是解决社会民生服务问题的新途径，从根本上来说，是践行"以人民为中心"发展理念的重要保障。习近平总书记提出"人民对美好生活的向往就是我们的奋斗目标"[②]，解决民生问题一直是治国理政的重中之重。利用"城市大脑"的算力、算法和数据资源等核心能力，实现"信息多跑路、群众少跑腿"，打通基层社会治理的"最后一公里"。目前在基层社会治理直达场景中，杭州"城市大脑"已建成15个区（县）平台，通过平台数据协同和业务协同，探索形成了上城区商圈智能化治理、下城区"最多录一次"改革、"民呼我为"西湖一体化智治平台、拱墅区"城市眼·云共治"平台、余杭区欠薪一体化预警系统等典型实践案例，为街区治理、基层减负、公民参与、事件预警等传统治理难题提供了技术支撑和解决方案。[③]

充分发挥"城市大脑"与社区治理的协同联动作用，共同助推城市社区迈向精细化治理。从框架上来看，"城市大脑"的数据需要基层社区的供给与支撑。在当下，随着智慧社区建设逐步在全国范围内广泛推广，利用数字

---

① 习近平：《高举中国特色社会主义伟大旗帜 为全面建设社会主义现代化国家而团结奋斗——在中国共产党第二十次全国代表大会上的报告》，人民出版社2022年版，第54页。

② 《习近平谈治国理政》第4卷，外文出版社2022年版，第58页。

③ 参见郁建兴、樊靓：《数字技术赋能社会治理及其限度：以杭州城市大脑为分析对象》，《经济社会体制比较》2022年第1期。

技术整合社区资源，进而打造数字化、智能化的社区生活已成为城市社区治理的主流趋势。在此背景下，“社区小脑”应运而生。它是基于智慧社区的由系统平台和硬件共同建成的信息中枢系统，并且是“城市大脑”与智慧社区的“中介”。也就是说，“社区小脑”负责采集社区里的各类相关数据并将数据整合成协调的智慧社区信息流，然后传送汇集到“城市大脑”大数据平台，再经过进一步的数据分析与研判，通过数据对比和居民需求分析，推导出社区里的治理难题或者诉求焦点，实现对社区的精准回应与精细化治理。[①] 因此，“社区小脑”就成为连接“城市大脑”的终端，进而打通社区治理的“神经末梢”。“城市大脑”+“社区小脑”的叠加模式能够积极响应社区居民的个性化需求，提供更便捷、精细化的服务，有助于促进公共部门与社区居民之间沟通、对话与协商，提升社区治理的活力与能力，吸引市场组织和社会组织加入社区治理的框架中，构建更精细的基层治理体系。

第四节　践行数字化改革：城市社区数字治理的杭州经验

近年来，杭州城市人口、规模、资源和产业的飞速集聚发展，给城市带来了新机遇、新发展，同时也带来了一系列新问题和新挑战。如何实现城市高效、均衡、精细化治理，是新时代杭州城市治理能力和治理体系走向现代化进程的核心命题。在当下，杭州积极顺应数字化改革热潮，奋力打造共同富裕示范区建设，社区治理的数字化转型既是时代之势，也是现实之需。数字化改革开启了杭州发展的新契机，并开创了以数字化助推基层治理现代化的创新发展之路。在实现市域治理现代化的实践探索中，杭州逐步开创了一条符合时代潮流、满足人民需要和具有杭州特色的发展之路。在发展理念上，把“坚持以人民为中心”作为市域治理的出发点和落脚点。坚信“人民城市人民建，人民城市为人民”，从满足人民美好生活需要出发，借助数字技术解决好关乎广大人民切身利益的公共服务、社会保障、公平正义等问题，

① 参见王延隆、毛燕武：《城市大脑+社区小脑：“十四五”时期我国城市社区精细化治理新模式》，《学习论坛》2022 年第 2 期。

切实增强城乡居民的获得感、幸福感、安全感；在体制和机制上，借助数字化转型构建党建统领、分工明确、运行高效、协同合作的组织领导体系，有效整合治理资源，打破部门壁垒，优化运行体制，集聚各方力量做好基础性、普惠性民生工作，不断提高社会治理的能力；在方式和手段上，运用数字技术全力打造“掌上办公之城”“掌上办事之城”，以“城市大脑”作为社会治理的智能中枢和主要抓手，全面提升杭州城市治理的数字化、智能化和现代化水平。

一、平台模式：搭建数字平台，融合线上线下服务

社区是基层治理的“最后一公里”，发挥基层经济发展、社会稳定、居民互助等重要基础功能，承担着“上传下达”的重任。然而，现在社区中普遍存在社工工作超负荷、工作流程无追踪、辖区底数不清晰、服务提供方式少等诸多痛点，导致社区缺乏活力。杭州在数字化转型进程中，立足于解决基层治理难、服务民生难、参与互动难等问题，数字化平台应运而生。通过将“技术应用—信息打通—流程展示”三个维度串联起来，以数字化平台牵引社区治理，能有效提高基层工作效率，利用多场景、智能化工具将基层工作者从繁杂的事务中解绑，实现“增能、减负、提效”，让基层社工回归服务本位，借力数字化平台集结多元治理主体，共同致力于提供优质的社区服务。

（一）杭州市拱墅区小河街道：“城市眼・云共治”平台

2020年，杭州市拱墅区小河街道着力于为基层减负增效，推动基层实现多元共治，基于已有的数字平台“城市眼・云共治”，不断开拓创新，探索搭建契合街道机构体制改革的基层治理数字驾驶舱。小河街道试点“城市眼・云共治”平台建设，打造了智慧型城市治理的全新样板。依托智慧治理理念，拱墅区“城市眼・云共治”4.0平台已构建起“前端动态感知＋中端智能预警＋末端多元共治”的城市治理新模式，实现城市治理由“模糊离散”变为“精准统一”、流程流转由“层层传递”变为“扁平直通”、运作模式由“被动响应”变为“主动协同”。

以数字治理平台为载体，基层治理的场景可以实现“在线化”。小河街

道“城市眼·云共治”平台按照街道体制的机构设定，设立党建统领、区域发展、社情民意、公共管理、公共服务、平安建设6大模块共42个应用场景。借助“城市眼·云共治”平台的前端探头监测与AI云端计算识别，能够对不同的治理场景实现提前预警、及时反馈和科学处置。在小河街道试点基础上，监控点位由133路拓展至1500路，新增30台AI服务器，识别准确率超过93%。此外，小河街道在原有的城市治理场景基础之上，通过对数据进行整合与算法优化，打通接入各条线业务系统数据，采用物联网智能盒等多样措施，又进一步精细化了应用场景，包括小区人员出入管理、小区电梯安全、场所安全用电、独居老人服务、保健品会销监管等安全类应用场景，以及小区环境卫生管理、小区车位管理等服务类应用场景。数字赋能为社区居民的公共安全与民生服务保驾护航。此外，依托“城市眼·云共治”社情民意模块，链接论坛、微博、微信等舆情热点、关注点的监测，建立科学评估标准，及时对民情民意进行提取和汇集，通过数据分析，形成辖区热点舆情，并自动生成线上“红茶议事会”议题。然后街道、社区以二维码的形式邀请居民参与议事，居民扫码加入平台即可在线讨论，就小区建设等具体议题提出自己的意见和建议，还可对他人的意见进行投票表决。在线讨论的数据通过后台统计、分析，由会议组织者形成汇总报告，最终发布并达成会议共识。“直击热点+‘云’端议事”的模式，方便更多居民参与到“家门口”的事务管理中来，赋予居民广泛参与社区治理事务的机会与权利，充分凸显居民的社区主体地位。

（二）杭州市萧山区：“盈丰里”数字化平台

杭州市萧山区盈丰街道是第19届亚运会的重要赛场之一，不仅是展现杭州风貌的重要窗口，也是展示城市智慧化、数字化的先进典范。针对社区基础数据碎片化严重，基层治理中留痕不足、流程不规范、条线较繁杂、上报表格多等问题，盈丰街道打造了“盈丰里”数字化平台，在辖区内实行多点覆盖，解决了社区基础数据破碎零散及服务工作量大、面广等问题，为社区治理开拓了新模式。通过规范数据体系、打破数据壁垒、建立标准流程，完成了数据的即时留痕、高效流转与协同处理，用数字化取代人工操作，使社区工作者从传统的费时费力、重复性强的工作状态中解脱出来，切实做到减负提效。同时，强化前端的触达和感知，成为居民“微自治”生态链的重要环节。“盈丰里”数字化平台是街道“一网统管”体系在社区的延伸和补充，通过“盈丰里”数字化平台，实时观测辖区内重点地区情况、部分联动社区事件推进情况及反馈，以居民个体为“神经元”，以楼宇、社区为“毛细血管”，源源不断为街道“一网统管”的“中枢小脑”输送活力。截至2022年5月，“盈丰里”数字化平台已完成了122017名居民建档及数据梳理；进行了22252次居民智能接待，居民满意率达93.5%；各类事项触达居民1449215人次；累计为17个社区的近170名社工节省了约20000小时的工作量。[①]

（三）杭州市临平区：“邻里治”数字化平台

杭州市临平区南苑街道和崇贤街道以老旧小区为主，小区内老年人居多。在杭州市前期推动的老旧小区改造中，临平区通过激活居民积极参与、协商议事逐步形成了社区“微自治”良好格局，并培育了一批基层骨干，为社区善治打好了基础。为了更好地适应数字化改革，南苑街道借力“邻里治”数字化平台，通过资源整合，打造街道端、社区端、居民端管理服务闭环，实现了各条线数据信息横向纵向贯通，使数据“一头录入，多方共享”，并为街道精准管理、科学决策提供数据支撑。利用“邻里治”数字化平台，搭建辖区“人、房、企、事、物”基础要素，不仅能全面掌握社区整体数据，还能更加直观地管辖辖区内事件发生的动态情况，辖区数据呈现更加直观，日常工作任务也能全程追踪展现，让数据活起来，并且能够实实在在用起来。通过运用邻里实验室、AI数字社工、数字沙盘、云端邻里、电子签等功能模块，结合街道管理端、社区治理端、居民服务端等，打造丰富的应用场景，助力打造人民美好生活的幸福家园。此外，通过打造“邻里治”数字化平台，构建政府引导、政企合作、多方参与、专业运营的合作生态，从基础设施智能化、公共服务便捷化、社会治理精准化三个维度共同推进基层治理体系和治理能力现代化。

① 参见童志辉：《数智引领　全域先行　科技重塑城市治理模式》，《萧山日报》2022年8月19日。

二、场景模式:“全要素”+“全周期”创设数字化社区公共服务

(一)杭州市萧山区瓜沥镇:未来社区里的幸福数字生活图景

未来社区建设既是构建以人为核心的现代化、满足人民美好生活向往的重要举措,也是建设共同富裕现代化基本单元的内在要求。位于杭州市萧山区瓜沥镇的七彩未来社区,在数字化改革的推动下建成并落地了诸多应用场景。由杭州“城市大脑”赋能,以瓜沥镇打造的“沥家园”系统为支撑,有力地实现了社区治理的数字化转型。七彩未来社区立足于“以人为本”的核心诉求,围绕能给人们安全、便捷、关爱、幸福这四个维度打造出社会和谐、邻里友善、健康生活的未来社区数字化生活场景。

1.智慧政务

七彩未来社区通过打造“沥未来公共服务中心”,来帮助居民更便捷有效地办理业务,这里可称为“家门口的综合体”,居民在家门口即可体验一站式生活服务。有全天“不打烊”的 24 小时公共服务中心,其人工窗口可一直开放到晚上 8 点之后且全年无休,居民在这里可办理创业创新、社保医保、市民卡、镇级事项综合服务、城管违章等多达 91 项事务,24 小时的智慧政务自助一体机可实现查询、打印、登记、申报、办理、提交纸质材料全流程自助操作。“沥未来公共服务中心”是政府职能下沉到基层的重要突破,打造了以数字化快速回应百姓需求的新机制,构建了真正以人为本的现代新型社区生活样态。

2.智慧健康

在七彩未来社区,数字化逐步应用于居民医疗健康体系中,使居民的健康状况得到全方位的监管。健康中心引进开发的智能手环,可实时采集居民的血压、心电、体温等人体重要健康数据,借助于数据后台动态分析,可以实时掌握居民的身体健康指数。如果社区里有居民突发疾病,健康中心则可提前预警,及时启动社区医疗团队介入。

3.智慧安全

安全是社区生活安定的首要保障。在七彩未来社区,从人身安全到信

息安全，人人都可以得到全方位的保护：基于AI视觉安防，构建社区无盲区安全防护网，进行全方位防护；在突发重大公共卫生事件时，如疫情期间，借助社区防线、小区防线、楼栋防线和局限防线四道防御围墙，让生活在社区的人民感受到家的保卫与依靠；在当下个人信息泄露频发的互联网时代，搭建网络“防护墙”，保障居民信息安全。

4.智慧出行

便捷是社区生活品质的重要体现。七彩未来社区的业主可无感通行、一路刷脸，“全程零接触”外出归家，体验更安全、高效的社区通行；快速通行、无人值守车辆供能、车位共享、智慧引导等可实现5分钟快速停车和取车。此外，还设有访客智能管理，不仅能提升物业管理人员的工作效率，还能大大提升临时访客的体验感和舒适感。

5.智慧关爱

通过社区“阳光食堂”App，业主可以随时查看后厨和食堂现场情况，并可以在线点餐。针对需要远程照看老人和儿童的家庭，业主则可以通过App上传看护对象的人脸信息，绑定成功后，人脸识别摄像头识别到看护对象后会通过App向监护人发送消息，监护人可查看视频信息，也可在App中输入看护对象，通过AI进行方向询查，以实时掌握看护对象的行踪和动态，大大减少意外事故的发生，提高生活安全感和幸福感。

6.智慧积分

在七彩未来社区，社区积分系统串联整个未来社区的生活，居民有益于社区建设和参与社区运营活动的正向行为都会得到相应的积分奖励，所获得的积分可用于抵扣日常的生活消费或物业服务费，也可兑换相应的奖励或服务，实现循环返利，将消费留在社区中，以此来提高社区的活跃度。

如今的杭州瓜沥未来社区就像是一个“家门口的综合体”，居民在家门口即可体验一站式生活服务：有全天“不打烊”的24小时公共服务中心，有公交站叠加商业圈的TOD[①]综合体，还有可满足老、中、青、幼四代人精神食粮的小镇文化客厅等。这个社区冠以“未来”之名，通过“城市大脑”+“未来社

① Transit-oriented Development，以公共交通为导向的空间发展模式。

区”打造的“三化九场景”颠覆了传统的社区生活样态，构建了数字时代之下城市基本功能智能化的理想模式，探索出了城市化背景下幸福社区建设发展的底层逻辑。2020年1月，瓜沥镇入选浙江省2020年度美丽城镇建设样板创建名单。

（二）杭州市上城区杨柳郡未来社区：数字编织“云端生活”

在城市社区治理数字化实践如火如荼开展之际，杭州市上城区杨柳郡未来社区依托“好街好邻好生活，共建共享共富裕”理念，不断深化浙江数字化改革建设成果，以“全景治理、全链服务、全民合伙”为特色，逐步形成生态、智慧、人本的“治理共同体”，构建了管理现代化、服务精准化、社群生态化的“青春杨柳·潮邻生活”美好家园。以“一统三化九场景”[①]落地为重点，通过党建统领、组织融入、三方联动，探索园区式、数字化、共治型标准物业提升路径，助力绘就共同富裕现代化基本单元幸福图景。

1.“数字物业”绘制“云尚杨柳”安全图景

首先，数据打通解难题。以提升社区物业服务能力为突破口，通过打通“绿城生活”物业平台数据，针对社区居民日常生活问题频发事项，在“云尚杨柳”小程序中集成报事报修、安全守卫等多达55个服务事项的在线流转和社区对物业服务响应质效的在线监测，有效推动问题提速处置。其次，物联体系保安全。按照“社区建、物业管、居民用”原则，建立覆盖53幢住宅、120个出入口的立体式智慧安防体系，在2000余处安装防高空抛物等设备，数据接入社区驾驶舱、联通街道基层治理“四平台”，一旦发生紧急情况，可一键提醒街道执法监管数字平台及社区网络、物业，以线上快响促线下快办。最后，刷脸识别提效能。依托物业门禁管理系统，居民进出小区“刷脸”即可验证业主身份，能够针对异常情况发起预警，使物业成本降低了50%。

2.联动“云端”绘就“健康杨柳”医疗图景

随着人口老龄化进程加快，社区养老已成为当下的主流趋势。智慧康养作为中国社区养老的未来发展目标之一，能够更精准地识别和预测老年

① “一统”就是以党建为统领，“三化”就是人本化、生态化、数字化，“九场景”就是打造未来产业、风貌、文化、邻里、健康、低碳、交通、智慧、治理等场景。

群体的养老需求，优化养老要素配置，从而提供更加个性化和精准的服务，增强社区老年群体的获得感、幸福感和安全感。对此，杨柳郡社区积极探索数字赋能，打造社区智慧养老新场景，以数字化手段助力优质医疗资源下沉：建立智慧健康站，配备优秀的医护团队，引入先进的数字化设备；与浙江大学医学院附属邵逸夫医院共建“云诊室”，通过5G网络实现心电图和B超远程会诊，为社区居民提供一站式医疗服务；共同创立未来社区数智健康共建联盟、未来健康人才培训基地；探索创建未来健康场景，通过构建精细服务、精准施策的“健康大脑＋智慧医疗＋未来社区”的工作新机制，形成全人群、全周期的医疗健康服务生态圈。在智慧医疗服务的基础上，杨柳郡社区还将常态化实施居民智慧健康管理，目前已经上线了3.0版未来健康屋，为社区居民提供24小时自助检测服务。家庭医生线上为社区居民建立健康档案，从而形成居民自我管理与家庭医生指导的健康管理闭环。

（三）共话协商绘就“宜居杨柳”人本图景

通过“邻里帮”“家头条”等云上议事渠道收集居民关切的问题，筛选纳入三方议事议题，定期邀请党建联盟单位、居民代表等开展座谈会，针对社区居民关注的议题共话协商，成功协调物业增设交通接驳车、儿童游乐项目等设施设备，化解西引桥噪声等47项难题。依托线上社区智慧服务平台、“云尚杨柳”小程序，通过数字赋能社区治理，形成居民问题“上报—认领—处理—反馈”的工作闭环。据悉，“云尚杨柳”小程序上线以来，覆盖注册用户5330个，收集居民意见2856条，解决问题347个。为了激发居民参与的热情，杨柳郡未来社区还推出积分银行储蓄兑换机制，设置公益服务、邻里互助、议事参与等8个积分获取渠道，扩大线上超市、好街商圈、未来健康屋等积分消费场景，让居民赚积分、花积分成为一种习惯，居民足不出户即可享受服务、参与活动。

另外，杨柳郡社区聚焦参与全域化，依托数字化改革，迭代升级“1＋1＋1”社区互动模式，既1个杨柳郡社区智慧服务平台＋1个“云尚杨柳”小程序＋1个青年骨干信息库，即时上线青年需求强烈的应用场景，实现社区公共事务、青年社群活动、青年志愿服务等事项的云端集成、一屏掌控，为强化社区青年群体融入、提升青年吸附黏性提供有力的技术支撑。

（四）杭州市滨江区缤纷未来社区：数字赋能让“共富”触手可及

缤纷未来社区位于杭州市滨江区西兴街道，早期属于拆迁安置房小区区块，共有多层住宅 165 个单元 1400 余户，60 岁以上老年人居住率占 25%。2021 年，缤纷社区作为加梯全覆盖、保笼全清零、老旧小区改造全方位的旧改类未来社区，聚焦人本化、生态化、数字化，围绕未来邻里、教育、健康、创业等 9 大场景，贯彻落实“多跨融合、高效协同、整体智治”的数字化改革理念，形成“全民共建、多跨共治、文化共融、幸福共享”的美好生活共同体，打造缤纷“邻聚里”8 大中心，为居民提供全生命周期服务。建设后的缤纷未来社区全力推进老旧建筑改造、交通出行改善、公共服务提升、数字平台搭建等，全景提升未来社区品质生活圈。同时，缤纷未来社区借力数字化转型着力推动片区治理一体化，构建“一体化、大综合”的处置体系，提升居民获得感、幸福感，为打造共同富裕示范区实践样板贡献力量。

如今，数字化改革实现了杭州城市治理水平持续提高、居民获得感持续增强以及社区生活幸福安定。走进缤纷未来社区服务中心，居民通过“一滨办”办事窗口即可办理各类民生事项，实现了“一网通办”。传统的事务办理流程需要居民在多个部门窗口取号办理，现在，居民只要在社区的线下窗口填写一张表，后期流程都可以通过系统数据流转实现。“一滨办”办事窗口使社区服务更有速度、更有温度。为了更好地提升社区服务效能，西兴街道整合 3 个社区的办公力量，打通条块工作，与党群服务中心、公共服务站一起，提供全天候、全方位的一站式“缤纷服务”。此外，西兴街道还谋划制定一体化社区数字平台建设方案，并将其纳入“两掌”体系，利用一个数字化平台实现整体数字治理，构建资源共享、数据共通、治理共赢的新格局。

三、党建引领模式：数字赋能党建开辟基层智治新阵地

数字党建既是新时代加强党建引领的重要抓手，也是时代进步和国家发展的要求。数字党建是指统筹运用数字化技术、思维、认知，系统性重塑党建体制机制、组织架构、方式流程、手段工具，从而优化配置党建资源，提升党建工作质效，更好地发挥“红色引擎”作用。以数字党建为切入口，不仅是探索社区数字化治理的新举措，而且是促使党建工作更高效、管理更规

范、服务更精准的重要途径。目前杭州市社区大力发展数字党建，依托数字政府和数字社会建设，不断提升社区公共服务数字化、均等化、便捷化水平，助力杭州社会治理精准化、高效化发展。

(一)杭州市临平区："红临E家"数字化小区党建

杭州临平区坐拥国家级经济技术开发区和临平新城两大产业平台以及中国(杭州)工业互联网小镇等创新平台，拥有雄厚的信息化建设基础和数字创新理念，同时也带动了住宅小区数字化、智能化应用上的不断开拓创新。2021年，临平区深入贯彻杭州市委组织部《新时代城市基层党建聚力赋能社区治理二十条举措》精神，充分发挥本地党员干部作用，突出"组织在小区建强、作用在小区发挥、难题在小区化解"，切实发挥在册、在职、在地党员作用，以星桥街道为试点，创新"红临E家"数字化小区党建品牌，着力打造"矛盾问题不出小区"的"枫桥经验"数字版。在试点小区16幢楼全覆盖组建党小组，将楼道定位为小区党组织领导的关键领域，以"楼道党小组＋楼道长"组团作战形式参与小区治理。具体应用是通过"智能＋人工"方式做好问题采集。智能端打通智慧物业、数字城管、智慧安防、智慧停车等应用场景，通过智能监控、视频AI分析等技术自动抓取问题。人工端依托"红临E家"平台"一键申报"功能，由社区工作者、小区党员、物业管家、业主居民等随时发现上报问题。在系统后台，可以看到小区内各类代办事项的实时进展，对于高频出现问题、问题处理情况等，后台系统进行有效分析并直观展示。平台接收待办事项后，实行分层分类流转：一级流转中，首先由物业对其职能范围内的事项进行处置，未办结问题进入二级流转；由楼道长和党员带队领办，多是邻里纠纷等发挥党员效能的问题，未办结问题进入三级流转；由小区党组织召集物业、业委会等多元主体议事协商办理。"红临E家"实现了数字技术与党建引领的线上线下双向赋能，既强化了社区党组织的引领作用，也提升了社区治理效能。

(二)杭州市西湖区三墩镇："1＋3＋N"党建信息化建设

杭州市西湖区三墩镇是一个融合型大社区，本身具有人员结构复杂、人口流动性强等特点。对于这样一个大型社区，如何加强对于居民的人员管理成了首要问题。首先，三墩镇通过规范组织建设，构建覆盖“镇—片区—社区—小区—网格—楼道”的79个基层网格，将所有居民统一纳入网格，全面推行“支部建在网格上”模式，把党支部、党小组延伸到小区、楼道。其次，充分发挥社区内“红色力量”，以社区“红色业委会”议事厅为核心，作为小区党支部、业委会、物业和业主等的活动阵地，协商、解决各项公共事务；以“红色楼道”为抓手，优选党员、退役军人、居民代表以及热心公益且乐于奉献的小区住户作为“红色楼道长”；以“红色网格”为载体，选优配强网格长、专职网格员、微网格长，发动老党员、老干部等熟悉本网格情况的热心人士担任网格“吹哨人”，建立起一支可靠的基层“常备军”，让社区居民更有组织依赖。

随着数字化改革热潮兴起，数字党建正逐步朝数字化、智能化、融合化方向发展，成为提升党的执政能力、促进党建引领以提升社区治理能力的有效途径。目前，三墩镇党委形成了“1个系统、3个终端、N个场景”的“1＋3＋N”党建信息化建设模式，有效破解了党建工作中的难点痛点，党建工作效率得到显著提升。该模式集信息发布、内部管理、数据共享、沟通交流于一体，采用外网、内网、组织工作网三层结构，由区到街道、社区建设三级平台。建成后的数字化党建工作系统，不仅能提供网上办公、动态统计、实时查询等，而且能提供网上组织关系接转、党员教育培训等功能，进一步创新了党员群众教育、管理、服务的模式，增强了社区党员干部的管理效能，提高了党员服务社区群众的能力。

（三）杭州市拱墅区湖墅街道：党建统领网格智治

2021年，杭州市拱墅区湖墅街道以打造“整体智治、唯实惟先”现代政府为目标，深入推进政府数字化改革和社区服务相融合，突出数字赋能成效，不断夯实党建统领网格智治基层基础，着力提升基层治理能力和水平。首先，按照“平时能管理、战时可闭合、规模适度化”原则，划定7个社区、32个网格、219个微网格，全面建立“1＋3＋N”网格力量配置体系，将社区47个党支部重新整合，选好“领头雁”，配强支部书记并融入32个网格中，实现“一网格一支部”全域覆盖，织密织实全街道横向到边、纵向到底的红色组织网络。其次，湖墅街道党工委编制下发党建统领网格智治工作指导手册100余册，指导"一长三员"开展网格相关工作，同时向党员、群众发放网格员事项清单小卡片10000张，迅速将网格服务事项传达至每个社区居民。最后，通过街道及社区各级党组织分批召集900余名党员骨干召开党建统领网格智治宣传会，同时针对"一长三员"开展专题培训。社区党委组织老网格员，通过"传帮带"让"一长三员"快速刷上"经验值"、点上"技能点"，为后续网格良好运转奠定基础。通过网格"三张图"对网格、微网格内的党员、墅小红志愿者、和美家庭等进行标识，让1200多名党员志愿者在楼道里亮身份，让楼道党员成为守护社区高龄独居老人、残疾、失独等特殊群体的一线服务"哨兵"。同时通过探索在职党员参与社区治理的"三有共融"模式，专设"预备役"党员网格长等措施，进一步凝聚社区红色服务力量。

综上，数字平台牵引模式、数字化场景打造模式以及数字党建引领模式构成了当下城市社区数字治理的不同路径，充分体现了不同社区治理因地制宜、各有特色、各有侧重，共同助力基层治理数字化从转型到变革。三种模式比较分析如图4-1所示。数字化促使社区治理的路径方式发生了本质变化：治理从人力向算力转变、从经验判断型向数据分析型转变，社区服务从被动应对向主动提供再到提前研判转变，既体现了人与技术的交互融合，也体现了人与人之间的协同互助。由此可见，杭州城市社区治理数字化转型之路，转的不仅是方式和手段，更是思维与理念，在"数字+"的支撑之下，杭州城市社区治理提的是速度，增的是效能，走的是一条人民城市建设之路。

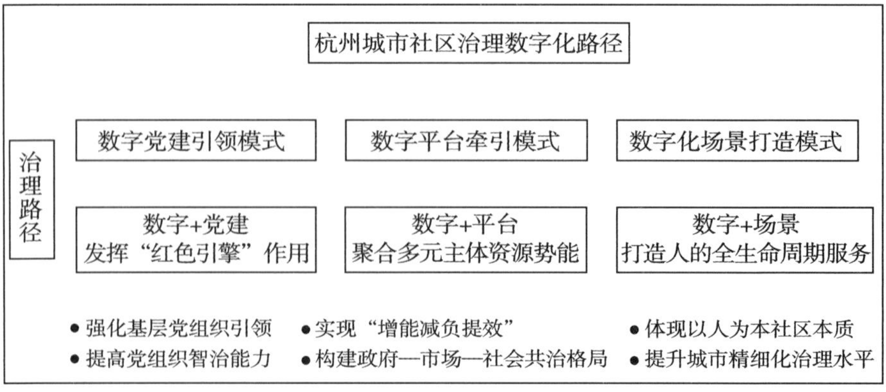

图4-1　杭州城市社区治理数字化模式比较分析

需要注意的是，目前城市社区治理数字化转型快速发展的同时，也面临一些困境与制约因素。例如，在数字党建引领模式中，存在有党员干部数字化思维不到位、党建平台功能不完善、数字党建保障体系不健全等现象；在数字平台牵引模式中，部分社区的基础条件与治理水平较低，导致数字化推进阻力较大，特别是资金缺乏会造成数字化基础设施的建设与配备难以跟进，数字平台过多过杂不利于资源整合与数据协同；在数字化场景打造模式中，“数字鸿沟”、隐私保护等挑战将会长期制约社区治理的数字化转型。以上这些问题需要在未来进一步关注并解决。

第五章　数字赋能城市社区治理效能提升

数字赋能城市社区治理是以数字技术对社区治理理念、治理内容、体制机制等方面进行的整体性转变、全方位赋能和系统性重塑，体现的是技术治理与整体性治理理论的结合，实现的是效率与公平的统一、个体化与整体化的调和、精细化与协同化的配合、治理精度与治理温度的融合。与传统城市社区治理相比，数字治理革新了原有的治理目标体系，以凸显人民立场、提升社区治理内在驱动力；更新了原有的治理价值体系，以强调共同体概念、强化韧性治理和善治、丰富社区治理的内涵；创新了原有的治理机制，在党建引领、政府主导、法治保障、社区自治的基础上探索数字化赋能路径，全面提升城市社区治理能力。

第一节　数字治理目标革新：城市社区治理的动能提升

一直以来，基于城市社区作为国家治理的“神经末梢”这一共识，社区治理目标更多的是自上而下顺应国家治理需要而确立的。自数字时代开启以来，数字治理构建了政府、市场与社会协同共治的治理格局，推动了社区治理的目标导向逐步由“国家立场”转向“人民立场”，社区主体地位与作用进一步凸显。因此，数字时代的城市社区治理目标，既要顺应国家治理的政策需求，更要彰显人民主体的价值导向。

一、顺应社会治理体系和治理能力现代化要求

社会治理体系和治理能力现代化是国家治理体系和治理能力现代化的题中应有之义，因此，社会治理与国家治理的目标应保持内在有机统一。围绕"以人民为中心"这一核心诉求，将基层社会百姓的切身利益与需求作为社会治理现代化的关键突破点，不断探索治理创新，促进社会治理取得的新成果、新成就，真正惠及基层社会百姓生活。在数字时代，社会治理创新不仅要实现公共产品和公共服务的优质供给，还要积极适应数字化改革的需求，运用大数据、人工智能、物联网等先进信息技术提升治理效能，推动基层社会治理体制机制的优化，促进公共服务均等化，提升人民群众的获得感、幸福感与安全感。

（一）数字化推动基层社会治理现代化

当下国内各个城市都在积极推行社区治理数字化转型，不少地方已经取得了先进经验和示范效应，如上海的"一网统管"、北京的"接诉即办"、杭州的"城市大脑"、南京的"一网共治"等。它们在探索数字化改革进程中打造了一个个优秀的城市样板，不断开创数字技术应用与城市治理的新路径和新场景，促进传统治理方式与现代信息技术相融合，实现了数字赋能城市治理能力与水平的提升。在数字技术应用下，社会治理方式由经验治理向数据治理转变，可以说，数字化改革已深度融入当今时代的政府治理、经济发展和百姓生活的各个场景之中，并形成了数字政府、数字经济以及数字社会共建的良好格局。以数字赋能社会治理，让群众百姓共享改革红利。

数字化改革带来了基层社会发展的新契机，开创了以数字化助推基层治理现代化的创新发展之路。党的十九届五中全会提出："加强数字社会、数字政府建设，提升公共服务、社会治理等数字化智能化水平。"[①]2021 年 7 月，中共中央、国务院印发《关于加强基层治理体系和治理能力现代化建设的意见》，从健全基层群众自治制度、加强基层智慧治理能力建设等多方面

---

① 中共中央党史和文献研究院编：《十九大以来重要文献选编》（中），中央文献出版社 2021 年版，第 796 页。

对基层治理体系和治理能力现代化建设提出了意见。顺应数字化改革浪潮，借助于数字技术有效化解基层治理中的碎片化难题，整合治理主体，优化治理资源配置，实现基层治理的数字化、一体化，在不断满足人民日益增长的美好生活需要中逐步推进基层治理现代化。

（二）数字化促进实现共同富裕

共同富裕是社会主义的本质要求，是中国共产党人的奋斗目标，是城市发展的必由之路，更是人民群众的共同期盼。数字赋能共同富裕，核心在于要切实让人民群众感受到“数字获得感”。共同富裕所蕴含的“平等”“公平”等人本逻辑需要借助数字化转型契机得以落地落实，既解决百姓“民生小事”，也解决国家“发展大计”。

以数字化促进共同富裕的实现，就是围绕人的需求实现物质富裕和精神富裕的同步满足，体现的是高效、创新、均衡与和谐的共富逻辑。具体来说：

一是数字赋能政府打造高效智能的整体性治理模式。以数字化转型重塑政府治理体系，再造政务运行流程，实现跨地区、跨部门、跨业务的协同治理，实现政府治理的科学决策、精准服务、精细管理与高效协同。利用数字化转型构建政府精准服务机制，积极探索建立公共服务精准识别和精准提供机制，促进便民服务精细化、标准化，着力于更好地解决就业创业、教育卫生、社会保障等关键“民生小事”，增强广大人民群众的幸福感与安全感。

二是数字赋能经济打造具有创新活力、协同共融的高质量发展模式。以数字化转型加快推进人工智能、区块链、虚拟现实等新技术、新产业发展，以此打造出一批新业态、新模式、新场景，激发数字经济牵引城市发展的无限创新空间。依托数字化改革催生新的发展动能，形成以科技创新为标志的创新模式及以数字经济为引领的现代产业体系，构筑高质量发展新优势；以数字牵引实现区域联动、城乡融合发展，加快缩小地区差距、城乡差距和收入差距。

三是数字赋能社会打造全生命周期的优质公共服务共享场景。利用数字化转型提升公共服务质量，围绕广大人民群众最关心的医疗、教育、住房、文化、休闲、养老等民生领域，要充分利用数字化先进技术与先进手段推动公共服务跨部门协同行动，不仅要满足居民个性化、多层次的公共服务需求，还要利用数字化转型进一步提升城乡、区域公共服务的均等化水平；要积极回应多元民生诉求，加快智慧便捷的公共服务场景建设，推动缩小区域、城乡、群体之间优质公共服务的差距，保障人人共享“数字红利”。

四是数字赋能人文、生态打造精神富裕、人与自然和谐共生的文明图景。构建适应数字时代的文化生产方式、传播方式、治理方式和绿色生产生活方式，实现人民精神文化生活普遍富足、人与自然和谐共生的文明图景。

综上，以数字赋能共同富裕建设为抓手，有层次、有针对性地解决人民群众“急切愁盼”问题，确保人民群众共享“数字红利”，满足人民群众对高品质生活的新期待。顺应数字化改革浪潮，有效化解基层治理中的碎片化难题，整合治理主体，优化治理资源配置，实现基层治理的数字化、一体化，在不断满足人民日益增长的美好生活需要中逐步推动社会治理现代化。

二、回应基层百姓的需求进阶

作为居民的生活场所，社区是政治、经济、社会、文化等多元力量交织而成的生活场域。社区自产生之时，就有着鲜明的时代特色，承担着国家建设的阶段性任务。从某种程度上说，社区是国家意志的表达，但更重要的是，社区是民意的汇聚，因而，将国家意志与民情民意在社区层面进行调和，既是回应人民之问，也是响应国家之需。

数字时代的开启对国家发展战略设计提出了新要求。在“数字”成为国家社会发展的关键词之前，社区已经呈现出了新样态，如居民群体构成日益多元化，民主权利和意识觉醒，居民个性化、精细化诉求更为迫切。精准把握并有效满足社区居民的需求，是城市社区治理的行动起点，也是评价国家治理有效性的直观依据。但大多数时候，社区居民的多样化需求往往被低估，或被简化理解，特别是在当下数字时代来临、人口流动性加快、城市发展异质化水平较高、社会结构高度分化的情形下，社区居民的需求较难整合统一。当居民自主意识不强、社区自治水平不高时，“悬空”的需求无法得到有效回应或解决，风险、矛盾、无序随之会让社区治理陷入困境。对此，深入挖掘和理解居民需求的时代特征与趋势，完善各类公共服务生产和供给的机构组织，维护好居民的基本利益，不仅能保障社区治理有序安定，而且能提升现代城市社区治理的动力。

（一）厘定社区居民需求的基本范畴

梳理社区居民需求特征的变化过程可以发现，需求的产生与丰富程度，很大程度上与国家的政治稳定程度、经济的成熟程度以及社会文明的进步程度密切相关。早期的社区建设和社区服务，“自上而下”的行政管理特色较为突出，社区建设或社区服务的内容、方式以及重点也并非以居民的需求为主要导向，而是以恢复国家在基层的政治秩序为出发点，此时的居民差异性并不凸显。随着改革开放后居民生活水平的提高、城镇化进程的加速，特别是人口老龄化时代的到来，社区居民构成开始分化，社区主体的多样化引发社区需求朝多元化、分层化发展。因此，城市社区所要承担的任务内容变得丰富起来，如社区应当保证居民首先从公共部门依法获得基本服务，其次是享有健康服务、日常生活服务以及满足个性化发展的服务。[①] 社区提供公共服务，需要重点关注居民的情感和精神需求。[②] 在居民社区文化需求方面，具体包括环境文化需求、行为文化需求、制度文化需求和精神文化需求四个维度。[③] 对于中国较为发达的城市，人群的属性特征导致部分社区开始呈现出国际化的趋势，这一类社区的需求较多地体现在与居民居住质量密切相关的方面，例如安全因素、社区的内部及配套设施的完善程度、社区周边的环境及社区规模等。[④] 随着数字化的全面开启，社区居民的需求则更多地表现为如何充分利用数字技术改善社区生活，特别是社区物业服务、公共设施服务、社区养老服务以及社区参与等方面，他们关注的是生活品质和自我意志的满足。

---

① 参见汤洁蔚：《从社区服务单一性到社区物质文化全面观：中国城市社区建设再定位》，《兰州学刊》2009 年第 9 期。

② 参见王益宇：《对我国社区服务的几点思考》，《上海第二工业大学学报》2006 年第 4 期。

③ 参见李菁、郑健敏、柳敏和：《城市居民社区文化需求研究：以石家庄市社区为例》，《石家庄学院学报》2011 年第 1 期。

④ 参见文娉、宁奉菊、曾刚：《上海国际社区需求特点和规划原则初探》，《现代城市研究》2005 年第 5 期。

综上，社区居民需求的变迁有着鲜明的时代特征，从一定程度上说是中国城市发展与人类文明进步相互作用的结果，新时代城市社区面临的阶段性任务不同，遵循着不同时期城市变迁的规律。但与此同时，社区居民需求进阶为城市社区治理提供了源源不断的革新动力。需求实质上“是一个人或群体对于所处环境而产生的本能反应，这是其能够产生利益追求、价值取向、自由获取以及理想奋斗的根本依据和动力”[①]。活跃的、不断提高的居民需求，同时也缔造了社区的品性，如包容的、为民着想的、与时俱进的等等，相应地，这构成了社区治理不断臻于美好的底层逻辑：遵循居民的需求，贯彻“以人民为中心”的发展思想，充分体现社区治理中“家国同构”的情怀以及人本主义关怀。这应当是数字时代城市社区治理的根本出发点和落脚点。基于此，作为人本主义科学理论之一的马斯洛需求层次理论提供了一个简洁的分析框架：人类的需求从低级到高级划分为生理需求、安全需求、社交需求、尊重需求和自我实现需求五个层次。按照马斯洛需求层次理论，人类的五个层次需求应当是依次出现的，即只有低层次的需求满足后才会出现更高层次的需求。受此启发，笔者认为数字时代社区居民的需求也应有一个从低级的基本需求到高级的愿景类需求层层递进的阶梯状发展过程。只有真正了解居民需求所处的发展阶段，分析不同阶段需求发展的原因和影响因素，才能更好地、有针对性地提供社区公共服务，城市社区治理才能更高效、有序地推进。

（二）社区居民需求逻辑的演变

根据马斯洛需求层次理论，社区居民需求级别由低到高可按照“居住需求”“安全需求”“生活品质需求”“归属需求”“自治需求”依次递进划分，形成了一个层次鲜明的需求金字塔。由此可见，居民的首要需求是居住空间的获得与保障，这是满足基本生存条件的基础，在此之上居民逐渐对社区的治安水平、生态环境等方面有了更高的要求。当基本生活质量得到保障后，寻找社区归属感成为社区居民精神层面的追求，邻里之间的关怀互助、社区参与的机会和路径，都会强化社区居民的主人意识，从而使他们有归属感与幸

① 陶富源：《终极关怀论：人的哲学之悟》，安徽大学出版社2004年版，第15页。

福感。最高层次的需求是自治目标的实现，这也是城市社区治理发展的终极指向。

结合社区居民需求金字塔可发现，需求的层层递进过程其实是政治逻辑、社会逻辑、市场逻辑以及技术逻辑交替作用的结果。在初级需求层级，体现的是重塑基层治理单元、恢复国家主导地位这一政治要求，特别是在“单位制”解体之后，社区承担了中国政治空间发展的战略任务。维护基层社会稳定、确保社区居民基本生存生活，是政府责无旁贷的义务，同时也是国家实现“政治整合”的有效方式。随着社区治理外在环境的变化，社区内部异质化程度提高，社区诉求越来越趋向个性化、多元化，政府作为单一的公共服务供给方，无论是服务内容还是服务效率，都难以满足社区居民日益增长的多元化需求，而市场组织与社会组织的加入保障了公共服务供给充足高效。党的十九大报告提出要“提高社会治理社会化、法治化、智能化、专业化水平”①，这意味着要发挥政治逻辑的作用，即政府要积极引导市场组织、社会组织参与治理并将其一同纳入治理体系中来，以此促成公共产品与公共服务的合作生产，推动多主体合作治理。自从中国住房商品化以来，城市社区的市场逻辑开始显现，市场要素逐步渗透到社区生活中，为市场组织参与社区服务开辟了新的成长空间。通过社区居民需求金字塔可以看出，政治逻辑保障和规范居民初级需求，而顶层的高级需求——社区自治的达成，实际上是政治逻辑向市场逻辑再向社会逻辑转化的过程。在这个过程中，技术逻辑发挥了助推与调和的功能，技术不仅革新了政府、市场、社会参与社区治理的模式与运行机制，还使得政府主体、市场主体与社会主体在技术力量的“撮合”下联结更紧密：一方面，它促进了政企合作共建；另一方面，它促进了政民互动融合。

综上，社区居民需求进阶的背后，实际上是政治逻辑、市场逻辑、社会逻辑与技术逻辑相互作用的结果。在数字技术的影响下，权力支配下的政治势能与市场导向下的经济手段交锋，终将在捍卫社区公共性的社会逻辑中和谐共处。由此可见，在时代变迁与社区居民需求进阶的双重作用下，不同

---

① 习近平：《决胜全面建成小康社会　夺取新时代中国特色社会主义伟大胜利——在中国共产党第十九次全国代表大会上的报告》，人民出版社 2017 年版，第 49 页。

治理主体的利益目标和互动关系不断被调和优化，这为城市社区治理提供了更有力的内在支撑。

三、契合基层民主的价值追求

中国特色社会主义话语体系内的基层民主，是一项有着最广泛的参与主体、最关乎群众利益关系的丰富实践和民主政治建设的基础性工作。依托基层民主提供的实践平台，广大社会成员能够在民主实践行动中收获民主知识，强化参与意识，提升参与能力，并潜移默化地改良民主发展的生态环境。为保障人民当家做主的权利，加强基层民主建设，首先应该加强基层政权与社会之间的政治联系和合作。从实践模式来看，基层民主既包括程序上的民主选举，也包括以街道等基层政权组织为核心而形成的民主参与、政治互动以及相关的治理机制建构，其中后者发挥着更关键、更持久的作用。

（一）民主是城市社区治理的根基

城市社区治理以基层民主为价值追求，在治理目标与过程中都关注“民主”这一价值彰显，这也是治理的动力来源。在谈及民主价值时，有必要将民主与国家政权的关系梳理清楚。随着政治现象的出现，政治发展过程中涉及的价值追求主要是对政权的巩固。基层政权是国家政权的根基，其稳定程度对国家政权有着直接影响。借鉴各国民主政治发展的历史经验可知，国家政权的运转效率是民主健康发展的基础和保障。[①]

20 世纪 80 年代以来，我国不断加强对基层社会的治理，对基层政权的巩固产生了较为广泛的影响，其中最重要的是规范了基层政权的行政行为，加强了基层政权和群众之间的紧密联系，完善了相应的基层社会治理制度。在赢得基层群众广泛信任和支持的基础之上，政府的一系列工作得以顺利开展。基层政权的运行效率依赖于基层民主的完善程度，民主发展越成熟，越能够更好地界定政府和社会的角色分工。同时，政府与社会之间的良性互动能减少行政运行成本的投入，从而有利于实现政府绩效最大化。因此，

---

① 参见郑言、林毅：《中国的基层民主建设与政治建设和政治发展》，《新视野》2013 年第 1 期。

基层政权高效稳定地运行是基层民主成长的基础，基层民主的充分发展能进一步保障政府绩效以及社区治理目标的达成。

基于对上述实践经验的总结和分析可知，基层民主政治的发展能够有效地促进行政效率的提高，降低行政运行的成本，有助于强化基层行政管理机构的管理效果。从当前我国政治发展的全局来看，在推进基层民主政治发展的同时，迫切需要加强政府和群众之间的联系。如同戴维·奥斯本(David Osborne)等所说，一个成熟稳定的现代社会所必须具有的是，一个强大的、活跃的、能够有效实行治理的政府。① 而政府和社会之间合作共赢局面的实现，需要政府提高对基层民主建设的主动性，优化基层治理格局，以此更好地履行服务职责。因此，在数字时代，民主提出了新的问题：政府如何赋予更顺畅、更可及的民主表达空间？民众如何获取更均等、更有效的民主表达权利？

(二)数字民主主义的产生

数字技术的应用赋予了民众更多的表达与参与的机会，也使基层民主的形式与质量发生了新的变化。借助于数字信息平台和丰富的网络参与渠道，社区居民可实现表达需求、协商需求、实现需求以及评价需求的全过程参与和反馈，因而加速推动了全过程人民民主在基层的实现。借助于强大的数据整合与数据分析技术，社会治理反馈机制层级减少，民意互动更直接、更快捷，治理模式趋于扁平化，这使治理主体对重要事件的响应更加迅速，效率迅速提升。相应地，也促使了数字民主主义的产生。初级阶段的数字民主主义强调以网络为载体，以快速广泛地传播信息为特征，以满足不同层次和群体的信息需求为目的。随着数字技术的发展成熟，“一个初具规模并对现实世界运行产生影响的网络社会正式确立，一个与现实社会平行、互融且有其生长规律、发展目标的数字社会正在形成”②。

在中国民主实践的具体场景中，越来越多的数字化民主叙事图景开始

---

① 参见[美]戴维·奥斯本、特德·盖布勒：《改革政府：企业精神如何改革着公营部门》，周敦仁等译，上海译文出版社1996年版，第25页。

② 冯奎、唐鹏、郭巍：《数字治理：中国城市视角》，电子工业出版社2021年版，第81页。

显现，例如，全国两会呈现出的网络化、数字化民主表达，就充分体现了新时代民主探索的新思路、新方法。两会代表们可以提前通过网络端或在线平台提交电子化提案、议案，民众可以直接在线对于各类提案、议案公开讨论、发表意见，全过程公开、透明。这样既能充分倾听民声民意，及时进行反馈和调整，确保代表最广泛的人民群众的意志，做好"人民代言人"，又能提升人民群众参政议政的热情，增强与代表们的线上互动，以此提升政府亲和力与公信力。

浙江打造的"民呼我为"数字应用，主要聚焦群众、企业、基层的高频民意需求，通过线上线下结合、上下条块贯通、政府群众互动，建立为民办事长效机制，让群众呼声有着落、有回应。在"民呼我为"统一平台构架中，"民呼"事项责任主体涵盖党委、人大、政府、政协、司法机关和企事业单位等，它们合力高效解决群众多样化诉求。由此可见，在数字技术的驱动下，基层民主的表达更直接、更平等，每个居民个体有了发起议题进而推动议程的能力，同时，数字民主作为一种新型的基层民主探索形式，助推了城市社区治理新格局的形成。

第二节　数字治理价值更新：城市社区治理的内涵提升

直观上来看，数字技术赋予了城市社区治理新的内在驱动力，促进了社区减负增效，提高了治理体系内部上下协同共治的效率，提升了城市治理以及社区治理的效能。长远来看，数字赋能强化了多元治理主体的互动联结，促成多元主体在不同层次上的对话和协作，在技术赋能的同时实现了信任赋能、行动赋能和韧性赋能。通过打造社区治理共同体，推动韧性社会建设，以精密智治实现社区善治，进一步凸显了数字治理的价值，也丰富了城市社区治理的内涵。

一、打造社区治理共同体

党的二十大报告指出，"完善社会治理体系。健全共建共治共享的社会治理制度，提升社会治理效能”，“畅通和规范群众诉求表达、利益协调、权益保障通道”，“建设人人有责、人人尽责、人人享有的社会治理共同体”。[①] 早在2000年，中共中央办公厅、国务院办公厅转发的《民政部关于在全国推进城市社区建设的意见》就曾指出，社区是指聚居在一定地域范围内的人们所组成的社会生活共同体。因此在共同体框架之下，社区自然而然也是构建社会治理共同体的基本单元。数字赋能社区治理共同体建设，促进社区治理智能化和精细化，以此促进共建共治共享的社会治理共同体格局的形成。

（一）数字赋能打造社区价值共同体

社区价值共同体的形成首先基于社区治理成果共享，而数字治理能促进社区治理成果共享。

一是以数字技术促进社会公平。数字治理的出发点和落脚点始终是“以人民为中心”，数字治理成效的重要评价标准就在于是否切实给人民带来获得感、幸福感、安全感。借助数字技术，政府能够为社区民众提供精细化、个性化的公共服务，进一步促使公共服务均等化、优质化，有效地回应了人民群众的核心诉求，增强了人民群众对政府的信任感。

二是以数字技术增进社区认同感。认同感首先源于数字认同。数字技术能促进政府运行规范化、政府决策流程透明化以及民众参与便捷化，逐步推进社区治理扁平化、数据化、精细化发展。充分发挥数字化场景效用，如“接诉即办”“一网通管”“一网通办”等一系列政务服务创新模式，让民众享受便利的数字化公共服务的同时增进其对数字技术的信任。另外，可以在社区打造居民专属的数字化平台或应用，充分让社区居民体会到“足不出户”即可享受到便捷的服务。在此过程中，政府与民众的对话、协商更畅通、更平等，居民的社区认同感和信任感得到了培育，社区成员积极主动参与社区价值共同体创建的责任意识被大大激发。

三是以数字技术强化社区归属感。一方面，社区通过数字技术能够使居民之间互动了解更深入，能基于共同的社区治理目标形成社区共识并开

① 习近平：《高举中国特色社会主义伟大旗帜　为全面建设社会主义现代化国家而团结奋斗——在中国共产党第二十次全国代表大会上的报告》，人民出版社2022年版，第54页。

展共同行动;另一方面,数字技术可以为社区创设丰富的生活场景,如未来社区建设、“一老一小”场景等,既能让社区居民享受到家门口的社区服务,又能走出家门来到社区人群中,在面对面的互动交流中促进邻里关系和谐发展,以此形成浓厚的社区文化氛围,加强社区居民的情感联系,真正将社区变为邻里关爱、守望相助的“熟人社会”。

(二)数字赋能打造社区行动共同体

社区治理共同体需要以互动的合作行动为支撑,侧重于社区治理的路径与方式。在满足社区居民不同生活需求,提升居民的获得感、幸福感与安全感这一目标指向下,通过数字技术打造社区治理平台,吸纳居民、政府、社会组织、社会工作者等主体参与社区治理与服务,有效解决社区内资源不足和资源利用不充分等问题。同时,借助云计算、大数据、人工智能等技术,也能够增强多元主体的协同行动能力,对于问题及时发现、及时反应、及时处置,确保满足人民群众对美好生活的需求。

此外,要充分发挥社区内的社会组织、社工、社区志愿者以及社区公益慈善组织的作用,利用数字平台激活“五社联动”机制。通过整合资源能够有效地培育社区内的社会组织,招募专业的社会工作者,链接社区公益慈善资源,提升社区行动共同体的治理能力。同时也可以实现居民、政府和社会组织之间扁平化、线性化的沟通机制,充分激发社区、社会工作者、社区社会组织、社区志愿者、社区公益慈善资源等主体力量的参与活力,促进“五社”力量相互联动、共同合作,创新社区治理体系,辅助政府解决社区实际问题。在此过程中,参与社区治理的各个主体目标统一、利益紧密相关、信息互通有无、资源共建共享,因此形成了协同一致的社区行动共同体。

(三)数字赋能打造社区利益共同体

从共同的目标、共同的行动到共同的成果分享,促成了共同利益。共同利益是形成社区治理共同体的内在驱动力,也是社区治理共同体可持续发展的外在保障。从内涵来看,共同利益包括公共需求被整合、公共行动被认可以及公共精神可创造。随着社区治理参与主体不断多元且利益追求不尽相同，建设社区治理共同体的关键就在于整合各主体的利益关系，激发多元主体参与社区治理的主动性和主体性，找到其利益均衡点，达到有效维护社区各类主体合法权益的目的。通过数字技术，可为社区治理提供公共需求整合平台，也为居民参与社区事务拓宽了渠道。借助网上议事厅、在线应用等数字化信息平台，不仅能够畅通社区多元主体的利益诉求表达渠道，形成多元主体间平等、合作、共治的共同体关系，而且能够促进社区协商共治方式的多样化，进一步激发社区居民的自治活力。

为了形成相互信任的公共行动，要注重健全有效的利益表达、保护和监督机制，采用内部监督与外部监督相结合的方式，拓展监督渠道，全面维护各主体的广泛利益，实现公共利益最大化，进而促进社区治理共同体建设可持续发展。在创造公共精神方面，数字时代塑造了新型的数字文化与数字文明，也带来了一系列诸如数字伦理或数字道德等问题，这就要求治理主体在运用数字技术的时候加强数据安全保护意识，规范数据使用行为，确保合法的数据权益不受侵犯，以此塑造良性的、健康的、安全的数字时代治理的公共精神和数字修养。

二、建设韧性社区

“韧性”一词原本用于物理学领域，主要形容事物的物理特性，现在已被广泛应用于社会治理等各个研究领域中。《中共中央关于制定国民经济和社会发展第十四个五年规划和2035年远景目标的建议》指出建设海绵城市、韧性城市。提高城市治理水平，加强特大城市治理中的风险防控。这是五中全会首次提到“韧性城市”一词。从城市角度来讲，韧性城市指城市能够凭自身的能力抵御灾害，减轻灾害损失，并合理地调配资源以从灾害中快速恢复过来。韧性城市已成为当下城市可持续发展的核心论点之一，其关键就在于如何有效地应对外在突发变化或冲击，减少发展过程中的不确定性和脆弱性。

社区作为国家治理的“神经末梢”，是国家联系民众的“最后一公里”，守护着基层人民群众生活的最后一道安全防线。一座韧性城市由无数个韧性社区所构成，因此建设韧性社区是建设韧性城市的前提和关键。韧性社区是指以社区协同为基础，统筹内外资源，能有效应对灾害与风险并有效自愈恢复，保持可持续发展的能动社区。[①] 疫情期间，在数字技术的辅助下，社区表现出了强劲的风险抵御能力，无论是社区内部的基础设施，如核酸检测点设置、防疫物资存放、健康码检验、进出口人脸识别，还是社区居民之间形成的线上线下互帮互助、共同抗疫行动等，都充分体现了数字技术赋能社区韧性治理的必要性与先进性。

（一）数字赋能增强社区治理主体韧性

社区面临的风险与挑战往往具有较强的突发性和复杂性等特征，因此增强社区韧性就要增强社区治理主体韧性，建构密切、稳固且互惠的治理主体合作关系。这种合作关系不仅能够促进资源、知识和经验在不同社会群体之间流动，而且能为社区中的社会资本营造提供机会，能将不同治理主体的目标、能力整合到共同参与的框架内，以此来提升社区治理效能。在数字技术驱动下，社区韧性建设有了新路径。特别是在社区韧性治理中，数据的预警与研判将发挥重要作用，以数字载体或数字身份开展活动时产生的海量数据，能够通过大数据进行检测、分析并预测趋势，从风险应对转向风险预防，破除“中心—边缘”的治理结构，提升社区面对不确定性风险的能力。

通过数字技术向社区赋能赋权，社区自治意识与自治能力得到加强，有效降低了治理过程中的时间成本、协调成本和机会成本，提升了社区治理的整体效率，同时能够加快社区应对重大突发事件时的响应及处置速度，大幅度提高社区的抗风险能力和自组织能力。[②] 例如北京的“接诉即办”机制，一旦接到群众诉求或者发现问题，立即通过数字化平台系统向上级部门发出“哨声”，接收到“哨声”的部门组织负责对问题事件快速响应。“接诉即办”实现了“技术赋能＋基层赋权”，有效地推动了治理中心进一步下沉，建立了“纵向到底、横向到边”的社区应急协调联动机制，增强了治理主体整合社会资源和应急治理的能力，进一步强化了社区治理主体韧性。

---

① 参见吴晓林、谢伊云：《基于城市公共安全的韧性社区研究》，《天津社会科学》2018 年第 3 期。

② 参见胡卫卫、卢玥宁：《数字乡村治理共同体的生成机理与运作逻辑研究：基于“中国大棚第一村”数字乡村建设的实证考察》，《公共管理学报》2023 年第 1 期。

(二)数字赋能增强社区治理能力韧性

数字技术赋能不仅有助于强化社区治理主体韧性,而且能在社区应对突发状况时提供强有力的技术支撑,进而提升社区应对风险的预防能力、抵御能力与修复能力。首先,借助数字技术构建风险预警监测平台,通过对社区运行数据进行汇集、整合与分析,可以对社区风险进行动态识别,根据风险作出相应预警提示,为治理主体提供精准的信息参考。依据大数据技术的数据抓取和分析能力,可以从海量数据中挖掘出其潜在的相关性,实施风险关联分析,预先进行精准化风险决策。其次,通过构建数字化平台,有助于突破传统体制下的应急协同障碍,促进信息流动,协调不同行动者开展应急集体行动,提升治理主体的应急协同能力,提高应对风险或灾害的集体韧性。最后,在社区遭受灾害或危机后,通过数字信息平台或网络等方式向社会公众发布风险或灾害信息,呼吁社会主体积极参与灾后重建,有效整合分散的社会资源,共同助推社区救援和灾后重建,增强社区韧性。①

三、由智治走向善治

在抗击疫情过程中,数字技术在疫情防控与复工复产中发挥了巨大作用,体现了精密智治的特色。其中,“精密”主要是指充分利用大数据治理的精细、精准、周密、周全特性,以此确保社区治理的精细化与科学化;“智治”侧重于体现数字技术在社区治理中的成效与创新,两者共同表现为社区治理手段与治理目标的统一性和互促性。因此,精密智治在社区治理中的表现,其实就是基于技术应用构筑美好数字生活新图景,以提升社区人民群众生活的幸福感、满意感与安全感。也正是在此进程中,数字赋能与社区治理的内在逻辑得以统一和升华,实现由智治走向善治。善治实质上就是指政府与公民对公共生活的合作管理,是国家与社会、政府与人民之间的一种新型关系。在此前提下,社区善治旨在通过合作治理、网络治理、参与式治理等社区治理机制,实现国家、市场、社会不同主体在社区内的合作共治,从而达到社区治理公共利益最大化。因此,善治内在地包含合作、协商的特征。

① 参见董幼鸿、周彦如:《技术赋能城市韧性治理的系统思考》,《东南学术》2022年第6期。

(一)善治的核心:发挥智治的“促合”作用

“促合”主要体现在以下三个维度:

一是主体合。数字技术革新了政府治理模式与运行方式,塑造了整体性治理与整体型政府。政府的职能转型也为市场主体与社会组织的加入提供了新的空间。一方面,数字治理推进社区治理从政府主导转向政府、市场、社会以及居民个体多元主体协同参与的结构。政府主要负责做好社区治理数字化的统筹规划,完善相关的法律法规体系,制定相应的政策等,为社区数字治理提供完备的制度支撑。另一方面,数字治理加速了市场主体与社区内部不同类型的社会主体的聚合,特别是加强了在社区治理中发挥重要作用的物业公司、业委会、社会慈善组织之间的协商互动。针对社区居民与物业公司矛盾频发这一难题,可通过利用各种数字化平台对物业公司进行监督,提升其运行过程的公开透明度,保障社区业主的利益。针对业主与业委会之间由于信息不对称、理念与利益偏差而产生的矛盾冲突,可通过数字化平台建立明晰的财务制度、选举制度及议事制度等,切实破除社区业主与业委会之间的不信任障碍。

二是资源合。以信息技术打破“信息孤岛”现象,以数据的互联互通实现社区治理中的信息整合、资源整合以及业务整合,驱动社区治理由分散式、碎片化向整体性治理转变。

三是行动合。通过社区数字化平台,围绕社区居民诉求和社区治理目标来发布、形成社区公共事务和公共议题,同时在线追踪、反馈并形成解决问题的闭环,这样能够最大限度地确保社区治理代表所有主体的利益,发挥政府机制、市场机制与社会机制的调和作用,进而促使政策制定、服务供给、协商参与等流程保持协同一致,共同助力于社区治理目标的达成。

(二)善治的推动:发挥智治的“协商”作用

数字技术不仅向政府服务赋能,还向社区居民赋能。随着社会治理重心进一步下沉,社区居民可以通过手机端或各类线上平台完成政务服务等多种事项,同时居民个体的政务诉求或社区诉求也能自下而上畅通传递,推动了政社、政民的协商互动，提升了居民对社区治理的满意度。此外，通过开发更加个性化、便捷化的线上互动场景，发挥数字党建的引领作用，吸引更多社区居民参与到社区治理中来，积极反馈社区治理的诉求或效果，化解邻里冲突或矛盾，贡献个体的社会资本，以此增加社区居民的归属感和荣誉感。借助数字赋能，社区协商共治的优势越加明显，政府越来越重视市场与社会主体的协同参与，治理目标也由“为民服务”转为“与民服务”[①]，而社区居民也不再是原先的治理成果享有者的角色，更多发挥的是“同行者”的角色。此时的社区也渐渐回归社区诞生时的初衷，即滕尼斯描述的守望相助、富有人情味的共同体。

第三节 数字治理机制创新:城市社区治理的能力提升

在传统城市社区治理实践经验中，党建引领、政府主导、法治保障、群众自治都是提升社区治理效能的有力支撑。数字技术嵌入后，相应地，基层党建、政府组织以及社会组织也在积极进行数字化转型与自我调试，通过数字赋能逐步构建出适应数字时代的城市社区治理创新机制。

一、“数字＋党建”深化基层引领力

数字中国建设作为推动经济社会高质量发展的重要引擎，是中国式现代化的重要内容。以数字党建促进城市社区服务效能提升，是中国式现代化进程中基层社会治理的必然选择，既反映了党适应数字时代、应用数字化手段提高执政能力与领导水平的理论自觉，又集中体现了党以“数字党建”赋能党建工作高质量发展、以党建工作数字化促进城市社区治理现代化的实践主动。

（一）“数字＋党建”的内涵要义

中国共产党领导是党和国家的根本所在、命脉所在，理所当然是城市社

① 参见浙江省民政厅编:《社区治理共同体创新的浙江样本》，浙江大学出版社 2020 年版，第 59 页。

区的利益所系、命运所系。坚持和加强党对城市社区工作的全面领导，关键在于把城市基层党组织的政治优势、理论优势、组织优势和制度优势，转化成城市社区治理的实践价值，体现为城市社区服务的具体效能。从本质特征上看，数字党建是党建理论和数字治理理论的价值融合，具有政治特性、技术特性双重属性，是二者的内在统一。信息化手段应用，智慧化、智能化党建形式打造，以及整体性、数字化党建体系建构的逻辑演进，是一个从手段到思维、从工具到理念逐步实现数字化转型的梯次提升过程。从价值功能上看，在发挥党建引领的政治优势、组织优势以及思想优势的基础上，准确把握数字党建的整体性、联动性与服务性的本质特征，进一步探索其在引领城市社区治理实践中发挥资源整合、多主体协同以及公共服务精准供给等重要价值。

（二）"数字＋党建"赋能城市社区治理的三重逻辑

一是数字党建保障城市社区治理效率高。以数字赋能党建，破解传统党建底数不清、权责不明、管理低效等难题，提升党建引领社区工作的科学性、共享性与规范性，将党的政治优势转化为促进城市社区治理效能提升的内在动能。以党建数字平台为载体，将党建工作与社区服务融为一体，密切党组织、党员和群众的关系，增强城市社区服务主体的思想认同、目标认同与行动认同，提升城市社区服务生产与供给效率。

二是数字党建保障城市社区治理效果好。依据大数据精确把握城市社区群众"急难愁盼"问题，助推社区党组织进行科学判断、理性决策和服务精准供给，化解社区服务资源不充分、参与主体不协同、服务对象不精准、供需不对等突出矛盾，以切实提升城市社区人民群众生活获得感与满意度为社区服务目标，确保城市社区服务落到实处。

三是数字党建保障城市社区治理质效优。依托互联互通的数据平台，构建多级党建服务网络，直达民情，全面提升城市社区服务的普惠性与公平性。创设数字场景，扩大数字赋能党建效应，全力提升城市社区服务的便捷性与精细度。建立线上线下联动的全周期闭环服务体系，全过程保障党建在城市社区服务中的引领性与创造性。

（三）“数字＋党建”引领城市社区治理“五部曲”

一是坚持和加强党的全面领导。树立党建统领理念、夯实党建工作基础、凝聚党建工作合力、突出党建工作重点、狠抓党建工作实效，是数字党建提升城市社区服务效能的重要依据与根本前提。二是坚持以人民为中心。坚持以人民为中心的出发点和落脚点，在理论上要求坚持数字党建与城市社区服务提升的内在统一，在实践上要求党建数字化转型与高质量提升城市社区服务效能的高度一致。三是找准“数字”与“党建”的有机结合点。发挥数字技术的共享、减负与精准的最大增量效应，融合党建引领的“动员优势”、为人民服务的“立场优势”以及群众路线在数字空间得以延伸的“机制优势”，实现数字与党建的优势互补和叠加。四是提高数字党建体系的系统化水平。加强顶层设计向下增权赋能，明晰职责边界，打破数字壁垒，促进资源共享，全面提升党建引领城市社区服务的科学化与现代化水平。五是优化数字生态系统。科学评估党建数字化的条件与程度，推进数字党建与数字中国、数字政府、数字经济、数字社会协同发展。

二、“数字＋政务”优化基层服务力

2015 年首次出现在政府创新领域的“互联网＋政务服务”开启了数字引领政务服务改革创新的时代。近年来，我国“互联网＋政务服务”不断开拓创新，在促进政府治理改革、推动国家治理现代化水平提升等方面取得显著成效，政务服务朝着更加高效、智能和普惠的方向发展。根据第六届数字中国建设峰会发布的《数字中国发展报告（2022 年）》，我国数字政务协同服务效能大幅提升，2012—2022 年，我国电子政务发展指数国际排名从 78 位上升到 43 位，是上升最快的国家之一。全国一体化政务服务平台用户超 10 亿人，实现 1 万多项高频应用的标准化服务，大批高频政务服务事项实现“一网通办”“跨省通办”。2023 年 3 月，中共中央、国务院印发《数字中国建设整体布局规划》，将“政务数字化智能化水平明显提升”作为到 2025 年数字中国建设的目标之一，明确提出“发展高效协同的数字政务”，这为进一步推进数字政府建设指明了方向。数字政府作为数字中国建设的重要组成部分，联动数字经济、数字社会同步建设发展。随着数字化技术与政府业务的融合越来越深入，政府组织架构与业务流程也发生了深刻变革，政务服务的体验大大改善。可以说，发展高效协同的数字政务，对于优化基层公共服务供给、创新市场监管和社会治理方式、推进基层社会治理体系和治理能力现代化都发挥着关键作用。

（一）政务服务流程的数字化再造

直观地来看，对于基层群众而言，政府服务的数字化转型主要通过“少”和“减”来体现：“少”是指“让数据多跑路、让群众少跑腿”，“减”则表现为材料减、流程减和时间减。近年来，在基层涌现出一大批政务服务数字化转型的先进案例，最经典的是 2016 年浙江省的“最多跑一次”改革，这标志着政府服务由技术创新阶段进入到制度创新阶段，此次改革也从“地方探索”跃升为“顶层设计”，从“区域创新”扩散为“全域改革”，并引领中国范围内“最多跑一次”改革全面展开。

“最多跑一次”改革以“以人民为中心”作为指导理念，从与民众生产生活关系最紧密的事项入手，突出需求导向、问题导向和效果导向，确保政府的公共服务供给真正满足广大人民群众的真实需求；以“一件事”为行动基础，归类并整合政府职能部门，最大限度地压缩民众办事资料、流程与时限；以“互联网＋政务服务”为技术支撑，打通部门数据，形成统一数据库，以数据跑替代民众跑、政务人员跑；以“一窗受理”“一网通办”为主要手段，打造“线下服务＋线上服务”双轨并行的政府服务模式，切实让“最多跑一次”成为民众办事的真实过程。

“最多跑一次”改革破解了以往政务信息不公开、不透明的难题，让政府更透明、更负责；化解了以往民众到政府办事“门难进”“脸难看”的窘境，让政府更高效、更友好；避免了政府部门不能公平执法、依法办事的乱象，让政府更规范、更有序。[①] 以浙江省“最多跑一次”改革为契机，政务服务数字化转型迅速在全国展开，相继出现了深圳的“秒批”、江苏的“不见面审批”、天

① 参见郁建兴：《“最多跑一次”改革：浙江经验，中国方案》，中国人民大学出版社 2019 年版，第 70 页。

津的“一枚图章管审批”等。“数字+政务服务”的流程优化本质上是技术创新与制度革新的叠加效应，旨在通过数字技术不断改造和优化政府服务流程，为基层市民创造一体化的公共服务体验。

（二）政务服务的“用户思维”转向

数字政府建设的核心要点就在于“以人民为中心”，这意味着“数字+政务服务”要从政府立场转向人民立场，这也要求政务服务从产品到流程、从内容到方式都遵循“用户思维”的原则，即实现从“官方语言”向“群众语言”的转译，通过数字化手段提供人民真正需要的优质公共服务。[①]

首先，政务服务要“为民”。一方面，从公共服务内容上要充分、全面地体现以人民为中心。这要求数字政府建设必须围绕老百姓的实际需求开展，想民之所想、急民之所急，要给足人民群众表达诉求的空间与通道，保障民意获取的真实性、精准性。另一方面，从服务形式上要充分考虑到民众数字技能的群体差异，既要体现数字服务的速度，更要彰显数字服务的温度，力求数字操作贴近民众的使用习惯。另外，线上线下服务一体化，增强为民服务的可达性。打造“一网通办”“跨省通办”“就近可办”“单一窗口”等服务场景，使线上和线下服务的功能一致、流程一致、体验一致，让企业和群众办事更方便、更快捷，也更有效益。

其次，政务服务要“便民”。使便民服务更智慧便捷，可通过创新政府服务场景，针对广大人民群众的办事需求，提供强关联、集成式的深度服务。将政务服务进一步下沉到基层，利用数字技术打造各类线上服务平台，为社区居民设立“百姓身边的政务大厅”“15 分钟政务服务圈”，提供“指尖上的政务服务”等，有效打通政务服务“最后一公里”，实现网点办、就近办、随身办。创新使用数字身份认证、电子证照、数字支付等基础数字支持功能，推出集政务服务与行业服务于一体的智慧便捷的数字化产品和服务。

最后，政务服务要“惠民”。运用大数据、人工智能等新技术，对服务对象的行为特征和需求进行精细画像，做到精准匹配和精确推送，实现从“人找政策”到“政策找人”，使广大企业和百姓在享受数字红利、政策惠利和公

---

① 参见冯奎、唐鹏、郭巍.:《数字治理：中国城市视角》，电子工业出版社 2021 年版，第 147 页。

共福利上“人人均等、人人皆有”,让使本公共服务公平、普惠地输送到千家万户。

三、“数字+执法”强化基层法治力

数字法治既是数字革命的新产物、新成果,也是法治现代化进程中的新形态。作为数字时代法治现代化的新动向,加快构建数字法治体系是法治中国建设的关键任务。2023 年 2 月,中共中央、国务院印发《数字中国建设整体布局规划》,明确提出我国现阶段数字中国建设的目标,指明到 2025 年数字治理体系更加完善的建设要求,并明确要求建设公平规范的数字治理生态。党的二十大报告首次把法治中国建设作为专章论述、专门部署,不仅体现了党中央对于全面依法治国的高度重视,而且充分说明了数字中国建设需要以法治建设作为支撑和保障。党中央高度重视统筹发展和安全,在使数字技术发挥作为推动数字中国建设的重要引擎作用的同时,实现法治的规范与保障,真正确保数字科学技术造福人民、健康有序发展,从而建设公平规范的数字治理生态,成为数字中国、数字法治建设的价值取向。因此,数字中国建设内在地要求加快数字技术与法治建设的深度融合,外在地则要以高质量的数字法治筑牢数字中国安全屏障,实现良法与善治的有机统一。

(一)“数治+法治”推动数字法治政府建设

2022 年国务院出台的《关于加强数字政府建设的指导意见》强调全面建设数字法治政府。数字法治政府旨在推动政府数字化、法治化建设与发展,是与数字中国相适应的政府治理新样态,是数字政府与法治政府的融合,也是数字时代政府转型的内在要求与目标,体现了运用法治思维和法治方式来应对和解决数字政府建设中潜在的问题与风险,强化了数治与法治兼顾的发展理念。在任何时代,坚持以人民为中心始终是党的根本执政理念,数字法治政府要坚持以人民为中心的逻辑起点,以满足人民对美好生活的需求为落脚点。在法治理念上,坚持以科技创新驱动数字法治政府建设,加强对技术应用的监管,确保政府运行安全有序;在法治手段上,积极运用数字技术提高政府依法行政和社会治理的能力，提高政府决策科学化水平和公共服务精准化水平。打造数字化政务平台，促进公共数据开放和共享，促进政务公开化、程序规范化、决策科学化。不断探索将“互联网＋”、区块链、大数据等技术应用于公共服务、行政审批、执法监管、依法决策等工作环节的新模式，为人民群众提供便捷服务的同时提升治理的规范化、法治化水平。在法治程序方面，依托数字技术，“人—机”互动的数字行政方式逐步取代了传统行政方式，基于精准、客观、科学的算法逻辑，能有效确保政府决策“不出错”，相应地，也降低了行政人员“人为干预”的空间与弹性，强化了技术执法的路径依赖。① 因此，数字法治政府建设既保留了为人民服务的民生底色，又彰显了顺应数字时代要求、自我进行数字化转型的责任与担当。积极推进数字法治政府建设的实践行动，凸显的是将数字技术的科技优势、法治引领的治理优势、党的领导的制度优势结合起来，更好地转化为国家治理现代化的治理效能。② 以法治化规范数字化，以数字化赋能法治化，合力助推基层社会治理走向现代化。

（二）“数治＋法治”加快数字法治社会建设

“数治＋法治”不仅引领数字法治政府建设，还驱动着“数治＋法治＋社会治理”的全面变革，加快建设数字法治社会自然就成为数字中国建设题中应有之义。“数字法治社会是强化数字科技在社会交流、法律服务、道德建设中的应用，逐步形成协同联动的公共数字法律服务体系的社会形态，其通过促进数字科技与法治社会的高度融合，塑造开放、可接入、可供给的数字法治社会关系，构建政府、企业、社会多方协同共治模式。”③

一是培育数字法治素养。首先，要加快转变政府行政管理人员的数字理念与数字思维，使他们深入认识和把握数字化发展的内涵、特征及风险，增强自身数字治理能力、数字技能及数字素养，主动运用数字化手段和工具开展各项工作。对于民众，可适时开展数字普及知识培训，提升大众的数字

---

① 参见王锡锌：《数字行政的法治逻辑及风险》，《中国法治》2023 年第 6 期。

② 参见周维栋：《建设数字法治政府应兼顾数据安全与开放》，《学习时报》2023 年 3 月 29 日。

③ 时诚：《在法治轨道上推进数字中国建设的理论体系》，《重庆理工大学学报》（社会科学）2023 年第 6 期。

技能，培养民众的数字参与能力、数字行为能力、数字协商能力和数字自律能力[1]，锻造法治数字意识。其次，可运用数字媒介，搭建数字化的法治宣传平台，向社会民众展示数字政府和法治政府建设的先进案例及优秀成果，形成引领示范效应；突出基层社会治理数字化转型的重要意义，通过数字平台展现数字社会治理系统之间协同联动的优势，提升基层社会治理对于数字技术应用的好感度。

二是推动数字公共法律服务体系下沉渗透。数字公共法律服务是社会治理方式的数字化、法治化转型，是保障与改善民生的关键措施，也是数字法治建设的基础性、服务性和保障性工作。要完善数字公共法律服务体系建设，整合各种公共服务资源，让公共法律服务覆盖人民生活的各个方面，为民众提供普惠均等、便捷高效、智能精准、前沿引领的高质量法律服务。[2]

三是坚持"数字"与"法治"协同发展。一方面，要大力推进数字技术与社会治理的融合演进；另一方面，也要清醒地认识到当下我国数字化发展不平衡不充分的困境，如数据联通难、共享难及业务协同难等问题仍有待破解；数据安全、隐私保护、科技伦理等问题依然存在。对此，需要从法治维度予以回应，完善数字治理规则，坚持促进发展和监管规范并行，立足自治、法治、德治加快数字法治社会建设，以此夯实数字法治政府与数字法治中国建设的基础。

四、"数字＋平台"精化基层自治力

"平台"较多时候被理解为数字经济领域内的一种新业态和新模式，随着平台经济在世界范围内的迅速崛起并日益成为大型企业收入的主要来源渠道，服务型平台也逐步由经济领域渗入到政务领域、社会领域，成为人们获取服务、表达需求、完成互动的主要生活方式。可以说，人们现在已经步入"平台时代"。具体到治理的实践层面，平台治理可以被理解为政府积极借鉴电子商务发展的平台运营模式，通过治理理念更新、数字技术接入、服务供给集成、治理架构重组、治理流程再造等，构建整体性、一体化与平台化

① 参见马长山：《数智治理的法治悖论》，《东方法学》2022 年第 4 期。
② 参见杨凯：《公共法律服务数字化体系建设路径》，《上海法制报》2023 年 4 月 5 日。

的治理新模式，以更好地实现技术驱动、系统集成、流程简捷、服务优化的治理目标，努力提升政府治理能力与用户服务体验，促进政府数字化治理的全面转型与治理模式创新。[①]

（一）数字治理平台赋能基层治理

基层数字治理平台是数字技术与基层治理相结合的产物，是指借助互联网、云计算、人工智能、大数据等现代技术与基层治理相结合而形成的节点服务系统[②]，并在多元行动者的接点互动中实现聚合治理，即“资源能力化与能力资源化的集成聚合”[③]。依托数字平台，能够以信息集聚广泛吸纳多元参与主体加入，将治理对象、治理要素、治理资源和治理工具集中到统一的界面中[④]，进而推进各个利益相关者形成协作关系。这种共生合作模式具有较强的利益调适能力，并能形塑一种开放互惠的多元合作格局。

基层政府通过打造数字治理平台，对分散、纷杂的部门信息进行整合，建立庞大的数据库以容纳海量数据信息资源，并对数据信息资源进行统一编码，打破数据信息由于部门标准不统一而造成的数据壁垒，让数据信息资源在各层级部门间自由流通。同时，数字治理平台也使政府组织由垂直的“科层”向扁平的“平台”转型，促进科层组织开放包容。基层数字治理平台内嵌入了政务服务、基层党建、公共服务、产业发展、安全监控等多个内容模块，以推进政府公共服务的集约化、精准化供给。一方面，平台系统能够破解服务资源“碎片化”和共享壁垒困境，促成整体性治理，统筹政府、市场、社会等多元主体有序参与，以提升基层治理效率；另一方面，平台在数据整合过程中打造了线上与线下双向互动的治理格局，使得治理主体之间的互动更灵活、更有弹性，能有效激发主体活力并增强治理的兼容性。

---

① 参见陈水生：《数字时代平台治理的运作逻辑：以上海“一网统管”为例》，《电子政务》2021年第8期。

② 参见褚添有、朱仁森、李静怡：《接点聚合与稳态运作：数字平台助推基层敏捷治理——以“云享乌镇”为研究对象》，《行政论坛》2023年第2期。

③ 丁煌、黄彦智：《平台驱动创新：机关事务治理数字化转型研究》，《中国机关后勤》2022年第3期。

④ 参见陈水生：《数字时代平台治理的运作逻辑：以上海“一网统管”为例》，《电子政务》2021年第8期。

综上，数字治理平台是政府、市场和社会三方治理主体和治理资源在数字空间内的聚合，实质上也是政治、经济、社会三重逻辑共同塑造的技术产物。平台化创造了多元主体集体行动的组织空间，实现了多元主体共同利益和整体效能最大化；数字化使基层治理信息更透明、权责更精确，为基层社会治理提供了稳定的制度供给和效能保障。

（二）数字治理平台促进社区民主自治

杭州市拱墅区“城市眼·云共治”平台是小河街道和中电海康集团有限公司合作的平台赋能基层治理项目，主要利用辖区内城市街道摄像头资源设备，采取先进 AI 行为识别技术，对于辖区内的人、事、物进行高效识别，及时研判社区治理过程中出现的违规行为，通过多方主体共建共治系统进行闭环式管理监督，大大降低了社区管理成本，促进了社区自治。

首先，构建数据资源平台。“城市眼·云共治”平台是集成电子监控资源、云计算技术、人工智能大脑、网格员资源的综合性智慧感知分析平台。平台全面贯通辖区内数据信息资源，统筹安排分配业务，构建“1＋3＋N”治理体系。“1”即“城市眼·云共治”总门户，一屏展示区域运行态势、核心业务数据；“3”即前端感知、事件处置、决策评估 3 大模块，实现城市治理全链条闭环管理；“N”即针对区域特有的城市治理痛点难点，开发 N 个小切口子场景应用。

其次，创新基层社会治理体系。杭州市拱墅区“城市眼·云共治”平台正式上线后，就聚焦治理的堵点痛点，致力于提升治理效能。同时，该平台助力“红茶议事会”“小河网驿”等社会共治建设，不断推进基层社会治理模式迭代升级。例如，“小场景”撬动“大治理”的经典场景——“红茶议事会”，就是“数字赋能＋民主协商”促进居民自治的成功探索。通过居民信箱小程序、网络舆情、信访业务等，小河街道将居民关心的问题汇聚于数字治理平台，形成民意数据库，然后经过大数据分析处理，由平台自动提炼、推荐生成民意热度，以此作为挑选议题的依据，从而实现动态感知辖区民意，推动基层治理达成共识。为了让居民及时了解议事后续进展，强化其参与议事的积极性和主动性，“红茶议事会”系统设置了“跟踪评价”模块，居民可通过线上会议评价、成果运用、评估反馈等流程，全程跟踪会议成果落地情况。

由此可见，基层数字治理平台不仅让社区居民感受到了民主的温度，而且体验到了数字技术的温度，基于数字治理平台，社区的"民有所呼更便捷、基层议事更智慧、为民解难更精准"，谱写了一幅"数治"融合"民智"的民生幸福新图景。

第六章　数字赋能城市社区治理的效能评估及优化路径

数字技术的应用是城市社区治理创新的基础和动力。高效便捷的治理手段可以提升社区治理与服务水平，数字平台的构建及信息网络的开放运行能够增强政府行政的透明性与可信赖度，提高社区居民的公共参与度和公众素养，促进国家与基层社会治理体系和治理能力现代化。但同时，数字技术的嵌入在给城市社区治理带来创新发展契机的同时，也使其面临新的挑战。诸如，数字技术效率与民生价值的融合问题、单一治理技术与多元化治理场景的契合问题、信息数据的效用与数据保护的关系问题、服务应用的技术性冷漠与服务获取的“数字鸿沟”等问题，将成为数字赋能社区治理面临的新争议、新挑战。基于对这些问题的考虑，本章尝试在全面把握数字赋能与治理效能内涵的基础上，通过对城市社区治理效能的多维性评估，找出症结，制定对策，从而实现数字赋能城市社区治理效能持续提升。

第一节　数字赋能城市社区治理效能评估

一、数字赋能与治理效能

一般意义上讲，数字赋能是指通过数字技术和数字化手段，赋予组织和个人更多的能力与机会以实现更高效、更创新和更智能的工作和生活方式，从而提高竞争力，创造更大的价值。但由于人们对赋能内涵的理解不同或赋能对象不同，数字赋能在实际表现中会呈现不同的样态。例如，在心理学家看来，赋能是指通过言行、态度、环境的改变给予他人正能量，赋能等同于唤醒。在教育家看来，人工智能在学生学习、教师发展、学校建设、家校协同等方面可以赋能教育高质量发展。① 在管理学家看来，赋能等于授权和激励，通过有效的授权和激励给予个体或团体自主工作的权利和正向的反馈，从而提升工作效率。对于治理而言，魏成龙等强调，数字技术能够赋能政府治理，推动政府治理手段革新与流程再造，提升政府治理能力。②

由此可见，赋能有着多层面的解释，它可以是一种方法、一种行动计划、一种理论，还可以是一个涵盖工具层、方法层、认知层、哲学层的金字塔式的架构。工具层的赋能是解决问题的工具与方法，是基础的赋能，以单向赋能、个体赋能为主；方法层的赋能是双向的、交互的团队式赋能，方法是多样性的，并辅助有质量的绩效管理等机制；认知层的赋能是更高层次的组织赋能；哲学层的赋能，是远景式的赋能探索。从赋能的多重内涵联系到数字赋能，可以认为数字赋能是指通过数字技术和数字化手段，赋予组织和个人更多的能力和机会来实现更高效、更创新和更智能的工作与生活方式，从而提高竞争力，创造更大的价值。数字赋能的实际运行包括数据驱动、智能化应用、互联网思维、创新合作四个步骤或四大要素，缺乏任何一个环节，数字赋能都难以达到预期效果。所以，考察数字赋能的效能就需要从这四个步骤或四个要素全面考量。

与数字赋能内涵的多维性相比较，治理效能的内涵更具有复合性的特点。从字面意思来解读，效能包括效用、效率、功效或作用的意思。在现实应用中，效能往往和效率相提并论，实际上这是不科学的。理解治理效能的内涵，需要从客观属性和主观评价两个层面去把握，即结果导向和满意度导向，旨在追求治理的公信力与执行力。也就是说，效率与效能相比，效能具有战略性意义，而效率则属于战术层次；效率以方法为导向，而效能则以结果为导向。“治理效能属于管理科学的范畴，是以管理为手段，以服务为宗

---

① 参见胡小勇、孙硕、杨文杰等：《人工智能赋能教育高质量发展：需求、愿景与路径》，《现代教育技术》2022 年第 1 期。

② 参见魏成龙、郭诚诚：《赋能与重塑：数字经济时代的政府治理变革》，《理论学刊》2021 年第 5 期。

旨，以满意为目的的依法履行职责的治理活动。”[①]它强调的是数量与质量的统一、功效与价值的统一、目的与手段的统一、过程与结果的统一。

随着数字技术的快速发展和居民需求的多层化、多样化趋势，“效率导向的社区管理模式难以有效回应日益多元化、个性化、复杂化的公共服务需求，同时粗放化、低效化的公共资源供给还容易带来大量的浪费现象”[②]。时代的发展进步以及居民需求的变化倒逼社区治理以效能为导向，以精细化的服务感知、交互式的信息平台、智能化的公共服务、网络化的行动协作，持续满足社区多元主体的内在需求。当然，治理效能的实现又以治理效率为保障，没有一定的治理效率，治理目标的实现可能要付出更多的时间成本。所以，“效用＋效率＋功效＋治理”目标达成度是评估社区治理效能的主要依据，缺乏任何一项都难以真实地反映社区治理实际效能。

二、治理效能评估的多维视角

鉴于效能内涵的多维性，加之数字赋能过程的多环节、多要素等特性，评估数字赋能社区治理效能自然不能以单线性的思维作出简单的判断。只有立足于治理目标、治理效率、治理效果等进行多维度、多方位考察评估，才能作出客观、公正、科学的评价。

治理目标在治理效能中具有统领作用，既指引着治理的方向，又规定了要完成的任务。数字时代，社区治理的目标包括宏观目标和微观目标。从国家层面的宏观目标来看，就是依据党和国家关于基层治理的决策部署，围绕“党建引领＋综合服务＋综治保障＋科技赋能”的治理架构，到2025年，基本构建起网格化管理、精细化服务、信息化支撑、开放共享的智慧社区服务平台，初步打造成智慧共享、和睦共治的新型数字社区，真正实现基层治理体系和治理能力现代化；从基层社区治理的微观目标来看，就是将以人民为中心的治理理念落到实处，尽快提高社区治理和服务智能化水平，打造人人有责、人人尽责、人人享有的社区治理共同体。

---

① 王增智：《理解国家治理效能三维度：目标、效率、评价》，《中国社会科学报》2020年4月8日。

② 姜晓萍、张璇：《智慧社区的关键问题：内涵、维度与质量标准》，《上海行政学院学报》2017年第6期。

治理效率追求的是优质、高速，即按照治理目标的要求，以最低的投入获得最高的产出，强调对治理手段的运用。具体到城市社区治理，高效率的数字赋能社区治理是指“通过技术手段，及时感知识别居民的需求，在有限的社会资源中，强化资源配置，减少公共支出成本，提高服务产出，满足居民差异化、个性化、碎片化的需求，以高效率手段实现智慧社区管理服务于居民需要的目标”[①]。在治理目标规定的时间范围内提高治理效率，是治理活动的内在要求。治理过程是一个复杂的系统工程，既涉及治理主体的认知能力、评判能力、决策能力、控制能力、改革能力以及协同合作能力等“软实力”的运作水平，又涉及物质基础设施和信息技术平台等“硬实力”的支撑程度。在物质基础相对雄厚、社区居民文化素养相对较高的社区，技术赋能社区治理的效率及效能相对较高；反之，则效率较低。评估数字治理效率，不能简单地以个别社区的硬性设施建设为依据，需要从设施建设和治理技能等“软硬”结合角度进行总体评估。

治理效能最终用居民的满意程度来衡量。只有有效回应居民所需，才能不断提升便民服务效能。而居民的需求具有进阶性和多层次性，这就需要社区服务进阶式提升、精细化感知、智能化服务。在数字时代，对居民各种需求的响应能力主要来自大数据技术的运用，包括通过数据提取、数据传输、数据处理、数据挖掘形成最终的智慧应用。其中数据提取是在物理层面通过各种设施获取居民的数据，常见的有移动终端和传感设施；获得的数据通过物联网、互联网等多种通信手段从网络层面传输到数据层面；在数据层面通过各种数据处理技术进行存储、处理。然后在智能层面通过各种数据挖掘技术、人工智能技术进行深度分析，作出智能决策，形成智慧化的应用。而社区居民由于数字认知水平不同、数字化设备应用能力不同、对各项管理政策的理解不同，对大数据治理效能的评估也会有所差异。所以，数字时代社区治理效能的提升更需要注重服务智能化，不再单一地依靠信息化手段，而是重视对信息化、虚拟化、数字化、无线化、移动化、物联化等多种技术方

---

① 徐鑫:《大数据环境下城市智慧社区治理机制研究》,《改革与开放》2021年第17期。

法的集成。[①] 也就是说，数字时代社区治理的关键在于治理，而不完全是数字化，数字技术只是引入的一种治理工具。两者互为变量，只有技术与组织、制度、文化等社会系统情境相适配，技术才能被更好地理解和使用，技术与治理才能相互推动、深度融合。

三、治理效能评估的原则遵循

从国家层面看，从《"十三五"国家信息化规划》到《"十四五"城乡社区服务体系建设规划》，数字化基础建设已经下沉到城市社区治理。数字化资源下沉到基层治理的过程本身体现了公平普惠的公共价值属性，这必然要求数字资源在基层治理中破除工具性崇拜，凸显服务性导向。所以，对数字技术嵌入社区治理效能的评估，关键看其在多大程度上增进了公共价值的创造与生产。为此，需遵循下列原则：

一是居民需求导向原则。居民需求导向就是以社区居民的利益为导向，精细精准提供居民服务。治理视域下，公众满意度是评判治理效能的重要价值取向，也是公共价值的服务性体现。从社区治理的本质上看，社区居民对公共服务的满意度，包括动态上的响应处置服务和静态上的公共产品的满意度，反映了公共价值的服务性。数字技术嵌入社区治理，需要搭建怎样的数据平台，构建哪些技术设施，提供何种社区服务，这一切应以居民需求为导向，需要深入调查研究、综合评判。同时，由于不同社区居民的构成不同、社区技术实施条件不同以及居民的具体需求不同，社区治理的方式和提供服务的内容也不可能千篇一律。强调居民需求导向原则，就是要对接多样化的需求，以居民满意不满意为评判准则。

二是公共价值导向原则。公共价值来源于社会价值，是公众的共同偏好和期望，是公共价值生产者、使用者集体协商的结果。从结果导向看，公共价值包含服务、结果、合法性和信任等内容。[②] 从公共价值的规范性导向

---

① 参见王萍、刘诗梦：《从智能管理迈向智慧治理：以杭州市西湖区三墩镇"智慧社区"为观察样本》，《中共杭州市委党校学报》2017 年第 1 期。

② 参见[美]马克·穆尔：《创造公共价值：政府战略管理》，伍满桂译，商务印书馆 2016 年版，第 100 页。

看，公共价值是对于权利和利益、社会多元主体间的相互义务和应该遵守的社会原则所形成的共识。[①] 公众偏好是公共价值的中心，公民是公共价值的最终决定者，探寻和满足公众偏好的过程就是确定和创造公共价值的过程。具体到城市社区治理，它既是政府、市场、社会、公众等多元主体博弈的过程，也是公共价值被创造、被需求和被供给的过程。社区治理数字化不是治理本身的目的，而是通过数字化实现社区治理中的“善治”，实现公共治理的价值，提升组织效能以提高服务效率、能力、质量，实现社区空间内的居民福祉，即“网络治理的根本任务是提供公共物品和公共服务”[②]，对社区治理效能的衡量理应以社区公众偏好的公共价值为标准。具体到社区治理效能评估，自然要“以推动公共价值实现为导向，评估主体要以社区公众为主导，并将社区治理的相关利益主体纳入评估主体选择项中”[③]。

三是可感知性与有效性相结合原则。特定的地域文化、共同体的生活方式和传统惯例，会影响居民对社区生活的体验。社区治理效能的可感知性，体现在社区居民日常生活视线所及，反射于内心的体验和感知。社区作为社会的最基层单元，社区感知是社区居民对社区设施、社区活动、社区建设等整个社区工作的总体认识、综合考评。例如，社区的安全可感知性指对居住在这里的人来说，他们乐于到户外进行活动，对户外活动的安全性认可度高。这既是对场地设施等硬件设施的信任，也是对在同一空间活动的人们的高认同感。通过视觉、听觉、嗅觉、触觉进行交流传递，人们参与环境，环境变化反馈社会生活状态。所以，数字技术嵌入社区治理的效能的最直接的评判标准取决于公众的实际感知。

第二节　数字赋能城市社区治理面临的问题

数字技术嵌入社区治理，在提升治理效率，为居民提供便捷、安全服务的同时，在革新治理方式、重塑社会互动关系过程中也存在因追求形式化、

① Bozeman B, “Public Value Failure: When Efficient Markets May Not Do”, *Public Administration Review*, 2002, 62(2): 145-161.

② 陈振明等:《公共管理学》,中国人民大学出版社 2017 年版,第 65 页。

③ 徐顽强、李敏:《基于公共价值导向的城市社区治理架构研究》,《宁夏社会科学》2019 年第2 期。

快速化而导致失信、失范与失序问题，“数据鸿沟”“数字异化”等大量“指尖上的形式主义”衍生，许多新情况、新问题影响着数字技术嵌入社区治理效能的提升，需要进一步探究和反思。

一、过度数字化与数字赋能异化问题

目前，城市社区治理中存在形式数字化、过度数字化现象。随着数字基础设施日益先进、数据平台日益完善，治理行动中高度依赖技术手段，对数据过度搜集、过度挖掘、过度解读、过度信仰与过度依赖[①]，由此导致的结果是赋能异化。例如，目前我国智慧社区的建设以技术对社区治理自上而下的单向渗透为主，呈现出过度技术化倾向，并且多停留在“传统社区＋互联网”的阶段。现实中花样繁多的数字应用和数字平台不仅未能帮助基层工作人员减负，反而增加了他们的负担，使他们每天忙于在多个部门开发的应用平台上打卡、填表或强制下载，却没有时间深入群众、服务群众。况且，技术只是“赋能者”，而不是“决定者”。有限理性理论指出，决策者不可能掌握完全的信息，其计算能力和信息处理能力是有限的，不可能作出无限理性的最优决策，只能作出尽可能满意的决策。实际上，技术上可能不一定意味着组织上可行，更不一定是社区居民所需要和认可的。一味地追求数字化、智能化，过度依赖技术，不仅会耗费大量人力、物力和财力，而且“技术的过度渗入实际上成为社区数字化转型中的工作负担，即数字技术对社区治理的赋能出现了异化”[②]。一旦治理资源匮乏，财力不足以支撑庞大的数字运行体系，数字治理将难以落地。

二、数字信息的效用与信息安全风险问题

数字化带来巨大的经济效益和社会效益的同时，数字信息安全风险呈几何级数递增。在数字网络条件下，以人脸识别为代表的信息采集使个体

---

① 参见金华：《国家治理中的过度数据化：风险与因应之道》，《中共天津市委党校学报》2021 年第 1 期。

② 杜娟、钟昕怡、唐有财：《数字技术赋能社区治理的现实问题及对策探析》，《领导科学》2023 年第 2 期。

的隐私都被信息化，民众成为“透明人”，每一个人都受到大数据的“控制”。[①]一旦网络环境遭到破坏，就会引发数据泄露，信息安全将面临巨大的风险。因为网络空间是一个典型的技术发展远远快于治理规则的形成，进而容易产生异步困境的领域。[②] 特别是对数据的过度挖掘使个人隐私随时面临风险，个人在网页、应用程序上留下的记录都是“数据足迹”，都能够被挖掘和利用，这使得个人隐私非常容易暴露，造成个人信息安全隐患。城市社区本是一个私人性与公共性融合的场域，在数字化治理进程中，很多社区探索了“网格化＋信息化”管理模式，构建整个社区的基础信息大数据系统。社区运用公权力对居民的个人信息和行为数据进行采集，甚至包括居民的各类私人信息，这虽然便于提高治理和决策的效率，但对社区居民个人隐私的保护构成威胁。社区居民本应是社区治理的服务对象，却在数字化转型中被当成大数据的抓取者或被管控者，这违背了数字赋能便民利民的初衷。

三、数字技术的工具理性与价值理性问题

当治理手段技术化成为治理过程的常态，加之治理主体对技术工具理性的过度追求，技术治理就容易滑向“技术型治理”。这种技术型治理往往与民主、自由等政治价值相悖。“一旦技术嵌入刺破基层治理能力边界，就可能形成治理超载，当基层工作者疲于应付各类数字化考核、忙于回应数字平台中各种‘无效诉求’、缺乏精力真正服务人民时，就会偏离技术赋能的本意。”[③]数字技术在嵌入社区治理的过程中，多基于功利主义的价值认知，“并没有深入思考技术赋能‘为何治’的价值理性，而是仅仅侧重于‘如何治’的工具理性”[④]。在部分社区数字化建设的实践中，搭建起来的信息平台往往成为技术“空壳”，并没有真正体现“服务于民、适应于民”的社区价值。工具

---

① 参见张爱军、刘姝红：《大数据：新政治文明时代抑或政治裸体时代》，《探索与争鸣》2017年第3期。

② 参见邱泽奇：《技术化社会治理的异步困境》，《社会发展研究》2018年第4期。

③ 郁建兴、樊靓：《数字技术赋能社会治理及其限度：以杭州城市大脑为分析对象》，《经济社会体制比较》2022年第1期。

④ 周济南：《数字技术赋能城市社区合作治理：逻辑、困境及纾解路径》，《理论月刊》2021年第11期。

理性的极端化极易带来人文精神衰落和“社区公共精神的碎片式瓦解、公共责任的碎片式淡化、居民互助体系的碎片式衰退”[①]。技术悬浮于治理之上，扭曲、割裂了社区治理所需要秉持的价值内核。加之数字技术本身具有专业性较强、门槛要求比较高等特性，数字技术嵌入社区治理后会排斥或隔离数字弱势群体，特别是对老年群体来说，“数字鸿沟”问题比较突出，由此形成的信息藩篱所导致的思维差异和认知水平差异会拉大不同阶层、群体间的价值观念差距，从而加剧群体间的不平等，影响社区治理公共价值的实现。[②] 人际关系学派指出，复杂多变的人和人类社会是难以被精确预测的，公众情感、价值伦理、信任机制等非正式制度实质上塑造着社会内生秩序，但这些因素又是难以被数字化的，如果过度依赖技术而忽视了人的主体价值，简单地用机械数据来替代社会多面向的变量，那么必然会削弱社会活力，影响治理效能。

四、数字信息整合与信息碎片化矛盾问题

在我国，数字技术嵌入社区治理的进程基本上是由政府驱动的，遵循的是自上而下的数字化转型线路，由此使得数字技术对社区治理的赋能带有明显的行政化倾向。在自上而下的刚性考核压力下，基层社区多忙于对数据的机械性采集和存储，但由于各部门系统不同，大量数据处于碎片化状态，数字技术悬浮于社区治理过程，“信息孤岛”问题成为数字赋能社区治理的瓶颈。[③] 一方面，大量工作人员疲于人工进行大量的数据采集和汇总，无法及时进行分析梳理，导致数据大量堆积，工作重复，造成人力、物力资源的巨大浪费；另一方面，在数字化转型过程中侧重数据采集而忽视居民需求，只重视方法执行而忽视模式创新，从而掉入形式数字化和表面数字化陷阱。[④] 实际上，单一的数据采集难以挖掘到多元化、碎片化的需求中可供规

---

① 朱懿、韩勇：《我国智慧社区建设及其优化对策》，《领导科学》2020 年第 2 期。

② 参见鲁迎春、唐亚林：《数字治理时代养老服务供给的互动服务模式：特质、问题及其优化之策》，《南京社会科学》2020 年第 7 期。

③ 参见杜娟、钟昕怡、唐有财：《数字技术赋能社区治理的现实问题及对策探析》，《领导科学》2023 年第 2 期。

④ 参见沈费伟、叶温馨：《基层政府数字治理的运作逻辑、现实困境与优化策略：基于“农事通”“社区通”“龙游通”数字治理平台的考察》，《管理学刊》2020 年第 6 期。

范性分析的数据，仅仅依靠政府单一主体也难以解决数字赋能中的公共性问题。同时，在数字时代，作为社区居民的公众开始逐渐成为信息的生产者，而独立信息生产个体产生的信息是零散的，其产生的诉求又具有多样性、多发性的特征，从而进一步加剧了数字技术治理的难度。

五、单一治理技术与多元化治理场景问题

数字技术嵌入社区治理既是治理技术发展的必然趋势，也是治理场景多样化使技术治理被强化的惯性表现。所以，吕德文指出，“某种意义上，治理活动就是一种场景化行动”①。但不同的治理场景对技术适配的要求是不一样的，因为治理目标、治理内容与治理技术之间具有复杂的匹配关系。只有信息技术全面性与治理规范统一性相互匹配，才能实现理想的治理形态。这就决定了技术治理的限度性，这种限度主要表现为单一治理技术与多元化治理场景之间、技术的规范统一性与事实的全面性之间的矛盾。当技术与场景适配时，治理效能会提高；反之，则会导致治理效能低下。而在我国社区治理实践中，单一治理技术与多元化治理场景之间的关系并不协调，存在很多技术迷思现象。例如，部分城市在开发社区数字治理工具过程中，脱离社区实际，导致工具的适用性和有效性大打折扣，甚至起到反作用；部分城市社区使用“技术之眼”把复杂的实际情况转化成“简单数据流”，导致“数智失真”和“社区图景”的二次误读。② 这就需要通过运用各种数字化思维和技术，对多元化治理场景的一些复杂性新问题进行精准分析，探寻新的应对方法。

六、数字治理发展与数字人才短缺问题

数字时代离不开掌握现代信息技术知识和技能的人才，没有数字人才参与的治理称不上数字治理。而从我国社区治理的实际运行来看，不仅大部分社区工作人员队伍现代信息技术能力较弱，大数据技术、计算机应用能

---

① 吕德文：《治理技术如何适配国家机器：技术治理的运用场景及其限度》，《探索与争鸣》2019年第6期。

② 参见王炳文、李佐军：《数智技术赋能城市社区治理共同体大有可为》，《中国经济时报》2023年5月17日。

力不足，而且有些社区居民的数据运用技能也很薄弱，甚至存在一定的排斥心理，相比信息网络方式，他们更倾向于传统方式，直接到社区寻求帮助，忽视便捷的网上求助。[①] 实际上，在大数据时代，数据正逐渐变得无限庞大、复杂、模糊，具备传统的数字统计和分析能力已经没有办法很好地胜任新时代的数据提取和分析任务。[②] 但目前的社区治理人员对数据的认知多数还仅仅停留在数据的收集和储存层次，抽象化、全局性的分析和应用不够深入。有些社区虽然构建了大数据系统，但实际发挥出的作用是探头监控、人口数据更新，大数据的作用并没有发挥出来。关键的制约因素在于缺乏具有数据知识和熟练应用大数据的人才。从构建社区"智治"共同体的视角看，除了需要大量技术人才，还需要一些具备数字化治理思维的社区行政人员、社会组织人员以及志愿者等。重点培养打造下沉到城市社区的"智治"人才队伍，就成为克服数字赋能社区治理短板的重要任务。

第三节　数字赋能城市社区治理效能提升的路径优化

习近平总书记指出："古往今来，很多技术都是'双刃剑'，一方面可以造福社会、造福人民，另一方面也可以被一些人用来损害社会公共利益和民众利益。"[③]推进数字治理不能只靠技术的单维度赋能，还需要理念、制度、组织、法治、伦理、人力资源等多个维度的协同支撑与规范制约。既要充分认识数字赋能社区治理的必然性和必要性，又要破除对数字赋能社区治理的过度迷思，直面问题，总结经验，不断优化数字赋能社区治理的发展路径。

一、凝聚城市社区治理数字化的公共价值

公共价值是与个体价值相对应的范畴。城市社区发展与居民生活的社会性，决定并要求城市社区治理价值取向的公共性。提高公共价值与城市

① 参见沈莉、吴玮莹：《数据赋能视角下"智慧社区"建设的瓶颈与出路：以 H 社区为例》，《公共治理研究》2022 年第 2 期。

② 参见曲甜、张小劲：《大数据社会治理创新的国外经验：前沿趋势、模式优化与困境挑战》，《电子政务》2020 年第 1 期。

③ 习近平：《论党的宣传思想工作》，中央文献出版社 2020 年版，第 202 页。

社区治理绩效的内在契合性，对于思考数字赋能城市社区治理路径优化问题具有前瞻性意义。

如前所述，数字时代，数字技术只是嵌入社区治理的一种工具，而能否提升治理效能，关键不在于技术本身，而在于治理主体对数字技术这一治理工具的价值认知和运用。“想让技术更好地服务于人类，就必须将其与公共政策工具和公共价值有效结合。”[①]美国著名行政管理学家凯利（Kelly）和马尔干（Mulgan）等曾将公共价值包含的要素概括为三个主要维度。一是服务的价值。政府要向公众公平公正地提供服务，服务能使公众获得实际的效用，公共价值正是在这个递送过程中传输的。二是结果的价值。服务是政府管理的宗旨，它是过程与结果的综合表现，因此结果有时会和服务出现交叉和重叠，但是结果的价值包含更多抽象的东西，不应与服务的价值等同而视。要通过目标的实现来产生更深层次的公共价值。三是信任与合法性。创造公共价值的根本条件是信任，信任能够保障政府忠诚地提供服务，能够让公众理性地看待政府的行为。

以上三个维度都是围绕政府行为而展开的评价，实际上公共价值的理念与社区治理效能的内涵不谋而合，即基于信任，经由合法的过程达成的某种成果。它应当是超越了狭隘又具体的政治、经济抑或社会价值而统合生成的更高层次的公共价值。

公共价值导向下的城市社区数字治理在主体定位、制度设计、公众参与及结果使用上都有明显不同于传统治理的表现，此时的治理效能蕴含着两个“公共”的特征。第一，治理效能应满足需求的“公共”性。治理主体，无论是政府还是社会力量，都会在提供公共产品、满足公共需求的过程中关注并引导公众的集体偏好，确定并创造公共价值。数字治理行为时刻受到公共价值理念的约束，只有体现公共价值的效能，才能获得合法性和支持。数字治理不仅要对治理的政策、行为和产出进行详细分析，更重要的是，要确保决策、行为和结果符合社会和公民需要。社区数字治理更需要政府和社区对自下而上的需求上升为共识的公共认同，并且在实现过程中创造合作机

① 郁建兴、樊靓：《数字技术赋能社会治理及其限度：以杭州城市大脑为分析对象》，《经济社会体制比较》2022年第1期。

会,给予支持。第二,价值的"公共"而非利益的"公共"。公共利益是指具有社会分享性的,为人们生存、享受和发展所需的资源和条件,强调的是结果,价值是包括结果在内的整个过程。公共利益是驱使治理行动的直接原因,是公共价值存在的基础,公共价值蕴含公共利益并以公共利益为目标取向。城市社区数字治理的目标不仅仅是结果上实现利益,更要在过程中博弈、平衡与协调,形塑出公共价值。

数字时代的公共价值理念塑造了社区居民的数字化认知、数字化行动以及对数字化成果的认同。城市社区治理过程中,借助于数字技术,各治理主体在进行公共产品和服务的生产与供给时要满足公共需要的价值属性,并在这一过程中兼顾效率、公平、公正、民主、责任等公共价值的体现。通过公共价值的输入,确保数字赋能城市社区治理的方向正确,将基于公共价值的数字治理和城市社区治理进行理性结合,运用公共价值的逻辑可以避免城市社区数字治理过程中过度追求工具理性而弱化价值理性的情况出现。

数字赋能城市社区治理效能评估首先是对治理主体的综合评价。也就是说,在社区数字治理中,信息技术和信息处理是各种变化的核心因素,但不能只是一味地谋求数字化变革,还是要以满足居民需求、完善治理结果为最终目标。[①] 要把以人民为中心作为数字赋能的价值导向,把人民群众的利益作为数字赋能的主导因素,把满足人民群众对美好生活的需要作为指导实践的价值诉求,把人民群众的满意度作为衡量数字赋能社区合作治理成果的主要标准,把人民群众最根本的利益贯穿到数字赋能的全流程、各环节,从而保证人民群众福祉的提升。[②] 数字赋能社区治理既要考量政府提供公共产品和服务的能力,也要关注横向上各利益主体之间的协调能力。城市社区治理效能产出不仅是由政府担负的,还是由政府组织之外的其他社会组织共同创造的成果,在这一合作治理过程中,基于一个共同的目标指向来统一治理行动尤为重要。因此,讨论数字赋能城市社区治理效能,最终应当回归社区本身,即以社区公共价值为社区治理效能评价的基准。公共价

① 参见竺乾威主编:《公共行政理论》,复旦大学出版社 2008 年版,第 481-482 页。

② 参见周济南:《数字技术赋能城市社区合作治理:逻辑、困境及纾解路径》,《理论月刊》2021 年第 11 期。

值为评价数字赋能城市社区治理效能提供了一个新型的分析框架。由此，城市社区治理效能本质上体现的是公共价值的实现，即公共价值是判断和检验治理绩效是否达成的标杆。

二、完善城市社区治理数字化的系统设计

系统性的社区治理数字化体系、治理机制和治理路径的构建与探索是城市治理复杂性所要求的，从根本上关系到系统治理范式的可行性。以系统治理的思路来应对社区治理中的问题，应首先考虑社区数字化治理中政府、社区、市场多方力量的结合。

第一，加强顶层设计，尽快出台针对社会需求、公共服务以及鼓励市场助力基层社区治理的政策，同时要及时纠正治理主体对政策的误解，对治理过程进行指导纠偏并对治理经验进行汇总整理。社区需要树立居民是受益者同时也是治理者的意识，通过调动居民自治的自觉性来提高治理的效率和降低人力成本。在广泛发动居民积极参与社区治理的同时，社区要加强基层服务型党组织建设，完善社区治理框架结构，整合并配强社区网格管理力量。此外，社区治理还要吸纳企业市场加入，市场为社区治理提供丰富的公共产品与公共服务，社区为市场提供良好的信息支撑和消费者的正向反馈。市场主体掌握着不同领域的信息资源，政府对其进行引导、监督，提供政策支持，使其参与到社区治理中，再对多方数据进行整合并建立数据库，为社区治理提供数据基础的同时最大限度地保证信息的安全性，防止市场因急功近利而产生泄露信息隐私等危害公共安全的问题。

第二，要以建立跨政府、跨社会组织的通用数据平台与互联网运作平台为目标，构建跨层级、跨系统融合的云平台，确保治理网络有效运行。一方面，通过平台将大融合深化到社区、细服务深化到楼栋，将社区治理、安全防范、社区生活服务等多个管理体系集成到一张电子地图上，进一步提升预警分析、科学决策、统筹调度的能力；另一方面，通过搭建跨系统融合的云平台，构建集“大联动”分中心、监管中心和网格化服务管理中心为一体的社区综合治理中心，将多元调解、诉愿治理、心理咨询、法律服务等功能向社区综合治理中心集成，打造以组织、安防、服务为核心的功能平台，构建“人、车、

房、物＋N”交互、立体智能空间，实现治理、管理和服务全域化融合建设。

第三，要系统性构建围绕社区居民生活服务的数字化应用场景体系，将各场景应用融入治理、服务和安防之中，进一步强化数据效能，促进政务信息共享和基本公共服务均等化。基于大数据中心的汇总功能、社区综合治理中心的线下实践，通过信息采集平台收集治理信息，整合后进行高效反馈；通过社区安防职能平台对社区安保信息进行汇总，实时监测、智能分析，确保视线范围内的“风吹草动”尽被大数据中心掌握，打造宜居平安社区；通过邻里互动平台对熟人社区中居民互动消息进行科学收集分析，在拉近社区居民内部关系的同时及时得到生活反馈。

三、重塑城市社区治理主体的数字化关系

数字时代，治理主体的多元化决定了城市社区治理效能实现的多维性。出于对不同治理主体的治理目标、行为动机、资源占有以及社区现实需要的考量，城市社区治理目标的整合是一个复杂艰难的博弈过程。城市社区治理目标的统合程度实质上反映的是治理主体之间互动协调的程度，以数字技术强化资源共享和行动整合，是防止“技术赋能”变成“技术负能”的有效手段。

第一，以“数字”深化政府与城市社区的互动关系。政府与城市社区的互动关系可以分为外源性依附关系和内源性互动关系。前者意指政府在行政体系内利用其资源、权力对城市社区进行干预和控制，表现为城市社区对政府的依附性；后者是双方基于各自的需求、目标和愿景可协商达成一致的前提，共同采取行动达成互惠互赢的理想状态。[①] 数字赋能社区治理可以强化这两种关系。政府应对社区充分赋权，同时发挥兜底和保障作用。在政策保障方面，政府需要建立健全规范、完整的社区数字治理制度体系以及配套的监管和激励机制，规范信息获取与信息共享行为，这是数字技术与社区治理互嵌效能释放的必要条件。[②] 政府下放权力，能够让城市社区在资源、

---

① 参见李灵芝：《政府与社区内源性互动关系的构建：以内蒙古包头市“鹿景苑”社区建设为例》，《人民论坛》2015 年第 23 期。

② 参见陈桂生、徐铭辰：《数字技术与城市社区互嵌治理：以“两津联动”的天津实践为例》，《上海行政学院学报》2022 年第 2 期。

权力方面降低依赖性,同时在制度上、政策上确保与社区的内源性互动关系,对内促使社区内各参与主体形成高度集中的政治合力,对外开放并引入各类社会组织参与或共享治理资源。政府转变角色让渡权力,城市社区汲取能量主动参与,良性的内源性互动关系从本质上确保城市社区治理的主体目标内在统合。

第二,以"数字"构建政府与市场的伙伴关系。数字时代的城市社区治理,政府和市场共同作为公共物品与服务的供给者。市场具有成本低、反应快、数字资源充足等优势,不仅可以弥补政府供给公共服务方面的短板,更能从整体上提升城市社区治理的效率与质量。多元治理框架下的政府与市场的关系可理解为,基于几近平等的权力与权利互换、各自承担相应的责任与义务,依托审议式协商、对话的结构化平台努力实现多元主体的现实利益需求,并构建多种网络化合作类型,通过公共、私人与公民社会横向与纵向结合的沟通渠道,步调一致地协调彼此关涉公共物品供给的公共政策与执行活动,建立共同工作的伙伴关系,并最终建立共通的合作伙伴式的文化网络,实现增进彼此利益的制度安排、结构设计与生成特定的公共空间形式。[①]增进政府与市场的伙伴关系,还应统筹考虑投入与产出的关系,防止社区治理的财政负担过载,使数字化建设成为地方"政绩工程"。

第三,以"数字"形成政府与社会组织的互补关系。社会组织作为参与城市社区治理的重要主体之一,在扩展社区服务供给、推动慈善公益落地、弥补市场不足和承接政府职能转移方面发挥着重要作用。从数字治理层面来说,"数字+社会组织"共同加入城市社区治理,具有涉足面广、渗透性强、适应力快等优点,有利于弥补政府力量的不足。社会组织推动社区治理,要加强对数字技术的运用,通过数据赋能增强公共服务能力。一是转变大数据时代下的服务理念,认识到大数据、互联网、人工智能、云计算等技术在社会组织高质量发展中的重要作用,积极运用数字技术创新公共服务提供方式和内容。二是依托互联网、大数据、区块链等技术,实现资源整合,消除信息壁垒,打破"数据孤岛",将服务和技术充分融合。三是在加强数字化能力

① 参见白祖纲:《公私伙伴关系视野下的地方公共物品供给》,苏州大学博士学位论文,2014年,第61页。

建设的同时，要重视数据安全。大数据等技术能够快速收集大量社会组织及成员的相关信息，因此，社会组织要重视组织及成员信息安全问题，在主动履行信息公开责任的同时，防止数据信息泄露，并主动承担起保护成员数据隐私的责任。

第四，以“数字”筑牢政府与社区居民的信任关系。城市社区居民是城市社区治理成果的直接评价者和分享者，是治理过程中不可或缺的监督者和见证者，更是城市社区治理有力的推动者和参与者。通过数字技术，社区居民能够平等、广泛、深度地参与到社区治理中，有效表达、及时反馈并且有力监督，通过数字技术实现全过程民主参与和民主监督，以信息的公开化增进政府与民众的信任关系。

四、推动城市社区治理数字化的协同共享

在社区数字治理过程中，多元的治理主体产生了多样的系统平台，多平台交互技术为社区数字治理绘制了美好的图景。然而，要想实现治理网络有效运行，必须实现平台之间的跨越联动，换言之，跨平台的数字融合机制是社区治理数字化的长效动力，是社区治理共同体有效且长效运行的保障。这使得平台间的同质性、差异性以及分离性等特性成为数字治理有效运行的主要阻碍。

因此，统筹规划社区治理与社会治理，解析政府整体运行逻辑和社区治理系统的关系，对多平台进行整合，运用场景赋予的方式，对平台功能进行统筹规划，有效地实现平台之间功能的互补，避免资源浪费，是进一步提升社区治理效能的关键手段。

从数字采集角度，首先要着力完善共享开放管理办法，对政府数据共享实行分类管理，涉及人口、法人、自然资源和空间地理、电子证照等基础信息库的信息，应实行无条件共享；涉及健康、综治维稳、信用体系等信息库数据，应实行有条件共享；涉及国家安全等法律、法规规定不能共享的数据，则不进行共享。职能部门也要按照无条件共享、有条件共享与不能共享三类管理原则与政府部门实行信息共享。其次要分类分步推进信息共享开放，包括统筹处理现有数据、解决现存信息系统问题、完善数据管理标准等。针

对具体情况与相关单位协商制定解决方案，尽可能帮助匹配和使用各地区、部门现有的信息系统，避免信息系统的重复性构建，着力推动数据采集、命名、格式、接口等方面的标准统一，建立相应的数据标准规范，并为政府部门和数据库打造“标准化数据”的输出端口，以保证各单位和各地区数据格式的一致性和兼容性，以解决未来数据共享中可能出现的问题。

从数字服务角度，首先要整合数据资源，积极开展“互联网＋基层政府”工作，整合大社区地理信息等基础数据资源，可以建立基层政府数据库，促进基层数据共享，并在必要时对外开放数据库。其次要探索政务数据资源共享，综合采集社区数据，建立相关数据库，达到一次采集、多次利用的效果。最后要进一步完善社区事务监督管理制度以及志愿者管理机制和社区事务沟通机制，建立社区日志、协调工作平台等，力争通过将管理体系网格化，实现对社区人员、基础设施和事件的三维管理、可视化管理和动态管理。

此外，在数字共享的基础上，还应从以下三方面增强数字资源的应用效能。首先，要着力搭建“数字连线”平台，结合社区提供的数字治理经验，建立由社区居民、社区业主委员会、物业公司等组织协同共建的治理体系。该治理体系更加全面地运用数字技术，以居民的需求为前提条件，涵盖几乎全部主体，尽最大可能调遣社区治理的各类资源，打造基层治理组织机构彼此协作的网络关系。其次，要着力改进数字化服务系统，以人们的日常生活需求为依据，将周边的学校、商业、物业等各类资源融合到平台之中，尽可能满足居民多元化的需求。最后，要活用社区数字化资源，绘制社区治理地图，在“城市大脑”平台推动下，通过数字“皮肤”感知各类风险信息，使地图呈现的内容更为全面，各种治理信息不断在地图上更新，同时利用城市“神经网络”实现人物之间的信息交流，借助云反射弧使城市能迅速、准确地作出回应。

五、探索城市社区治理数字化的机制创新

社区数字治理面临着群众利益诉求逐渐增强的异质性和多元性，社会矛盾日益显现的复杂性、黏连性和持续性等新挑战，要想有效提升治理绩效和水平，需要简约高效、务实管用的运行机制予以支撑。在现有的社区治理

数字化运行机制的基础上，应进一步从民意感知、内外协同、快速反馈以及政民互动四个角度优化运行机制。

第一，社区数字治理中，治理机制就是以开放式代替封闭式、以共享式代替碎片式、以自动式代替人工式、以预警式代替被动式，而实现转型的前提是要有及时、准确、有效的民意感知。具体而言，要提升民意感知能力，首先要促进数据采集形式多样化、渠道多元化，提升数据采集效率，通过数字化手段快速有效地感知民意民情。社区数字治理既可以借助类似于“城市眼·云共治”的系统自动发现、提取有效数据，在基层治理工作环节探索“机器换人”，也可以由社区网格员通过 App 及时掌握网格内发生的事情，减轻基层工作负担，还可以由居民通过“随手拍”直接上报至微信公众号，数据随即进入基层治理平台。开放式数据采集方式为社区提供了录入、管理和分析工具，拓展了居民线上申报、AI 设备识别、平台数据联通等数据采集途径，建立了群众快速反映诉求、政府及时收集知悉民意的新渠道。此外，应当进一步击破数字壁垒，实现数据资源共通共用，通过平台接入、系统对接、数据共享，实现全域治理数据的深度集成和融合，建成可以供多方调用的丰富的基层治理数据库，使民意感知更方便、更快捷，以共建共享共用实现精准感知、高效治理。

第二，推动资源融合、力量整合、职能统筹、流程再造，建立社区数字治理协同机制。具体而言，首先注重党建引领，通过整合党政部门的各类资源，使事务处理由原先单部门牵头履职转变为多部门联合处理，通过社区数字治理中的条线治理和网格治理有机结合，打破条线壁垒，使治理范围不断向基层纵向延伸，实现物理空间和治理架构的全覆盖。其次注重平台融合，要着力对社区数字治理中的各类平台进行融合，形成以块为主、信息共享、综合执法、力量联合的整体性治理形态。再次提升移动融合，坚持政府端、居民端“两端协同”理念，通过居民端小程序、公众号等“接地气”的形式，使社区、物业或社区自治组织等的服务信息第一时间直达居民。最后多方协同，要在社区数字治理中加强政民互动和社会协同，在区级及街道级设立实体“三方办”机构，在街道、社区两级建立联动网络，促使社区居委会、业委会、物业公司三方形成协同架构，有效促进社区治理的多方协同。

第三，积极响应民众诉求，建立快速反馈机制。首先是促进居民办事过程自动智能反馈，通过上线各类服务功能提升治理效率，在实现“居民少跑腿”的同时，降低社区服务成本。其次是设计智治功能场景，依托平台数据交换和社区感知设备设计丰富的智治功能场景，实现治理反馈主动高效、治理效果精准精细。最后是强调治理过程动态反馈。社区治理涉及人口、环境、资源、民生等种类繁多的大量数据，要合理借用移动终端和智能设备快速传递和整合信息，以全程监控和流程控制进行实时动态监管，以数据及时更新实现即时动态监测，及时反馈、高效整合、动态优化，推动政府职能、政策资源、物力、财力、人力资源等治理要素和资源灵活统筹、快速匹配，形成更及时、更灵活的资源配置方式，对基层治理事件、处理进程、结果反馈进行全程监督管理。

第四，注重社区治理与协商民主有效结合，构建良性的政民互动机制。通过公共服务精准供给解决社区治理资源不足问题，满足民众公共事务参与需求。首先，在党建引领的原则下，社区数字治理应加强各级党组织对治理事项的领导能力，激发各方主体参与的内生动力，按照条块结合、块抓条保的原则，探索与数字应用相契合的运行模块，再造闭环处置流程，破解社会治理中量大、面广的难题。其次，在政民互动中应建设畅通的互动渠道，融通线上线下民主协商机制，拓展基层协商的范围，在社区微治理中引入协商议事和互动参与，提升多方互动效果，同时引入社会化协商服务力量，积极引导社会化、专业化力量参与基层协商，发挥党建引领等机制的协商功能，增强基层协商的专业支撑，整合法务、调解、仲裁、建筑、市政等专业部门参与民主协商。最后，在政民互动中还应注重完善协商机制，通过探索各类居民“议事会”的社区微治理模式，形成“数据抓取—民意分析—议题提炼—数字化互动—线上与线下议事—形成共治方案—回应群众需求”的治理闭环，建立数字技术支撑与民主协商相融合、线上与线下相匹配的治理机制，保障协商过程和协商成果清晰可见、充分及时、精准到位。

第五，充分利用社会组织力量，以数治激活“五社联动”机制。“五社联动”是指社区与社会组织、社会工作者、社区志愿者、社会慈善资源的有机联动，以形成互联互通、共商共建、共治共享、共行动共发展的有序动态协作过程。数字技术对城市社区治理赋能的一个重要标志就是促进数据信息的互联互通，依托多种丰富的数智平台，通过数据资源的协同功能，建构起社区治理各主体的对话交流平台，以保障“五社”真正“联”起来、“动”起来。具体包括：一是依托街道、社区、物业等探索建设社区大数据指挥中心，完善数据信息应用平台；二是统筹治理与安全，建立全流程、多层面的数字化沟通交流审慎监管机制，确保交流沟通数据的收集、传输和处理安全有序；三是通过相关数智平台整合资源，有效培育社区内社会组织，招募专业的社会工作者，链接社区公益慈善资源，提升社区行动共同体的治理能力；四是鼓励优秀社区志愿者和专业人士利用互联网资源，通过对社区工作人员进行不间断的专业技能培训，增强社区工作人员的综合素质，全方位提高社区治理科学化水平；五是有效利用信息技术建立居民、政府和社会组织之间扁平化、线性化的沟通机制，调动各类公益资源等主体力量，促进“五社”通力合作，以提高社区多元行动主体之间的协同性，实现服务力量和服务资源的整合与高效配置，切实打通服务群众的“最后一公里”。

第六，发挥党建引领，创新“党委领导、双线融合”机制。通过基层党建数字化建设，创新社治综治工作联动、问题联解、绩效联评工作机制，实现社区治理与社会治理党委领导、政府负责、社会参与融合治理。从纵向的党委组织联动到横向的政府部门联动，实现党建带动、政务整合、社区微治理。从结构上改变政府、社区、党组织、社会组织的位置，实现同平台对话、同场景交流。在微观层次通过开源开放的系统平台，促使商户与居民交流，促进供需对话，实现供需闭环结合。在这一基础上，应进一步推进资源协同，探索“地域网络社会”融合模式。在推进数字化社区建设的过程中，应致力于线上线下空间的交互融合，将较悬浮的网络社会回嵌到社会生活中，拓展网络社会与地域社会联动赋能数字社会的新视角，从而形塑社区数字治理共同体，充分发挥政策的宏观调控与党建的组织领导作用，通过“区—街道—社区—院落—居民”五级联动，实现联动环节中的多主体参与。同时，加快社会组织的培育，从微观上落实到居民自身，实现横向纵向的贯通联动。这种机制有助于促进社会组织积极参与到共治共建共享中，也更加有利于扩大党和政府的群众基础，进而增强社区治理发展过程中服务到位和服务到家的能力。

六、强化城市社区治理数字化的可持续驱动力

数字赋能城市社区治理是一个动态过程，保障城市社区治理安全有序，既需要有正式的制度规制，保护社区个人数据安全，对采集数据、运用数据进行治理，也需要有非正式的规则约束，通过唤醒居民的数字意识、强化数字思维、塑造数字文化或数字文明，形成和谐稳定的数字时代社区治理氛围以及公共数字理性。健全良好的正式制度是确保实现城市社区治理效能的前提，而非正式的规则可随着正式制度的完善逐渐沉淀内化为社区居民的行为规范与精神美德。因此，城市社区数字治理中既有规范的数据安全管理制度做支撑，又有非正式的公共数字理性做保障，两者共同促进城市社区治理效能提升。特别是在数字治理时代，正式制度和非正式规则不断相互影响，信息安全制度在已有的基础上随着数字化新形势不断完善，而社区文化——公共数字文化建设也在同步推进，不断增进民众对数字化公共产品和公共服务的适应性，提升公众数字文化素养。由此可见，社区数字治理是从技术理性到制度理性的跨越，根本要求是制度重塑与价值再造，不能只是把数字化应用场景叠加到传统的治理过程中，而是要以数字化为契机，打造适应数字时代的治理制度与治理文化，以此促进基层治理不断创新。

一是健全新技术应用监管的法律体系和安全高效的治理体系。针对数字技术嵌入社区治理发展出现的新问题，需要更新和完善配套法律法规。具体包括：加快制定信息安全制度体系，建立健全信息安全防范、监测、响应和处置机制；建立数字技术应用审查机制，有效避免可能出现的各种风险；完善伦理道德规范，加快构建科学有序的技术伦理治理体系；通过制定法律法规以及具体的实施细则，明确信息授权的边界、个人隐私的保护、收集到的信息的所有权等；加强网络安全保障体系建设，提升保障能力，发挥网络安全技术在新技术领域的支撑作用，“完善网络安全监测、通报预警、应急响应与处置机制，打造安全和发展并重的技术治理体系”①。

---

① 夏学平、邹潇湘、贾朔维等：《加强数字化发展治理　推进数字中国建设》，《人民日报》2022年2月15日。

二是增强对技术理性、制度理性与价值理性的认知。数字技术作为实现社区治理现代化的关键变量，已成为重塑城市社区治理体系的重要引擎。依托人类生产生活的真实需要，通过技术的改良、调试和优化来实现对政治、经济和社会的全面赋能，此谓“技术理性”。但即使这样也不可迷信技术万能，而是要清醒地认识到科技进步的最大意义在于消除不平等，实现全人类的共同利益，这才是“技术正义”的核心要义。如果认为技术会成为“一种控制的新形式”[①]，那么通过技术理性的统治建立起来的新社会是一个消除了工人的反抗性的一体化社会[②]，必然会由于技术过度化而导致技术对人类的控制。同时数字异化和基层治理的简约化动机也使得数字技术治理极易产生“滑坡效应”，造成社区治理内卷化。[③] 因此，技术理性还需要有制度的规制与调和，通过制度安排与多主体合作来协助技术实现社会利益最大化，实现价值共创。如何在数字时代确保技术与社会的理性对话、和谐共生，让技术成为人类社会真正意义上的“善”，实现技术理性、制度理性与价值理性的统筹发展，就成为防范“技术支配”危机的关键所在。

三是以数字人才高水平化驱动社区治理数字化可持续发展。数字赋能城市社区治理的前提是数字技术的应用，而对数字技术的应用需要相关治理主体具备掌握或熟悉数字技术的能力。[④] 发挥新一代信息技术在社区治理中的积极效用，必须重视将新技术工具应用于政策制定、政策执行、政策评估等环节，推动组织结构变革与服务流程再造。而要持续推进数字基础设施建设，重要的是需要培养数字治理专业人才，“规制新技术工具使用的潜在风险，包括“数字鸿沟”、信息泄露、算法歧视、伦理问题等，避免因技术使用不当对国家治理效能造成损害”[⑤]。数字平台的搭建和维护，数据的搜

---

① 王治东、马超：《技术正义何以可能？——基于马克思对资本逻辑批判的考察》，《哲学分析》2020 年第 1 期。

② 参见张成岗：《从意识形态批判到“后技术理性”建构：马尔库塞技术批判理论的现代性诠释》，《自然辩证法研究》2010 年第 7 期。

③ 参见郭春镇：《对“数据治理”的治理：从“文明码”治理现象谈起》，《法律科学》（西北政法大学学报）2021 年第 1 期。

④ 参见周济南：《数字技术赋能城市社区合作治理：逻辑、困境及纾解路径》，《理论月刊》2021 年第 11 期。

⑤ 黄新华：《国家治理效能的评价维度与提升方略》，《国家治理》2022 年第 1 期。

集是否准确、输送是否及时安全，信息使用是否合理合法，都需要有高素质的专业技术人员来完成和评价。对基层社区来说，数字治理人才比较短缺，因此需要加强培训和监管，特别是要注重职业道德、专业技术以及服务意识等方面的培训。要培养既熟悉社区治理业务，又具备数字化专长的复合型人才，促进数字技术专员和社区工作者取长补短，提高耦合度，不断向“治理+技术”的专业队伍发展，强化服务能力，促进社区治理数字化可持续发展。

结语　数字治理共铸社区美好未来

城市社区治理的数字化转型既是数字时代的必然要求，也是城市治理现代化的必要条件。探讨数字时代的治理问题，不仅要关注数字技术为治理实践所贡献的技术滋养与治理智慧，深刻思考数字技术为治理理论的深化所提供的经验支撑，更为重要的是要意识到，即使是在数字技术广泛渗透到人们工作生活每一个角落的当下，关注人的本身、坚持"以人民为中心"依然是数字治理的根本信条，当然，这是在任何时代都从未动摇过的治理信仰。基于此共识，积极探索以数字化为驱动的城市社区治理就有了重要的理论意义和实践价值，能够有力地破解风险社会背景下城市社区治理面对的不确定性和复杂性问题，有力地诠释和解答了作为国家治理"最后一公里"的社区的时代使命与时代之问。

城市社区数字治理坚持的是人民立场而非技术立场。城市的集聚性、异质性与流动性加剧了城市社区治理的风险和不确定性，对于传统的治理范式提出了新的挑战。而随着互联网、大数据、物联网、人工智能等新型数字技术应用到城市社区治理中，治理的感知、决策、处置、监督、反馈和评估可实现全要素、全过程智能化、科学化，不仅提升了社区治理效能，而且增强了社区对风险的抵抗能力。但事实上，数字技术本身也在制造潜在的危机和风险，比如技术至上、算法偏见、信息茧房、数字隔离等。因此，城市社区数字治理中，数字技术并非用一种技术取代一种方式的应用逻辑，而是在技术的加持下，治理的本质——公平、透明、合作、多元互动、民主、法治等持续彰显优势，并能为推动社会治理、国家治理现代化提供鲜活的、成功的社区数字治理个案样本，也为数字中国建设总结扎实的基层实战经验。由此，更形象地说，城市社区治理的数字化转型，是用“人民算法”[1]来解决社区难题，解决人民难题。“人民算法”融合了技术的精度与治理的温度，解决的是效率与安全问题，也是科学与民主问题。

城市社区数字治理是“家国同构”的文化传统与现代文明的交汇契合。作为最小治理空间尺度的社区，也可以被视为“国”里最小的“家”。在滕尼斯眼中，社区是共同体和亲密伙伴关系的象征，社区里的人守望相助、富有人情味。一直以来，社区是人们的生活共同体这一认知深入人心。那么，社区缔造了何种社区精神或社区传统呢？数字治理在社区又体现出怎样的中国智慧呢？或许我们可以从“家国同构”的爱国主义这一概念中找到答案。历史上，中国农耕文明时期的百姓安居乐业、和谐共处，这是中国对抗侵略、抵御风险的古老方式，集体精神、互惠互利、和合共生的价值理念就根植于中国传统治理文化之中。演进到社区，基于“家国同构”的理念，人们会将共建家园、同舟共济、邻里相助的信念融入社区生活中，相应地，数字治理也要遵循这一价值主张。比如数字治理的出发点是“以人民为中心”，这促使公共服务组织转变为“民本位”，用技术来实现对居民真实需求的理性识别；治理过程中要确保全过程的民众参与，以社区居民来定义和评价社区数字治理的绩效和价值；强调公共服务组织与民众之间平等、协作的关系，促成民众之间以及民众与政府、社会的合作关系达成；当面临冲突、矛盾等非良性互动情形时，能够基于公共利益的调和、公共价值的平衡以及公共精神的引领，最大限度地确保城市社区治理符合人民的心意。这里的“人”是抽象的、是社会的、是国家的、是全人类的。

由此，城市社区比以往任何一个时代都更肩负重任，国家治理重心的下沉、数字技术的渗入，使社区治理的表现更直观可见。城市社区治理是国家治理的“小切口”，也是人民幸福生活的“小窗口”，城市社区是推动城市高质量发展的时代践行者。

---

① 何艳玲：《用“人民算法”解决社区治理“两难”问题》，《长江日报》2022年8月24日。

参考文献

中文文献

[美]阿尔文·托夫勒:《第三次浪潮》,朱志焱译,新华出版社2006年版。

[德]阿诺德·盖伦:《技术时代的人类心灵:工业社会的社会心理问题》,何兆武、何冰译,世纪出版集团、上海科技教育出版社2008年版。

[美]埃莉诺·奥斯特罗姆、拉里·施罗德、苏珊·温:《制度激励与可持续发展:基础设施政策透视》,毛寿龙译,上海三联书店2000年版。

[美]艾丽斯·杨:《包容与民主》,彭斌、刘明译,江苏人民出版社2013年版。

[加]安德鲁·芬伯格:《在理性与经验之间:论技术与现代性》,高海青译,金城出版社2015年版。

[英]安东尼·吉登斯:《超越左与右:激进政治的未来》,李惠斌、杨雪冬译,社会科学文献出版社2000年版。

[英]安东尼·吉登斯:《第三条道路:社会民主主义的复兴》,郑戈译,北京大学出版社2000年版。

[美]安东尼·汤森:《智慧城市:大数据、互联网时代的城市未来》,赛迪研究院专家组译,中信出版社2015年版。

[德]卡尔·曼海姆:《重建时代的人与社会:现代社会结构的研究》,张旅平译,北京联合出版公司2013年版。

[美]卡罗尔·L. 斯蒂梅尔:《智慧城市建设:大数据分析、信息技术(ICT)与设计思维》,李晓峰译,机械工业出版社 2017 年版。

[美]戴维·奥斯本、特德·盖布勒:《改革政府:企业精神如何改革着公营部门》,周敦仁译,上海译文出版社 1996 年版。

[美]戴维·波普诺:《社会学》,李强等译,中国人民大学出版社 1999 年版。

[美]丹尼尔·李·克莱曼:《科学技术在社会中:从生物技术到互联网》,张敦敏译,商务印书馆 2009 年版。

[美]道格拉斯·诺思:《制度、制度变迁与经济绩效》,杭行译,格致出版社、上海人民出版社 2008 年版。

[德]斐迪南·滕尼斯:《共同体与社会:纯粹社会学的基本概念》,张巍卓译,商务印书馆 2020 年版。

[美]赫伯特·马尔库塞:《单向度的人:发达工业社会意识形态研究》,刘继译,上海译文出版社 1989 年版。

[美]简·芳汀:《构建虚拟政府:信息技术与制度创新》,邵国松译,中国人民大学出版社 2004 年版。

[美]理查德·C. 博克斯:《公民治理:引领 21 世纪的美国社区》,孙柏瑛等译,中国人民大学出版社 2005 年版。

[美]罗伯特·帕特南:《使民主运转起来:现代意大利的公民传统》,王列、赖海榕译,中国人民大学出版社 2014 年版。

[美]马克·H. 穆尔:《创造公共价值:政府战略管理》,伍满桂译,商务印书馆 2016 年版。

[美]马修·萨尔加尼克:《计算社会学:数据时代的社会研究》,赵红梅等译,中信出版社 2019 年版。

[英]曼纽尔·卡斯特:《网络社会的崛起》,夏铸九等译,社会科学文献出版社 2001 年版。

[法]米歇尔·福柯:《规训与惩罚》,刘北成、杨远婴译,生活·读书·新知三联书店 2012 年版。

[美]乔尔·S. 米格代尔:《社会中的国家:国家与社会如何相互改变与

相互构成》，李杨、郭一聪译，江苏人民出版社 2013 年版。

[美]R. E. 帕克、E. N. 伯吉斯、R. D. 麦肯齐：《城市社会学：芝加哥学派城市研究文集》，宋俊岭、吴建华、王登斌译，华夏出版社 1987 年版。

[美]唐·伊德：《技术与生活世界：从伊甸园到尘世》，韩连庆译，北京大学出版社 2012 年版。

[美]威廉·N. 邓恩：《公共政策分析导论》，谢明、杜子芳、伏燕等译，中国人民大学出版社 2002 年版。

[德]乌尔里希·贝克：《风险社会》，何博闻译，译林出版社 2004 年版。

[美]西奥多·W. 舒尔茨：《论人力资本投资》，吴珠华等译，北京经济学院出版社 1990 年版。

[美]詹姆斯·博曼、威廉·雷吉主编：《协商民主：论理性与政治》，陈家刚等译，中央编译出版社 2006 年版。

[美]詹姆斯·博曼：《公共协商：多元主义、复杂性与民主》，黄相怀译，中央编译出版社 2006 年版。

曹荣湘选编：《走出囚徒困境：社会资本与制度分析》，上海三联书店 2003 年版。

陈幽泓主编：《社区治理的多元视角：理论与实践》，北京大学出版社 2009 年版。

陈振明等：《公共管理学》，人民出版社 2017 年版。

丁元竹：《社区研究的理论与方法》，北京大学出版社 1995 年版。

丁元竹：《费孝通社会思想与认识方法研究：美好社会的世纪求索》，中国社会出版社 2007 年版。

《费孝通文集》(第 16 卷)，群言出版社 2004 年版。

《费孝通全集》(第 9 卷)，内蒙古人民出版社 2009 年版。

冯奎、唐鹏、郭巍：《数字治理：中国城市视角》，电子工业出版社 2021 年版。

郭玉锦、王欢：《网络社会学》，中国人民大学出版社 2005 年版。

胡锦涛：《坚定不移沿着中国特色社会主义道路前进　为全面建成小康社会而奋斗——在中国共产党第十八次全国代表大会上的报告》，人民出版社 2012 年版。

胡晓东:《绩效管理的理论研究与实践探索》,华中科技大学出版社 2017 年版。

李惠斌、杨雪冬主编:《社会资本与社会发展》,社会科学文献出版社 2000 年版。

沈体雁、杨明瀚、耿德红:《城市数字治理理论与实践:"一网共治"南京模式》,社会科学文献出版社 2023 年版。

石发勇:《准公民社区:国家、关系网络与城市基层治理》,社会科学文献出版社 2013 年版。

陶富源:《终极关怀论:人的哲学之悟》,安徽大学出版社 2004 年版。

王湘穗:《三居其一:未来世界的中国定位》,长江文艺出版社 2017 年版。

吴文藻:《论社会学中国化》,商务印书馆 2010 年版。

伍彬编著:《政府绩效管理:理论与实践的双重变奏》,北京大学出版社 2017 年版。

习近平:《决胜全面建成小康社会　夺取新时代中国特色社会主义伟大胜利——在中国共产党第十九次全国代表大会上的报告》,人民出版社 2017 年版。

习近平:《论党的宣传思想工作》,中央文献出版社 2020 年版。

习近平:《高举中国特色社会主义伟大旗帜　为全面建设社会主义现代化国家而团结奋斗——在中国共产党第二十次全国代表大会上的报告》,人民出版社 2022 年版。

信息社会 50 人论坛编:《数字化转型中的中国》,电子工业出版社 2020 年版。

薛晓源、周战超主编:《全球化与风险社会》,社会科学文献出版社 2005 年版。

俞可平主编:《治理与善治》,社会科学文献出版社 2000 年版。

郁建兴等:《"最多跑一次"改革:浙江经验,中国方案》,中国人民大学出版社 2019 年版。

张锋:《大城数治:上海超大城市社区治理数字化研究》,上海人民出版社 2021 年版。

张建锋编著:《数字治理:数字时代的治理现代化》,电子工业出版社 2021 年版。

张晓:《数字化转型与数字治理》,电子工业出版社 2021 年版。

赵毅旭:《城市社区治理路径》,四川大学出版社 2010 年版。

浙江省民政厅编:《社区治理共同体创新的浙江样本》,浙江大学出版社 2020 年版。

郑方辉、张文方、李文彬:《中国地方政府整体绩效评价:理论方法与“广东试验”》,中国经济出版社 2008 年版。

郑杭生主编:《社会学概论新修》,中国人民大学出版社 2002 年版。

中共中央党史和文献研究院编:《习近平关于社会主义社会建设论述摘编》,中央文献出版社 2017 年版。

中共中央党史和文献研究院编:《习近平关于网络强国论述摘编》,中央文献出版社 2021 年版。

中共中央党史和文献研究院编:《十九大以来重要文献选编》(中),中央文献出版社 2021 年版。

《中共中央关于坚持和完善中国特色社会主义制度　推进国家治理体系和治理能力现代化若干重大问题的决定》,人民出版社 2019 年版。

《中国共产党第十九届中央委员会第四次全体会议文件汇编》,人民出版社 2019 年版。

《中国共产党第十九届中央委员会第五次全体会议文件汇编》,人民出版社 2020 年版。

《中华人民共和国国民经济和社会发展第十四个五年规划和 2035 年远景目标纲要》,人民出版社 2021 年版。

朱光磊:《当代中国政府过程》,天津人民出版社 2008 年版。

竺乾威主编:《公共行政理论》,复旦大学出版社 2008 年版。

《资本论》第 1 卷,人民出版社 2004 年版。

安小米、白献阳、洪学海:《政府大数据治理体系构成要素研究:基于贵州省的案例分析》,《电子政务》2019 年第 2 期。

白梅花:《马克思的社会资本理论研究》,《长春理工大学学报》(社会科学版)2017 年第 1 期。

保海旭、陶荣根、张晓卉:《从数字管理到数字治理:理论、实践与反思》,《兰州大学学报》(社会科学版)2022 年第 5 期。

保建云:《百年变局下的全球数字治理变革及数字风险治理》,《人民论坛》2023 年第 12 期。

毕竞悦:《通过网络的协商民主:评桑斯坦的〈网络共和国〉与〈信息乌托邦〉》,《清华法治论衡》2009 年第 2 期。

卜宪群:《中国古代"治理"探义》,《政治学研究》2018 年第 3 期。

左伟清:《论现代文明中社区精神的失落与重建》,《华南理工大学学报》(社会科学版)1999 年第 2 期。

曹红杰:《当前城市社区建设推进障碍与创新路径:基于社会资本的视角》,《华北水利水电大学学报》(社会科学版)2017 年第 4 期。

曾凡军、韦彬:《整体性治理:服务型政府的治理逻辑》,《广东行政学院学报》2010 年第 1 期。

曾令发:《整体型治理的行动逻辑》,《中国行政管理》2010 年第 1 期。

陈炳辉、王菁:《"社区再造"的原则与战略:新公共管理下的城市社区治理模式》,《行政论坛》2010 年第 3 期。

陈东冬、郭峰:《基层政府数字治理的应用场景、风险困境和优化路径》,《福州党校学报》2023 年第 1 期。

陈刚、谢佩宏:《信息社会还是数字社会》,《学术界》2020 年第 5 期。

陈桂生、史珍妮:《数字赋权与数字平权:迈向共同富裕的数字治理》,《学习论坛》2022 年第 4 期。

陈桂生、徐铭辰:《数字技术与城市社区互嵌治理:以"两津联动"的天津实践为例》,《上海行政学院学报》2022 年第 2 期。

陈家刚:《数字协商民主:认知边界、行政价值与实践空间》,《中国行政管理》2022 年第 1 期。

陈家喜、白瑜:《党建引领城市基层数字治理的实践探索与理论反思:深圳市 P 区"社区党群服务中心+民生诉求系统"的案例研究》,《社会治理》

2023 年第 3 期。

陈家喜:《反思中国城市社区治理结构:基于合作治理的理论视角》,《武汉大学学报》(哲学社会科学版)2015 年第 1 期。

陈家喜:《中国城市社区治理的新变化:基于政党功能视角》,《政治学研究》2023 年第 1 期。

陈捷、卢春龙:《共通性社会资本与特定性社会资本:社会资本与中国的城市基层治理》,《社会学研究》2009 年第 6 期。

陈鹏:《城市社区治理:基本模式及其治理绩效——以四个商品房社区为例》,《社会学研究》2016 年第 3 期。

陈剩勇、卢志朋:《信息技术革命、公共治理转型与治道变革》,《公共管理与政策评论》2019 年第 1 期。

陈仕伟:《大数据技术异化的伦理治理》,《自然辩证法研究》2016 年第 1 期。

陈水生、谢仪:《数字治理价值的偏离及其复归:基于"数字抗疫"的案例研究》,《电子政务》2023 年第 2 期。

陈水生:《技术驱动与治理变革:人工智能对城市治理的挑战及政府的回应策略》,《探索》2019 年第 6 期。

陈水生:《数字时代平台治理的运作逻辑:以上海"一网统管"为例》,《电子政务》2021 年第 8 期。

陈潭:《大数据驱动社会治理的创新转向》,《行政论坛》2016 年第 6 期。

陈天祥、徐雅倩:《技术自主性与国家形塑:国家与技术治理研究关系的政治脉络及其想象》,《社会》2020 年第 5 期。

陈小华:《数字政府发展的中国经验及其路径优化》,《中共杭州市委党校学报》2023 年第 4 期。

陈振明、黄子玉:《数字治理的公共价值及其实现路径》,《郑州大学学报》(哲学社会科学版)2022 年第 6 期。

陈志鹏、陈媛媛:《政府数字治理路径探索中的模糊集定性比较分析》,《图书情报工作》2023 年第 15 期。

程晟、白晨、王延隆:《从数字治理到数字化改革的浙江实践》,《观察与思考》2022 年第 4 期。

吴晶晶:《从数字治理走向数字善治的路径探索》,《山东行政学院学报》2022 年第 2 期。

程晟、沈费伟、王江红:《技术治理与民意互动:数字政府整体智治的实现机制研究——以杭州市“民呼我为”数字治理平台为例》,《中共天津市委党校学报》2023 年第 2 期。

程大章:《数字社区与智能化住宅小区》,《智能建筑与城市信息》2003 年第 1 期。

褚添有、朱仁森、李静怡:《接点聚合与稳态运作:数字平台助推基层敏捷治理——以“云享乌镇”为研究对象》,《行政论坛》2023 年第 2 期。

崔超:《城镇化背景下大数据构建和谐社区的策略探索》,《广西社会科学》2017 年第 8 期。

崔磊、王炜富:《城市数字治理及智慧建设的立体化构建研究》,《智能城市》2023 年第 5 期。

代佳欣:《从割裂到弥合:政府技术治理何以可能与何以可为》,《学习与实践》2020 年第 11 期。

邓念国:《认知性社会资本与城市社区治理绩效:基于杭州的实证研究》,《天津行政学院学报》2013 年第 4 期。

邓念国:《整体智治:城市基层数字治理的理论逻辑与运行机制——基于杭州市 S 镇的考察》,《理论与改革》2021 年第 4 期。

邓念国:《城市基层数字治理的创新动因及运行机制:以 H 市三个街道实践为例》,《天津行政学院学报》2022 年第 3 期。

丁大尉、李正风、胡明艳:《新兴技术发展的潜在风险及技术治理问题研究》,《中国软科学》2013 年第 6 期。

丁煌、黄彦智:《平台驱动创新:机关事务治理数字化转型研究》,《中国机关后勤》2022 年第 3 期。

丁元竹:《中文“社区”的由来与发展及其启示:纪念费孝通先生诞辰 110 周年》,《民族研究》2020 年第 4 期。

董礼胜、崔群:《整体性治理:一种研究智慧城市的新视角》,《福建行政学院学报》2015 年第 3 期。

董礼胜、王少泉：《工具—价值理性分野下的西方行政伦理学的变迁》，《中国行政管理》2014 年第 1 期。

董亮、李金兆、简青：《基于智慧社区的信息惠民服务体系研究》，《成都理工大学学报》(社会科学版)2017 年第 6 期。

董幼鸿、周彦如：《技术赋能城市韧性治理的系统思考》，《东南学术》2022 年第 6 期。

杜娟、钟昕怡、唐有财：《数字技术赋能社区治理的现实问题及对策探析》，《领导科学》2023 年第 2 期。

杜坤杰、刘华诊、邵知寅等：《人工智能技术在智慧社区建设中的应用研究》，《华东科技》2020 年第 5 期。

杜伟泉：《基层社会治理数字化转型研究：基于我国东部 M 市实践经验的分析》，《情报理论与实践》2021 年第 2 期。

杜星雨：《新时期城市社区网格化治理的困境及优化路径》，《经济师》2023 第 7 期。

段哲哲、贾泽民：《数字治理视域下的互联网＋基层治理：困境与优化路径——以 S 市为例》，《江苏师范大学学报》(哲学社会科学版)2022 年第 3 期。

樊博、贺春华、白晋宇：《突发公共事件背景下的数字治理平台因何失灵："技术应用—韧性赋能"的分析框架》，《公共管理学报》2023 年第 2 期。

范如国：《复杂网络结构范型下的社会治理协同创新》，《中国社会科学》2014 年第 4 期。

方然：《社区治理理论和实践研究》，《思想战线》2015 年第 1 期。

方兴东、严峰：《"健康码"背后的数字社会治理挑战研究》，《人民论坛·学术前沿》2020 年第 16 期。

费孝通：《从人类学是一门交叉的学科谈起》，《广西民族学院学报》(哲学社会科学版)1997 年第 2 期。

费月：《整体性治理：一种新的治理机制》，《中共浙江省委党校学报》2010 年第 1 期。

冯贺霞、李弢、李赟:《转型与变革:数字治理理论前沿与实践进展》,《社会治理》2023 年第 1 期。

冯奎:《以数字赋能提升基层智慧治理水平》,《中国党政干部论坛》2021 年第 8 期。

付诚、王一:《新公共管理视角下的社区社会管理创新研究》,《社会科学战线》2011 年第 11 期。

傅柏勇、沈婷婷:《基于未来社区理念的社区数字化场景建设研究》,《建设科技》2023 年第 6 期。

傅荣校:《基层数字治理的"智治"逻辑》,《小康》2021 年第 24 期。

高建华:《区域公共管理视域下的整体性治理:跨界治理的一个分析框架》,《中国行政管理》2010 年第 11 期。

葛天任、裴琳娜:《高风险社会的智慧社区建设与敏捷治理变革》,《理论与改革》2020 年第 5 期。

顾兴树、吕洪楼:《城市社区数字化治理的内在逻辑、现实困境及纾解路径》,《党政干部学刊》2023 年第 5 期。

关爽:《数字技术驱动社会治理共同体建构的逻辑机理与风险治理》,《浙江工商大学学报》2021 年第 4 期。

郭春镇:《对"数据治理"的治理:从"文明码"治理现象谈起》,《法律科学》(西北政法大学学报)2021 年第 1 期。

郭高晶、孙冰、孙思洁等:《数字治理中多元主体角色定位与关系研究》,《公关世界》2022 年第 5 期。

郭明:《互联网下乡:国家政权对乡土社会的"数字整合"》,《电子政务》2020 年第 12 期。

郭雪松、朱正威:《跨域危机整体性治理中的组织协调问题研究:基于组织间网络视角》,《公共管理学报》2011 年第 4 期。

郭余豪、石宏伟:《基层政府推进数字治理的价值逻辑、现实障碍与破解对策》,《领导科学》2023 年第 3 期。

海丽、吴双江、满文汇:《精细化管理概述》,《大东方》2016 年第 7 期。

韩央迪:《英美社区服务的发展模式及对我国的启示》,《理论与改革》

2010 年第 3 期。

韩兆柱、翟文康:《公共价值管理理论及其在中国语境下的应用研究》,《公共管理与政策评论》2016 年第 4 期。

韩兆柱、翟文康:《西方公共治理理论体系的构建及对我国的启示》,《河北大学学报》(哲学社会科学版)2016 年第 6 期。

韩兆柱、马文娟:《数字治理理论研究综述》,《甘肃行政学院学报》2016 年第 1 期。

韩兆柱、杨洋:《整体性治理理论研究及应用》,《教学与研究》2013 年第 6 期。

韩兆柱、于均环:《整体性治理、合作治理与合同制治理理论比较研究》,《天津行政学院学报》2018 年第 5 期。

韩志明:《技术治理的四重幻象:城市治理中的信息技术及其反思》,《探索与争鸣》2019 年第 6 期。

何东平:《基层数字治理的悬浮化及其克服之策》,《领导科学》2023 年第 1 期。

何艳玲、王铮:《统合治理:党建引领社会治理及其对网络治理的再定义》,《管理世界》2022 年第 5 期。

何艳玲、张雨睿:《孪生空间,平行治理:网络空间塑造中国城市治理新议程》,《中国人民大学学报》2022 年第 5 期。

何艳玲、赵俊源:《差序空间:政府塑造的中国城市空间及其属性》,《学海》2019 年第 5 期。

何艳玲:《"公共价值管理":一个新的公共行政学范式》,《政治学研究》2009 年第 6 期。

何艳玲:《成都:实现以人民为中心的社区发展治理》,《先锋》2019 年第 6 期。

何艳玲:《走向精而美的治理:成都社区发展治理的启示》,《先锋》2019 年第 12 期。

何增科:《中国治理评价体系框架初探》,《北京行政学院学报》2008 年第 5 期。

何哲:《国家数字治理的宏观架构》,《电子政务》2019 年第 1 期。

洪祎丹、宋维尔、方虹旻等:《后疫情时代数字化赋能社区韧性治理的思考:以浙江未来社区为例》,《中国工程咨询》2021 年第 8 期。

侯利文:《基层社会治理中的"国家与社会":变迁、现状与反思》,《华东理工大学学报》(社会科学版)2016 年第 4 期。

胡洪彬:《人工智能时代政府治理模式的变革与创新》,《学术界》2018 年第 4 期。

胡佳:《迈向整体性治理:政府改革的整体性策略及在中国的适用性》,《南京社会科学》2010 年第 5 期。

胡税根、单立栋、徐靖芮:《基于大数据的智慧公共决策特征研究》,《浙江大学学报》(人文社会科学版)2015 年第 4 期。

胡税根、杨竞楠:《发达国家数字政府建设的探索与经验借鉴》,《探索》2021 年第 1 期。

胡伟、张润峰:《无缝隙治理:我国城市社区治理的一种新模式》,《中共天津市委党校学报》2018 年第 6 期。

胡小勇、孙硕、杨文杰等:《人工智能赋能教育高质量发展:需求、愿景与路径》,《现代教育技术》2022 年第 1 期。

黄建伟、陈玲玲:《国内数字治理研究进展与未来展望》,《理论与改革》2019 年第 1 期。

黄滔:《整体性治理理论与相关理论的比较研究》,《福建论坛》(人文社会科学版)2014 年第 1 期。

黄晓波:《马克思社会资本思想形成的基本理论路径》,《社会科学家》2014 年第 4 期。

黄晓春、嵇欣:《技术治理的极限及其超越》,《社会科学》2016 年第 11 期。

黄晓春:《技术治理的运作机制研究:以上海市 L 街道一门式电子政务中心为案例》,《社会》2010 年第 4 期。

黄新华、陈宝玲:《政府规制的技术嵌入:载体、优势与风险》,《探索》2019 年第 6 期。

黄新华:《国家治理效能的评价维度与提升方略》,《国家治理》2022 年第 1 期。

黄徐强、张勇杰:《技术治理驱动的社区协商:效果及其限度——以第一批“全国社区治理和服务创新实验区”为例》,《中国行政管理》2020 年第 8 期。

黄毅、文军:《从“总体—支配型”到“技术—治理型”:地方政府社会治理创新的逻辑》,《新疆师范大学学报》(哲学社会科学版)2014 年第 2 期。

黄颖:《社会变迁与数字治理转型十年述评》,《中国信息安全》2023 年第 2 期。

季连帅、安娜:《数字治理的法治化展开:核心命题与体系建构》,《学习与探索》2023 年第 5 期。

简兆权、邓凌云、李慧泉:《数字治理背景下技术预见共识形成机制研究》,《科学学与科学技术管理》2022 年第 12 期。

江文路、张小劲:《地方政府数字化转型的变革逻辑与路径演进:以北京市“接诉即办”数字治理改革为例》,《南昌大学学报》(人文社会科学版)2023 年第 3 期。

江小涓:《以数字政府建设支撑高水平数字中国建设》,《中国行政管理》2020 年第 11 期。

姜晓萍、张璇:《智慧社区的关键问题:内涵、维度与质量标准》,《上海行政学院学报》2017 年第 6 期。

蒋慧、吴新星:《“过渡型社区”治理问题的政治社会学解析:基于社会资本的视角》,《大连理工大学学报》(社会科学版)2012 年第 1 期。

蒋余浩、贾开:《区块链技术路径下基于大数据的公共决策责任机制变革研究》,《电子政务》2018 年第 2 期。

焦萌:《现代化背景下数字政府建设标准化探析》,《中国标准化》2023 年第 1 期。

金春华:《“四个平台”破解基层治理困境》,《浙江人大》2018 年第 6 期。

金华:《国家治理中的过度数据化:风险与因应之道》,《中共天津市委党校学报》2021 年第 1 期。

金炜玲、李熠、李佳:《数字化社区治理:应用政务热线大数据创新物业管理》,《电子政务》2021 年第 2 期。

靳玉茜、唐军:《复杂适应系统视角下的城市社区协同治理困境与应对策略研究》,《北京工业大学学报》(社会科学版)2023 年第 2 期。

康雅倩:《新时代数字治理的主体性困境及其科层制破解》,《理论导刊》2023 年第 3 期。

康宇:《中国城市社区治理发展历程及现实困境》,《贵州社会科学》2007 年第 2 期。

孔娜娜:《网格中的微自治:城市基层社会治理的新机制》,《社会主义研究》2015 年第 4 期。

黎熙元:《社区技术治理的神话:政府项目管理与社工服务的困境》,《兰州大学学报》(社会科学版)2018 年第 3 期。

李大宇、章昌平、许鹿:《精准治理:中国场景下的政府治理范式转换》,《公共管理学报》2017 年第 1 期。

李东泉:《美国的社区发展历程及经验》,《城市问题》2013 年第 2 期。

李广德:《社区治理现代化转型及其路径》,《山东社会科学》2016 年第 10 期。

李汉卿、孟子龙:《城市数字治理的生成及其风险防控:以上海市 M 区"一网统管"为例》,《当代经济管理》2022 年第 9 期。

李建宁:《基层社会治理数字化转型的审思与创新》,《领导科学》2021 年第 14 期。

李菁、郑健敏、柳敏和:《城市居民社区文化需求研究:以石家庄市社区为例》,《石家庄学院学报》2011 年第 1 期。

李景鹏:《关于推进国家治理体系和治理能力现代化:"四个现代化"之后的第五个"现代化"》,《天津社会科学》2014 年第 2 期。

李军鹏:《面向基本现代化的数字政府建设方略》,《改革》2020 年第 12 期。

李利文、陈嘉时:《什么决定了地方政府数字治理能力?——基于 31 个省级地方政府的模糊集定性比较分析》,《公共治理研究》2023 年第 2 期。

李灵芝:《政府与社区内源性互动关系的构建:以内蒙古包头市“鹿景苑”社区建设为例》,《人民论坛》2015 年第 23 期。

李猛、刘叶:《城市社区治理共同体建构策略研究》,《内蒙古科技与经济》2023 年第 3 期。

李旻:《智慧政府数字治理水平与城市可持续发展能力相关性应用》,《数字技术与应用》2022 年第 3 期。

李沫霏:《基层数字治理的理论反思、现实解构与优化策略》,《经济纵横》2023 年第 2 期。

李齐、李建呈、李松玉:《网络社会政府治理变革的逻辑结构》,《中国行政管理》2017 年第 7 期。

李韬、冯贺霞:《数字治理的多维视角、科学内涵与基本要素》,《南京大学学报》(哲学·人文科学·社会科学)2022 年第 1 期。

李韬:《以数字治理推进基层社会治理现代化》,《中国民政》2023 年第 4 期。

李薇:《“街乡吹哨、部门报到”在首都功能核心区的实践创新》,《社会治理》2019 年第 8 期。

李文静、时立荣:《“社会自主联动”:“三社联动”社区治理机制的完善路径》,《探索》2016 年第 3 期。

李文军、王媛媛:《数字治理研究现状、热点与未来发展趋势:基于 Citespace 知识图谱的可视化分析》,《行政与法》2022 年第 8 期。

李文钊:《北京市接诉即办的治理经验》,《前线》2022 年第 2 期。

李艳、林秀玉:《国家治理体系创新与治理能力提升的新探索:广东省人大委托第三方评财政绩效的现实思考》,《公共管理学报》2016 年第 3 期。

李友梅:《关于社会体制基本问题的若干思考》,《探索与争鸣》2008 年第 8 期。

李友梅:《我国特大城市基层社会治理创新分析》,《中共中央党校学报》2016 年第 2 期。

李志强、叶好:《国家治理现代化视域下大数据赋能政府治理研究》,《西南民族大学学报》(人文社会科学版)2022 年第 4 期。

李忠汉:《数字治理驱动治理重心下移的机制分析:以北京市“接诉即办”改革为例》,《北京社会科学》2022 年第 11 期。

梁丽:《北京市智慧社区发展现状与对策研究》,《电子政务》2016 年第 8 期。

梁盛书:《数字治理视角下城市智慧社区建设研究》,《中国建材》2022 年第 9 期。

梁素梅、李宁:《基层社会数字治理标准化的初探与深化:以浙江省为例》,《中国标准化》2022 年第 15 期。

梁正:《数字双赋打通韧性城市建设“最后一公里”》,《人民论坛·学术前沿》2022 年第 C1 期。

廖福崇、张世贵:《数字治理体系建设:要素、特征与生成机制》,《行政管理改革》2022 年第 7 期。

林晶晶:《习近平关于数字治理重要论述在社会治理中的实践价值》,《福州党校学报》2023 年第 2 期。

林尚立:《协商政治与中国的政治形态》,《中国政协》2007 年第 1 期。

林志明、宋君:《当前地方政府数字治理的困境与突破路径》,《中国管理信息化》2022 年第 19 期。

刘波、王力立、姚引良:《整体性治理与网络治理的比较研究》,《经济社会体制比较》2011 年第 5 期。

刘凤、杜宁宁:《数字社会转型背景下城市基层治理逻辑变革研究》,《湖北民族大学学报》(哲学社会科学版)2020 年第 4 期。

刘继同:《由边缘到主流:国家与社区关系的历史演变及其核心议题》,《理论研究》2004 年第 1 期。

刘佳燕、沈毓颖:《面向风险治理的社区韧性研究》,《城市发展研究》2017 年第 12 期。

刘津:《基层数字治理平台建设的方式与优化》,《经济研究参考》2023 年第 2 期。

刘军、李艳春:《社会资本能提高社区治理绩效吗?——测量中的问题与“关系”研究架构》,《学术交流》2010 年第 7 期。

刘密霞:《推进数字政府建设的思路与对策》,《中国领导科学》2020 年第 2 期。

刘伟、王柏秀:《国内学界的网格化管理研究:回顾、反思与展望》,《公共管理与政策评论》2022 年第 1 期。

刘秀秀:《新时代国家治理中技术治理的双重维度及其出路》,《行政管理改革》2019 年第 10 期。

刘学涛、刘力夫:《数字治理视域下公共服务创新:机遇、挑战与变革》,《西藏发展论坛》2023 年第 1 期。

刘永谋、兰立山:《泛在社会信息化技术治理的若干问题》,《哲学分析》2017 年第 5 期。

刘永谋:《技术治理、反治理与再治理》,《云南社会科学》2019 年第 2 期。

刘永谋:《技术治理的逻辑》,《中国人民大学学报》2016 年第 6 期。

刘玉萍、张梓涵:《数字治理融入基层社会的影响因素研究:基于 NVivo 的质性分析》,《黄冈师范学院学报》2022 年第 2 期。

刘悦:《大数据时代公共治理政企合作路径探析》,《经济研究导刊》2019 年第 9 期。

卢学晖:《中国城市社区自治:政府主导的基层社会整合模式——基于国家自主性理论的视角》,《社会主义研究》2015 年第 3 期。

鲁迎春、唐亚林:《数字治理时代养老服务供给的互动服务模式:特质、问题及其优化之策》,《南京社会科学》2020 年第 7 期。

罗梁波:《国家治理的技术场景:理论反思和话语重构》,《学海》2020 年第 1 期。

罗泽意:《大学治理成本的生成与控制》,《高教探索》2012 年第 3 期。

吕德文:《治理技术如何适配国家机器:技术治理的运用场景及其限度》,《探索与争鸣》2019 年第 6 期。

吕普生:《数字乡村与信息赋能》,《中国高校社会科学》2020 年第 2 期。

马兵、王轲:《以"基层之治"推动"中国之治":时代内涵、逻辑机理及发展进路》,《成都行政学院学报》2022 年第 2 期。

马萍:《数字治理视角下智慧居家养老服务平台的特质、问题及其优化之策》,《人口与社会》2022年第6期。

马卫红、耿旭:《技术治理对现代国家治理基础的解构》,《探索与争鸣》2019年第6期。

马卫红、桂勇、骆天珏:《城市社区研究中的国家社会视角:局限、经验与发展可能》,《学术研究》2008年第11期。

马卫红:《内卷化省思:重解基层治理的“改而不变”现象》,《中国行政管理》2016年第5期。

马长山:《数智治理的法治悖论》,《东方法学》2022年第4期。

马长山:《智慧社会的治理难题及其消解》,《求是学刊》2019年第5期。

毛艺洁:《基层数字治理困境:表征、缘由及应对——基于粤西A镇的实地调查》,《广西质量监督导报》2021年第4期。

孟令辉:《党建引领城市社区治理的逻辑机理、现实困境与创新路径》,《领导科学论坛》2023年第5期。

孟庆国:《数字化转型中政府治理的机遇与挑战》,《山东经济战略研究》2020年第10期。

孟天广:《数字治理全方位赋能数字化转型》,《政策瞭望》2021年第3期。

孟天广:《数字治理全方位赋能政府数字化转型》,《中国财政》2022年第4期。

孟天广:《数字治理生态:数字政府的理论迭代与模型演化》,《政治学研究》2022年第5期。

裴紫云:《基于区块链的电子政务大数据安全共享分析》,《电子测试》2020年第23期。

彭勃:《基层韧性治理的数字化转型策略》,《国家治理》2021年第41期。

彭勃:《技术治理的限度及其转型:治理现代化的视角》,《社会科学》2020年第5期。

彭亚平:《技术治理的悖论:一项民意调查的政治过程及其结果》,《社会》2018年第3期。

戚凯、周祉含:《全球数字治理:发展、困境与中国角色》,《国际问题研究》2022 年第 6 期。

乔天宇、李由君、赵越等:《数字治理格局研判的理论与方法探索》,《中国科学院院刊》2022 年第 10 期。

乔湘然、徐成铭:《嵌入理论视域下数字技术赋能城市社区治理论析:以上海市长宁区新泾六村精品小区为例》,《领导科学论坛》2023 年第 5 期。

秦国民、王紫薇:《政府数字治理赋能制度创新的内在机理与实现路径》,《领导科学》2023 年第 2 期。

秦国民、张博:《智能化时代政府数据治理赋能制度执行力的效度与限度》,《河南社会科学》2021 年第 12 期。

邱诗懿、冉昊:《数字治理形式主义问题与对策》,《团结》2022 年第 6 期。

邱泽奇:《技术化社会治理的异步困境》,《社会发展研究》2018 年第 4 期。

邱泽奇:《技术与组织:多学科研究格局与社会学关注》,《社会学研究》2017 年第 4 期。

曲甜、张小劲:《大数据社会治理创新的国外经验:前沿趋势、模式优化与困境挑战》,《电子政务》2020 年第 1 期。

渠敬东、周飞舟、应星:《从总体支配到技术治理:基于中国 30 年改革经验的社会学分析》,《中国社会科学》2009 年第 6 期。

容志:《结构分离与组织创新:"城市大脑"中技术赋能的微观机制分析》,《行政论坛》2020 年第 4 期。

单菲菲:《基于公共价值视角的城市社区治理绩效反思》,《兰州大学学报》(社会科学版)2016 年第 6 期。

单勇:《跨越"数字鸿沟":技术治理的非均衡性社会参与应对》,《中国特色社会主义研究》2019 年第 5 期。

商巍:《社区治理现代化》,《青年文学家》2015 年第 11 期。

尚志海、欧先交、曾兰华等:《城市社区公共安全风险评估:以东莞市虎门镇赤岗社区为例》,《热带地理》2013 年第 2 期。

邵献平、袁漫兮、冯婧等:《韧性社区数字治理的协同机制探析》,《武汉理工大学学报》(社会科学版)2023 年第 2 期。

沈费伟、叶温馨:《基层政府数字治理的运作逻辑、现实困境与优化策略:基于“农事通”“社区通”“龙游通”数字治理平台的考察》,《管理学刊》2020年第6期。

沈费伟、叶温馨:《政府赋能与数据约束:基层政府数字治理的实践逻辑与路径建构——基于“龙游通”数字治理的案例考察》,《河南社会科学》2021年第4期。

沈费伟:《技术能否实现治理:精准扶贫视域下技术治理热的冷思考》,《中国农业大学学报》(社会科学版)2018年第5期。

沈费伟:《乡村技术赋能:实现乡村有效治理的策略选择》,《南京农业大学学报》(社会科学版)2020年第2期。

沈冠辰、王磊、杨鑫:《大数据背景下我国城市社区治理问题及优化路径》,《科技智囊》2022年第11期。

沈菊生、王子晨:《基层社会数字化治理:价值、挑战与优化》,《福建农林大学学报》(哲学社会科学版)2023年第2期。

沈君彬:《社区建设中参与主体角色问题的反思》,《哈尔滨学院学报》2005年第6期。

沈莉、吴玮莹:《数据赋能视角下“智慧社区”建设的瓶颈与出路:以H社区为例》,《公共治理研究》2022年第2期。

石火学、潘晨:《大数据驱动的政府治理变革》,《电子政务》2018年第12期。

时诚:《在法治轨道上推进数字中国建设的理论体系》,《重庆理工大学学报》(社会科学)2023年第6期。

史柏年:《治理:社区建设的新视野》,《社会工作》2006年第7期。

史云贵、周荃:《整体性治理:梳理、反思与趋势》,《天津行政学院学报》2014年第5期。

宋贵伦:《关于社会治理现代化的思考与探索》,《前线》2014年第8期。

宋君、林志明:《政府数字治理的时代特征与发展趋势》,《中国建设信息化》2022年第7期。

宋君、沙巨山:《数字治理到智慧治理的演进逻辑、风险管控与价值实现》,《领导科学》2022 年第 10 期。

宋文新:《技术何以走向人性的反面?——论技术悖论产生的根源》,《长白学刊》2006 年第 6 期。

苏海贵:《社区韧性:城市社区风险治理的理论逻辑与实践进路》,《福建江夏学院学报》2023 年第 3 期。

孙柏瑛、张继颖:《解决问题驱动的基层政府治理改革逻辑:北京市“吹哨报到”机制观察》,《中国行政管理》2019 年第 4 期。

孙海军、张长立:《技术适配治理:政府治理数字化的限度与人的主体性回归》,《江淮论坛》2023 年第 3 期。

孙会岩、王玉莹:《制度逻辑:基层社会治理中数字形式主义问题的反思与超越》,《电子政务》2023 年第 2 期。

孙文豪:《社区治理亮点新观察(之一)未来社区:高效源自“能思考”》,《半月谈》2022 年第 22 期。

孙小逸、黄荣贵:《制度能力与治理绩效:以上海社区为例》,《公共管理学报》2012 年第 4 期。

孙珠峰、胡伟:《后新公共管理时代钟摆现象》,《南京社会科学》2013 年第 9 期。

孙宗锋、郑跃平:《我国城市政务微博发展及影响因素探究:基于 228 个城市的“大数据＋小数据”分析(2011—2017)》,《公共管理学报》2021 年第 1 期。

谭海波、孟庆国、张楠:《信息技术应用中的政府运作机制研究:以 J 市政府网上行政服务系统建设为例》,《社会学研究》2015 年第 6 期。

谭海波、赵雪娇:《“回应式创新”:多重制度逻辑下的政府组织变迁——以广东省 J 市行政服务中心的创建过程为例》,《公共管理学报》2016 年第 4 期。

谭九生、杨建武:《人工智能技术的伦理风险及其协同治理》,《中国行政管理》2019 年第 10 期。

汤洁蔚:《从社区服务单一性到社区物质文化全面观:中国城市社区建设再定位》,《兰州学刊》2009 年第 9 期。

唐桂娟:《上海市社区灾害风险评估与管理研究》,《公共治理评论》2014年第1期。

唐皇凤、陶建武:《大数据时代的中国国家治理能力建设》,《探索与争鸣》2014年第10期。

唐有财、张燕、于建宁:《社会治理智能化:价值、实践形态与实现路径》,《上海行政学院学报》2019年第4期。

唐振坤、唐忠:《数字治理视角下智慧居家养老服务平台的特质、问题及优化对策》,《互联网周刊》2023年第13期。

滕五晓、陈磊、万蓓蕾:《社区安全治理模式研究:基于上海社区风险评估实践的探索》,《马克思主义与现实》2014年第6期。

滕五晓:《层级式安全管理的效能衰减及其治理策略》,《社会科学》2012年第4期。

田毅鹏:《网格化管理的形态转换与基层治理升级》,《学术月刊》2021年第3期。

佟德志、王毅刚:《民主治理何以可能:民主与治理融合的理论分析与实践趋势》,《吉林大学社会科学学报》2022年第4期。

佟林杰、张明欣:《数字形式主义的生成逻辑、制度困境及消解策略》,《理论导刊》2022年第4期。

佟林杰、张明欣:《基层数字形式主义及其条块协同治理》,《学术交流》2022年第8期。

佟瑞鹏、李丹、翟存利:《社区安全脆弱性评估模型的构建与应用》,《中国安全生产科学技术》2017年第3期。

涂子沛:《大数据及其成因》,《科学与社会》2014年第1期。

汪波、安喆:《国家治理现代化视角下政府数字协商的实证研究》,《中南大学学报》(社会科学版)2021年第2期。

汪向阳、胡春阳:《治理:当代公共管理理论的新热点》,《复旦大学学报》(社会科学版)2000年第4期。

王灿灿:《中国式现代化进程中城市社区治理体系的四重审视》,《成都行政学院学报》2023年第2期。

王晨:《我国城市社区公共价值生产的学理认知》,《山东社会科学》2020年第9期。

王传智:《数据要素及其生产的政治经济学分析》,《当代经济研究》2022第11期。

王春城:《政策精准性与精准性政策:“精准时代”的一个重要公共政策走向》,《中国行政管理》2018年第1期。

王德福:《“社区自治”辨析与反思》,《云南行政学院学报》2017年第2期。

王汉生、吴莹:《基层社会中“看得见”与“看不见”的国家:发生在一个商品房小区中的几个“故事”》,《社会学研究》2011年第1期。

王红艳:《社区治理的英国经验及其启示》,《福建论坛》(人文社会科学版)2014年第11期。

王欢欢、朱旭东:《“互联网+社区治理”模式的执行限度与优化路径》,《长白学刊》2021年第6期。

王杰秀、何立军:《社区治理创新的“武汉经验”:武汉市社区治理创新调研报告》,《中国民政》2015年第1期。

王磊:《数字治理的科学内涵、基本特征与运行逻辑》,《经济界》2022年第4期。

王立军、夏志强:《效率与效果:从专业化到整体性治理——兼论整体性治理理论在中国语境中的适应性》,《云南行政学院学报》2020年第6期。

王璐:《政府数字治理实践中的困境与对策》,《新西部》2023年第5期。

王洛忠、闫倩倩、陈宇:《数字治理研究十五年版从概念体系到治理实践:基于CiteSpace的可视化分析》,《电子政务》2018年第4期。

王木森:《社区治理:理论渊源、发展特征与创新走向——基于我国社区治理研究文献的分析》,《理论月刊》2017年第9期。

王妮丽:《国家与社会关系视角下我国社区治理模式思考》,《云南师范大学学报》(哲学社会科学版)2019年第1期。

王萍、刘诗梦:《从智能管理迈向智慧治理:以杭州市西湖区三墩镇“智慧社区”为观察样本》,《中共杭州市委党校学报》2017年第1期。

王山:《大数据时代中国政府治理能力建设与公共治理创新》,《求实》2017年第1期。

王绍光:《新技术革命与国家理论》,《中央社会主义学院学报》2019年第5期。

王文彬、王倩:《基层治理数字化整体性转型:生态、逻辑与策略》,《深圳大学学报》(人文社会科学版)2022年第5期。

王锡锌:《数字行政的法治逻辑及风险》,《中国法治》2023年第6期。

王祥:《基层社区治理的"数字利维坦"风险及其应对:基于目标替代理论和技术执行框架的分析》,《领导科学论坛》2023年第3期。

王小芳、王磊:《"技术利维坦":人工智能嵌入社会治理的潜在风险与政府应对》,《电子政务》2019年第5期。

王晓东:《新时代地方政府数字治理:问题及政策选择》,《忻州师范学院学报》2022年第2期。

王学军、陈友倩:《数字政府治理绩效生成路径:公共价值视角下的定性比较分析》,《电子政务》2021年第8期。

王延隆、毛燕武;《城市大脑+社区小脑:"十四五"时期我国城市社区精细化治理新模式》,《学习论坛》2022年第2期。

王杨:《治理与逆治理:现代城市中的数字治理实践及隐忧》,《城市发展研究》2023年第4期。

容志、李婕:《"一网"能够"统管"吗——数字治理界面助推跨部门协同的效能与限度》,《探索与争鸣》2023年第4期。

王益宇:《对我国社区服务的几点思考》,《上海第二工业大学学报》2006年第4期。

王雨磊:《技术何以失准?——国家精准扶贫与基层施政伦理》,《政治学研究》2017年第5期。

王雨磊:《数字下乡:农村精准扶贫中的技术治理》,《社会学研究》2016年第6期。

王张华、颜佳华:《人工智能驱动政府治理变革:技术逻辑、价值准则和目标指向》,《天津行政学院学报》2020年第6期。

王张华:《政府与平台型企业合作模式及其风险管控研究论纲:基于数字治理的视角》,《湘潭大学学报》(哲学社会科学版)2023 年第 4 期。

王芷彤:《数字治理视角下“互联网+政务服务”优化路径分析:以广东省广州市“一窗式”改革为例》,《中国管理信息化》2023 年第 10 期。

王治东、马超:《技术正义何以可能?——基于马克思对资本逻辑批判的考察》,《哲学分析》2020 年第 1 期。

王梓菲、袁凤林、李婧等:《“互联网+”社区网格化协同治理体系构建与实践》,《合作经济与科技》2020 年第 12 期。

韦曙林、李昌达:《我国基层数字治理的实践导向、理论热点与研究展望》,《领导科学》2023 年第 2 期。

魏成龙、郭诚诚:《赋能与重塑:数字经济时代的政府治理变革》,《理论学刊》2021 年第 5 期。

魏礼群、顾朝曦、倪光南等:《数字治理:人类社会面临的新课题》,《社会政策研究》2021 年第 2 期。

魏娜:《我国城市社区治理模式:发展演变与制度创新》,《中国人民大学学报》2003 年第 1 期。

魏姝:《中国城市社区治理结构类型化研究》,《南京大学学报》(哲学·人文科学·社会科学版)2008 年第 4 期。

文宏:《基层政府数字化转型的趋势与挑战》,《国家治理》2020 年第 38 期。

文宏:《基层治理的“信息烟囱”:成因及治理》,《国家治理》2020 年第 26 期。

文嫣、宁奉菊、曾刚:《上海国际社区需求特点和规划原则初探》,《现代城市研究》2005 年第 5 期。

翁士洪:《数字时代治理理论:西方政府治理的新回应及其启示》,《经济社会体制比较》2019 年第 4 期。

吴朝晖:《四元社会交互运行,亟须深化数字治理战略布局》,《浙江大学学报》(人文社会科学版)2020 年第 3 期。

吴春梅、翟军亮:《公共价值管理理论中的政府职能创新与启示》,《行政论坛》2014 年第 1 期。

吴高辉、任捷、李辰玺:《地方探索数字化社会治理的动力机制研究:技术赋能视域下的案例分析与启示》,《社会治理》2022 年第 7 期。

吴件、蓝志勇、李文炜:《制度驱动与技术赋能:数字治理过程中政企价值共创机理研究》,《公共管理学报》2023 年第 3 期。

吴晓林、谢伊云:《基于城市公共安全的韧性社区研究》,《天津社会科学》2018 年第 3 期。

吴新星:《数字技术赋能城市基层治理的行动障碍与突破策略:基于 S 市 G 区 F 街道数字治理创新实践的参与式观察》,《河南社会科学》2022 年第 6 期。

伍俊斌:《论网络协商民主的实践路径》,《中州学刊》2015 年第 2 期。

习近平:《不断做强做优做大我国数字经济》,《求是》2022 年第 2 期。

夏志强、王建军:《论社区公共服务的有效供给》,《社会科学研究》2012 年第 2 期。

肖滨、费久浩:《政策过程中的技治主义:整体性危机及其发生机制》,《中国行政管理》2017 年第 3 期。

肖滨:《信息技术在国家治理中的双面性与非均衡性》,《学术研究》2009 年第 11 期。

肖健、邓线平:《数字治理流变性要求的实践策略》,《领导科学》2023 年第 4 期。

肖林:《"'社区'研究"与"社区研究":近年来我国城市社区研究述评》,《社会学研究》2011 年第 4 期。

肖唐镖:《中国技术型治理的形成及其风险》,《学海》2020 年第 2 期。

谢侃侃:《数字共治视角下长三角城市群协同治理的主要实践与对策分析》,《技术经济》2023 年第 2 期。

谢谦:《全球数字经济规则议题特征、差异与中国应对》,《改革》2023 年第 6 期。

谢微、张锐昕:《整体性治理的理论基础及其实现策略》,《上海行政学院学报》2017 年第 6 期。

熊子健:《社会主义核心价值观的个人价值研究:基于生成性思维的视野》,《法制与社会》2019 年第 26 期。

徐建宇:《城市社区治理的价值原则、生活叙事和伦理意蕴研究》,《河南大学学报》(社会科学版)2018 年第 3 期。

徐连明:《超大城市数字化治理的协同障碍与发展路径研究:以上海市“一网统管”为例》,《华东师范大学学报》(哲学社会科学版)2022 年第 5 期。

徐林、方亦儿、薛圣凡:《社区资源禀赋、治理模式与治理绩效》,《浙江社会科学》2017 年第 3 期。

徐梦周、吕铁:《赋能数字经济发展的数字政府建设:内在逻辑与创新路径》,《学习与探索》2020 年第 3 期。

徐顽强、李敏:《基于公共价值导向的城市社区治理架构研究》,《宁夏社会科学》2019 年第 2 期。

徐晓林、刘勇:《数字治理对城市政府善治的影响研究》,《公共管理学报》2006 年第 1 期。

徐晓林、周立新:《数字治理在城市政府善治中的体系构建》,《管理世界》2004 年第 11 期。

徐鑫:《大数据环境下城市智慧社区治理机制研究》,《改革与开放》2021 年第 17 期。

徐永祥、侯利文:《城市基层治理的路径分析》,《社会科学辑刊》2015 年第 4 期。

许宝君:《城市社区治理共同体构建:一个实践类型的分析框架》,《求实》2023 年第 4 期。

闫建、高华丽:《地方政府“互联网+政务服务”:应然性、存在问题与优化路径》,《理论探索》2020 年第 5 期。

严志兰、邓伟志:《中国城市社区治理面临的挑战与路径创新探析》,《上海行政学院学报》2014 年第 4 期。

颜昌武、杨郑媛:《什么是技术治理?》,《广西师范大学学报》(哲学社会科学版)2020 年第 2 期。

颜佳华、王张华:《数字治理、数据治理、智能治理与智慧治理概念及其关系辨析》,《湘潭大学学报》(哲学社会科学版)2019 年第 5 期。

燕继荣、张志原:《市民诉求驱动的城市社区治理体系创新:以北京市 F 街道“接诉即办”实践为例》,《中国行政管理》2022 年第 10 期。

杨东柱:《社会资本的生成依据探究》,《社会工作》(学术版)2011 年第 6 期。

杨丰一、孙萍:《数字社会政府治理的逻辑疏理与矛盾纾解》,《中国特色社会主义研究》2023 年第 2 期。

杨积堂:《“接诉即办”:基层社会治理的机制革新与效能驱动》,《北京联合大学学报》(人文社会科学版)2021 年第 2 期。

杨巨声、胡国鹏、关阵:《国内外数字治理研究的横向分野与纵向演进:基于文献计量和知识图谱分析》,《科学决策》2023 年第 1 期。

杨君、纪晓岚:《当代中国基层治理的变迁历史与理论建构:基于城市基层治理的实践与反思》,《毛泽东邓小平理论研究》2017 年第 2 期。

杨敏:《作为国家治理单元的社区:对城市社区建设运动过程中居民社区参与和社区认知的个案研究》,《社会学研究》2007 年第 4 期。

杨敏:《“国家—社会”互构关系视角下的国家治理与基层治理:兼论治理技术手段的历史变迁及当代趋向》,《广西民族大学学报》(哲学社会科学版)2016 年第 2 期。

杨明川:《大数据＋AI:构筑数字化转型的未来》,《信息通信技术与政策》2020 年第 4 期。

杨嵘均:《“技术索权”视角下信息弱势体公共服务供给的偏狭性及其治理》,《中国地质大学学报》(社会科学版)2018 年第 6 期。

杨述明:《数字政府治理:智能社会背景下政府再造的必然选择》,《社会科学动态》2020 年第 11 期。

杨秀勇、朱鑫磊、曹现强:《数字治理驱动居民社区参与:作用效果及限度——基于“全国社区治理和服务创新实验区”的实证研究》,《电子政务》2023 年第 2 期。

杨玉波、李备友、李守伟:《嵌入性理论研究综述:基于普遍联系的视角》,《山东社会科学》2014 年第 3 期。

叶岚:《协同治理视角下的社区网格化管理绩效研究:以杭州市上城区网组片社会服务管理联动为例》,《社会建设研究》2016 年第 2 期。

叶敏:《社区自治能力培育中的国家介入——以上海嘉定区外冈镇“老大人”社区自治创新为例》,《南京农业大学学报》(社会科学版)2015 年第 3 期。

叶璇:《整体性治理国内外研究综述》,《当代经济》2012 年第 6 期。

叶颖:《整体性治理视角下基层社会治理机制探究:以北京市“街乡吹哨、部门报到”为例》,《中共石家庄市委党校学报》2020 年第 2 期。

尹广文、林秀梅:《后单位制时代的中国城市社区治理:从地域共同体到精神共同体》,《山西师大学报》(社会科学版)2015 年第 2 期。

尹艳红:《数字治理助力养老服务的困境与策略》,《行政管理改革》2023 年第 6 期。

于君博、戴鹏飞:《中国地方政府数字治理的“过程”与“组织”》,《公共管理学报》2023 年第 1 期。

于水、区小兰:《基层治理中数字负担的生成与消解》,《南通大学学报》(社会科学版)2023 年第 1 期。

于秀琴、吴波、姜文芹:《“整体性治理”下行政服务中心绩效评价研究》,《中国行政管理》2016 年第 3 期。

于颖:《社会资本概念的思想渊源及其形成》,《大连海事大学学报》(社会科学版)2010 年第 5 期。

余军华、袁文艺:《公共治理:概念与内涵》,《中国行政管理》2013 年第 12 期。

余敏江、方熠威:《情感动员与韧性提升:不确定性风险下城市社区治理的行动逻辑——基于上海市 L 社区的考察与分析》,《探索》2023 年第 4 期。

俞可平:《中国治理评估框架》,《经济社会体制比较》2008 年第 6 期。

郁建兴、樊靓:《数字技术赋能社会治理及其限度:以杭州城市大脑为分析对象》,《经济社会体制比较》2022 年第 1 期。

郁建兴、吴结兵:《数字化改革赋能未来社区治理》,《浙江经济》2021 年第 6 期。

袁方成:《国家治理现代化进程中的农村社区治理现代化:评〈村民自治到社区自治:农村基层民主治理的现代转型〉》,《通化师范学院学报》2015 年第 11 期。

张爱军、刘姝红:《大数据:新政治文明时代抑或政治裸体时代》,《探索与争鸣》2017 年第 3 期。

张柏林:《数字治理中的政府权力约束和权力释放探析:基于统筹治理的视角》,《领导科学》2023 年第 5 期。

张丙宣:《技术治理的两幅面孔》,《自然解证法研究》2017 年第 9 期。

张丙宣:《政府的技术治理逻辑》,《自然辩证法通讯》2018 年第 5 期。

张博:《数字治理的责任伦理向度:情境转换、实践困境与破解之道》,《理论探讨》2023 年第 4 期。

张晨、张新颜:《数字治理、治理质量与经济增长》,《统计研究》2023 年第 7 期。

张成岗、张仕敏、黄晓伟:《信息技术、数字鸿沟与社会公正:新技术风险的社会治理》,《中国科技论坛》2018 年第 5 期。

张成岗:《从意识形态批判到"后技术理性"建构:马尔库塞技术批判理论的现代性诠释》,《自然辩证法研究》2010 年第 7 期。

张成岗:《新技术演进中的多重逻辑悖逆》,《探索与争鸣》2018 年第 5 期。

张聪丛、王娟、徐晓林等:《社区信息化治理形态研究:从数字社区到智慧社区》,《现代情报》2019 年第 5 期。

张铤:《公众参与科技决策探析》,《自然辩证法研究》2019 年第 6 期。

张福磊、曹现强:《城市基层社会"技术治理"的运作逻辑及其限度》,《当代世界社会主义问题》2019 年第 3 期。

张高原:《大国战略竞争时代全球数字治理新态势及中国的应对方案》,《领导科学》2023 年第 1 期。

张贵群:《社区服务精准化的实践困境与实现机制》,《探索》2018 年第 6 期。

张海波:《大数据驱动社会治理》,《经济社会体制比较》2017 年第 3 期。

张凯豪:《政府主导型社区治理的问题和完善对策》,《海风》2021 年第 6 期。

张康之:《数据治理:认识与建构的向度》,《电子政务》2018 年第 1 期。

张敏琦:《基层党建引领城市社区治理的理论和实践:以江苏省启东市南城街道 D 社区为例》,《新西部》2023 年第 4 期。

张平、隋永强:《一核多元:元治理视域下的中国城市社区治理主体结构》,《江苏行政学院学报》2015 年第 5 期。

张卫海:《马克思市民社会理论的新发展与中国构建"国家—社会"关系模式的现实选择》,《理论月刊》2011 年第 6 期。

张现洪:《技术治理与治理技术的悖论与迷思》,《浙江学刊》2019 年第 1 期。

张宪丽、高奇琦:《人工智能时代公民的数据意识及其意义》,《西南民族大学学报》(人文社会科学版)2017 年第 12 期。

张晓玲:《城市基层管理体制改革探讨》,《学术论坛》2011 年第 2 期。

张亚军:《数字化赋能长三角协同治理研究》,《上海经济》2022 年第 6 期。

张艳国、朱士涛:《区块链技术赋能城市社区治理的发展优势与实践路径》,《江淮论坛》2023 年第 1 期。

张勇:《论社会资本的社区公共空间向度》,《深圳大学学报》(人文社会科学版)2017 年第 6 期。

张瑜:《现代社会数字治理的价值重塑与实践探索》,《中国延安干部学院学报》2022 年第 6 期。

张宇栋、刘奕:《信息技术赋能的社区风险精准治理研究》,《安全》2021 年第 6 期。

张宇栋、王奇、刘奕:《"后疫情时代"社区治理中的个人数据应用:问题与策略》,《电子政务》2021 年第 2 期。

张玉磊:《整体性治理理论概述:一种新的公共治理范式》,《中共杭州市委党校学报》2015 年第 5 期。

张梓涵、刘玉萍:《基层数字治理"悬浮化"的表现、成因及破解之策》,

《江南论坛》2023年第7期。

赵娟、孟天广:《大数据驱动社会治理创新:政策扩散的视角》,《政府治理评论》2018年第2期。

赵丽英、白彬:《整体智治视角下地方政府数字治理实践特征与优化进路:基于山西省政府“五个一”数字治理建设的案例分析》,《三晋基层治理》2022年第6期。

赵孟营:《社会治理精细化:从微观视野转向宏观视野》,《中国特色社会主义研究》2016年第1期。

赵欣:《城市社区治理中数字信息技术应用机制研究的知识谱系与展望》,《经济研究导刊》2023年第2期。

赵秀梅:《基层治理中的国家—社会关系:对一个参与社区公共服务的NGO的考察》,《开放时代》2008年第4期。

赵友华:《人工智能时代优化民生政治参与的算法逻辑》,《宁夏社会科学》2019年第5期。

赵峥:《地方数字治理:实践导向、主要障碍与均衡路径》,《重庆理工大学学报》(社会科学)2021年第4期。

郑春勇、张娉婷、苗壮:《基层社会治理中的整体性技术治理:创新与局限——基于浙江实践》,《电子政务》2019年第5期。

郑杭生:《社会建设和社会管理研究与中国社会学使命》,《社会学研究》2011年第4期。

郑磊、吕文增、王栋:《上海市政务微信发展报告:从发布走向服务》,《电子政务》2015年第2期。

郑磊、张宏、王翔:《城市数字治理的期望与担忧》,《治理研究》2022年第6期。

郑磊:《数字治理的效度、温度和尺度》,《治理研究》2021年第2期。

郑容坤:《整体性治理理论的演进及意蕴探析》,《行政科学论坛》2018年第11期。

郑言、林毅:《中国的基层民主建设与政治建设和政治发展》,《新视野》2013年第1期。

周济南:《数字技术赋能城市社区合作治理:逻辑、困境及纾解路径》,《理论月刊》2021 年第 11 期。

周进萍:《城市社区治理共同体构成要素与生成机制研究:基于三个典型案例的扎根分析》,《中共福建省委党校(福建行政学院)学报》2023 年第 3 期。

周尚君:《数字社会对权力机制的重新构造》,《华东政法大学学报》2021 年第 5 期。

周望、徐萍:《超大城市数字治理的先行示范:基于深圳实践的系统考察》,《深圳社会科学》2022 年第 5 期。

朱健刚:《城市街区的权力变迁:强国家与强社会模式——对一个街区权力结构的分析》,《战略与管理》1997 年第 4 期。

朱健刚:《论基层治理中政社分离的趋势、挑战与方向》,《中国行政管理》2010 年第 4 期。

朱喜群:《国外城市社区权力研究的理论考察》,《国外社会科学》2018 年第 2 期。

朱懿、韩勇:《我国智慧社区建设及其优化对策》,《领导科学》2020 年第 2 期。

竺乾威:《从新公共管理到整体性治理》,《中国行政管理》2008 年第 10 期。

邹德建、张乐、任维德:《基于数字治理的科技资源整合与共享研究》,《科学管理研究》2023 年第 3 期。

邹静、沈费伟、汤蓬涛等:《城市未来社区的场景建设、居民融入与数字治理》,《电子政务》2023 年第 7 期。

左瑞婷、江达:《全过程人民民主在城市社区民主治理中的探索:以西安市 D 社区为例》,《新西部》2023 年第 3 期。

鲍蔓华:《杭州市深入践行"民有所呼、我有所应,民有所呼、我有所为"20 年的蝶变》,《人民政协报》2023 年 5 月 5 日。

步超:《不断深化对"治理"的认识》,《人民日报》2019 年 11 月 27 日。

陈朋:《治理现代化是啥状态》,《学习时报》2016 年 7 月 21 日。

顾兆农、田豆豆:《和谐社会的基石:武汉“百步亭社区党建工作法”的调查报告》,《人民日报》2012年8月31日。

郝亚娟、张荣旺:《〈中国共享经济发展报告(2023)〉:共享经济成为扩大内需的重要抓手》,《中国经营报》2023年2月24日。

何艳玲:《新时代超大型城市社区治理创新　用“人民算法”解决“两难”问题》,《长江日报》2022年8月24日。

李玉梅:《未来社区是“让老百姓幸福”的新平台:访浙江省委副书记、省长袁家军》,《学习时报》2019年11月25日。

林世雄、陈韵:《打造健康生态新海沧:美丽厦门共同缔造的海沧示范》,《福建日报》2013年9月3日。

刘苏雅:《北京推进智慧社区建设顶层设计一批“数字大脑”基层上岗》,《北京日报》2022年8月4日。

陆益峰:《“一网统管”形成数字治理“上海方案”》,《文汇报》2022年1月9日。

彭训文:《“小社区”书写社会治理“大文章”》,《人民日报》(海外版)2022年10月31日。

秦华:《加快推进“四社联动”　提升社区治理水平》,《陕西日报》2016年12月2日。

秦新春:《让数字化转型为社区精细化治理赋能聚力》,《中国社会报》2020年5月25日。

容志、宋纪祥:《以供给侧改革提升公共服务供给精细化水平》,《社会科学报》2020年2月13日。

唐荣、郭聪:《深圳南山走出“六共”社会治理新路子》,《法制日报》2019年7月5日。

汪碧刚:《社区治理现代化的基层方案》,《光明日报》2018年4月19日。

汪广丰:《推进社区治理体系和治理能力现代化》,《中国建设报》2022年7月18日。

王炳文、李佐军:《数智技术赋能城市社区治理共同体大有可为》,《中国经济时报》2023年5月17日。

王鹏:《数字治理谱写中国式现代化新篇章》,《中国社会科学报》2023 年 8 月 17 日。

王彦田、刘志强、丁怡婷:《城市管理应该像绣花一样精细”(总书记的人民情怀)》,《人民日报》2023 年 6 月 21 日。

王悠然:《公共价值科学研究有待重视》,《中国社会科学报》2020 年 8 月 21 日。

王增智:《理解国家治理效能三维度:目标、效率、评价》,《中国社会科学报》2020 年 4 月 8 日。

吴军民、李丹妃:《“五社联动”:社会力量参与基层社会治理的现实选择》,《光明日报》2021 年 12 月 23 日。

夏学平、邹潇湘、贾朔维等:《加强数字化发展治理　推进数字中国建设》,《人民日报》2022 年 2 月 15 日。

杨凯:《公共法律服务数字化体系建设路径》,《上海法制报》2023 年 4 月 5 日。

杨扬:《探索数字化社区治理》,《中国社会科学报》2022 年 6 月 15 日。

俞可平:《当代西方政治理论的热点问题(上)》,《学习时报》2002 年 12 月 16 日。

张登国:《社区风险防控须加强韧性治理》,《学习时报》2021 年 2 月 22 日。

张垚、叶帆:《把社区建设成和谐的社会生活共同体:关于城市社区治理的研究综述》,《人民日报》2012 年 2 月 8 日。

张怡恬、殷鹏:《提升城乡社区治理现代化水平:访中国社会学会会长、清华大学社会学系教授李强》,《人民日报》2017 年 7 月 9 日。

张雨辉:《“五治”融合　提升治理水平》,《宁夏日报》2020 年 5 月 12 日。

周维栋:《建设数字法治政府应兼顾数据安全与开放》,《学习时报》2023 年 3 月 29 日。

蔡春玲、李抑嫱:《社区治理的“最美零距离”》,2022 年 9 月 1 日,https://baijiahao.baidu.com/s?id=1742740350172364768&wfr=spider&for=pc。

《国务院办公厅印发关于切实解决老年人运用智能技术困难实施方案的通知》,2021 年 11 月 24 日,https://www.gov.cn/gongbao/content/2020/content_5567747.htm。

李彬:《"三治"融合,推进基层治理现代化》,2023 年 4 月 29 日,https://baijiahao.baidu.com/s? id=1764469627473709147&wfr=spider&for=pc。

《让城市更聪明更智慧——习近平总书记浙江考察为推进城市治理体系和治理能力现代化提供重要遵循》,2020 年 4 月 4 日,http://www.xinhuanet.com/politics/2020-04/04/c_1125814356.htm。

赵可金:《全球治理知识体系的危机与重建》,2022 年 3 月 11 日,http://ciss.tsinghua.edu.cn/info/zlyaq/4601。

《中华人民共和国 2022 年国民经济和社会发展统计公报》,2023 年 2 月 28 日,http://www.stats.gov.cn/sj/zxfb/202302/t20230228_1919011.html。

外文文献

Adhikari K P, Goldey P, "Social Capital and Its 'Downside': The Impact on Sustainability of Induced Community-based Organizations in Nepal", *World Development*, 2009,38(2):184-194.

Behn R D, "Why Measure Performance? Different Purposes Require Different Measures", *Public Administration Review*, 2003,63(5):586-604.

Bowles S, Gintis H, "Social Capital and Community Governance", *The Economic Journal*, 2002,112:419-436.

Box R C, *Citizen Governance: Leading American Communities into the 21st Century*, New York: Sage Publications Inc.,1997.

Bozeman B, "Public Value Failure: When Efficient Markets May Not Do", *Public Administration Review*,2002,62(2):145-161.

Bozeman B, Sarewitz D, "Public Values and Public Failure in US Science Policy", *Science and Public Policy*, 2005,32(2):119-136.

Bryson J M, "What to Do When Stakeholders Matter: A Guide to

Stakeholder Identification and Analysis Techniques", *Public Management Review*, 2004,16(1):21-53.

Dahl R A, "The Science of Public Administration: Three Problem", *Public Administration Review*, 1947(7):1-11.

Daniel B K, *Social Capital Modeling in Virtual Communities: Bayesian Belief Network Approaches*, Hershey: IGI Global, 2009.

Delgado M, *Community Social Work Practice in an Urban Context: The Potential of a Capacity Enhancement Perspective*, New York: Oxford University Press, 2000.

Dunleavy P, Margetts H, Bastow S, et al., "New Public Management Is Dead—Long Live Digital-era Governance", *Journal of Public Administration Research and Theory*, 2005,16(3):467-494.

Dunleavy P, Margetts H, Bastow S, et al., *Digital Era Governance: IT Corporations, the State, and E-Government*, Oxford: Oxford University Press, 2006.

Fandray D, "The New Thinking in Performance Appraisal", *Workforce*, 2001,80(5):36-37.

Fountain J E, *Building the Virtual State: Information Technology and Institutional Change*, Washington, D.C.: Brookings Institution Press, 2001.

Harada K, Hoshino H, "Feasibility Study of Digital Community through Virtual Enterprise Network", *Digital Cities II: Computational and Sociological Approaches*, 2002,2362:152-163.

Harrison T M, Pardo T, Gil-Garcia J R, et al., "Geographic Information Technologies, Structuration Theory, and the World Trade Center Crisis", *Journal of the American Society for Information Science and Technology*, 2007,58(14):2240-2254.

He D J, Chan S, Qiao Y R, et al., "Imminent Communication Security for Smart Communities", *IEEE Communications Magazine*,

2018,56(1):99-103.

Jones S G, "Information, Internet, and Community in the Information Age: Notes toward an Understanding of Community", *Cybersociety* 2.0: *Revisiting Computer-mediated Communication and Community*, 1998,1: 1-34.

Joseph M B, "Deliberative Democracy: The Majority Principle in Republican Government", in Goldwin R A, Schambra W A, *How Democratic Is the Constitution American Enterprise Institute*, Washington, D.C. : American Enterprise Insitute, 1981.

Julnes P de L, Holzer M, "Promoting the Utilization of Performance Measures in Public Organizations: An Empirical Study of Factors Affecting Adoption and Implementation", *Public Administration Review*, 2001,61 (6):693-710.

Kelly G, Mulgan G, Muers S, *Creating Public Value*: *An Analytical Framework for Public Service Reform*, London: Cabinet Office Strategy Unitit, 2002.

Kooiman J, *Modern Governance*: *Government Society Interactions*, London: Sage Publications Inc.,1993.

Kourtit K, Nijkamp P, Arribas D, "SmartCities in Perspective—A Comparative European Study by Means of Self-organizing Maps", *Innovation*: *The European Journal of Social Science Research*, 2012,2: 229-246.

Lazaroiu G C, Roscia M, "Definition Umethodology for the Smart Cities Model",*Energy*, 2012,9:326-332.

Leach R, Percy S J, *Local Governance in Britain*, New York: Palgrave, 2001.

Lombardi P, Giordano S, Farouh H,et al., "Modelling the Smart City Performance", *Innovation*: *The European Journal of Social Science Research*, 2012,2:137-149.

Malito D V, Umbach G, Bhuta N, "The Palgrave Handbook of Indicators in Global Governance", *Technometrics*, 2019,5:41-55.

Mase K, "Information and Communication Technology and Electric Vehicles—Paving the Way towards a Smart Community", *IEICE Transactions on Communications*,2012,6:1902-1910.

McMillan D W, Chavis D M, "Sense of Community: A Definition and Theory",*Journal of Community Psychology*, 1986,14(1):6-23.

Medori D, Steeple D, "A Framework for Auditing and Enhancing Performance Systems", *International Journal of Operations and Production Management*, 2000,20(5):520-533.

Michelucci F V, Marco A D, "Smart Communities Inside Local Governments: A Pie in the Sky?", *International Journal of Public Sector Management*,2017,30(1):2-14.

Milakovich M E, *Digital Governance: New Technologies for Improving Public Service and Participation*, London: Routledge, 2011.

Moore M H, "Managing for Value: Organizational Strategy infor-profit, Nonprofit and Governmental Organizations", *Nonprofit and Voluntary Sector Quarterly*, 2000,29(1):183-204.

Moore M H, *Creating Public Value: Strategic Management in Government*, Cambridge: Harvard University Press, 1995.

Nickels T, "As Overview of Performance Measuerment", *Public Management*, 1994,54(3):35-43.

Nour M A, Abdel R A A, Fadlalla A, "A Context-based Integrative Framework for E-Government Initiatives", *Government Information Quarterly*, 2008,25(3):448-461.

Nunn S, Rubleske J B, " 'Webbed' Cities and Development of the National Information Highway: The Creation of World Wide Web Sites by U.S. City Governments", *Journal of Urban Technology*, 1997,4(1):53-79.

Parry F, "Digital Citizenship: The Internet, Society and Participation", *Online Information Review*, 2008,32(4):538-539.

Paskaleva K A, "Enabling the Smart City: The Progress of City E-Governance in Europe", *International Journal of Innovation and Regional Development*, 2009,1(4):405-422.

Pierre J, Peters B G, *Governance, Politics and the State*, London: Palgrave Macmillan, 2000.

Pollitt C, "Joined-up Government: A Survey", *Political Studies Review*, 2003,11(1):34-49.

Rahman M, "ICT Governance versus Community Empowerment: Grassroots Evidence from Bangladesh", *IFIP Advances in Information and Communication Technology*, 2010,10:33-50.

Rhodes R A W, "The New Governance: Governing without Government", *Political Studies*, 1996,44(4):652-667.

Rosenau J N, Czempiel E, *Governance without Government: Order and Change in World Politics*, Cambridge: Cambridge University Press, 1992.

Roy J, "E-Governance and Digital Government in Canada: The Necessity of Both Structural and Cultural Transformations", *Towards the E-Society*, 2001,74:845-856.

Sadowski J, *Too Smart: How Digital Capitalism Is Extracting Data, Controlling Our Lives, and Taking over the World*, Cambridge: MIT Press, 2020.

Sillence E, Baber C, "Integrated Digital Communities: Combining Web-based Interaction with Text Messaging to Develop a System for Encouraging Group Communication and Competition", *Interacting with Computers*,2004,16(1):93-113.

Stoker G, "Governance as Theory: Five Proposition", *International Social Science Journal*, 1998,50(1):17-28.

Stoker G, "Public Value Management: A New Narrative for Networked Governance?", *The American Review of Public Administration*, 2006,36(1):41-57.

Sullivan H, "Modemisation Democratisation and Community Governance", *Local Government Studies*, 2001,27(3):1-24.

Talbot C, "Public Value: The Next 'Big Thing' in Public Management?", *International Journal of Public Administration*, 2009, 32:167-170.

Thomas J C, "The New Face of Government: Citizen-initiated Contacts in the Era of E-Government", *Journal of Public Administration Research and Theory*, 2003,13(1):83-102.

Thor C G, "How to Find, Select, and Display Performance Measures in Government", *Journal of Cost Management*, 2003,17(3):31-38.

Wal Z, Nabatchi T, Graaf G, "From Galaxies to Universe: A Cross-disciplinary Review and Analysis of Public Values Publications from 1969 to 2012", *American Review of Public Administration*, 2015,45(1):13-28.

Williams I, Shearer H, "Appraising Public Value: Past, Present and Futures",*Public Administration*, 2011,89(4):1367-1384.

后 记

身处杭州这座城市，时时刻刻都能感受到古典与现代交汇的魅力。这里既有“淡妆浓抹总相宜”的精美景致，也有“电商之都”“数字经济第一城”“共同富裕示范之城”的城市发展的现代标签。在这座城市，历史底蕴、创新活力、繁荣有序和谐交融，谱写出一幅人民生活幸福安定、经济高质量发展、城市内涵式发展的现代化城市建设新景象。从“最多跑一次”改革到城市大脑再到数字化改革，“数智”正成为杭州的特色与优势，引领城市由“智赋”走向“致富”之路。非常有幸，我们与这座城市同行，这也意味着，我们与这个时代同行。直面时代之问、探索时代之解是每个城市研究者的初心使命，用何艳玲教授的话说，“我们与时代肝胆相照”。而我们如何感知这个时代的喜乐忧思，又如何验证城市之治是否符合时代之势、人民之需呢？我想，答案就在于城市社区的真实生活之中。社区是国家治理的“基石”“最后一公里”“触角”“毛细血管”……它总能以“小家”的细腻柔情体恤着“大国”的豪情仗义：初期，它承载着国家恢复重建的政治任务，勇担密切联系群众、为人民服务之重任；在风险来临的时刻，社区默默筑牢最后一道安全防线，即使在疫情时期，我们依然能捕捉到发生在社区里的一个个邻里互助的温情故事。如今，数字化浪潮下的社区依然保持着旺盛的生命力，递交了一份份有担当、有勇谋、有韧性的数字化转型成功方案。

完成博士论文之时，恰逢浙江“最多跑一次”改革轰轰烈烈开展之际，我与杭州市民一道切身体会到了数字赋能政务服务的强大之处，便捷、透明、高效的便民服务带来的不仅是人们对现代科技的“沉迷”，更多引发我思考的是，数字技术的嵌入如何增进人民对城市政府的信任度与认同感？随着数字化改革加速向社区服务全面渗透，数字如何赋能社区治理以实现社区善治、如何构建社区治理共同体以增进社区认同，进一步地，数字是否可以超越其本身的工具范畴，跃升为一种数字文明的价值理念？基于这样的问题驱动，我有幸加入了浙大城市学院城市大脑研究院，参与了杭州城市大脑、浙江省数字化改革、基层社会治理现代化等一系列理论学习与实践调研，每一次学术研讨与实地观察，都能激发我强烈的研究兴致与写作灵感，也为本书提供了丰富的前沿的一手素材。在本书的写作过程中，我收录了部分已经发表的文章和完结的研究报告，尽可能全面地展示有关中国城市社区治理的理论知识、政策法规以及具有代表性的城市社区治理数字化转型实践成果。同时，研读了经济学、管理学、法学、社会学等文献，力争使中国城市社区治理的数字化转型逻辑论证更严谨，也力求使本书的研究更具包容力和解释力。然而，数字治理在当下仍是一个新兴的、有待检验和不断完善的研究议题，囿于自身的认知程度和理论深度，本书的论述也会略显粗浅，当然这也成为鞭策我持续深耕的源源动力。

特别感谢我的“引路人”——浙大城市学院城市大脑研究院常务副院长方洁教授，正是在她的建议和指导之下，我才走上数字研究之路，并且在研究过程中，她给予我无限的鼓励与包容，她的研究态度正如我所认为的理想的城市社区治理品格——细腻、睿智、韧性又具松弛感。感谢研究院团队中的蓝蔚青、刘靖、孙雁、张义修、应腾、王翔、姚瑶、张佳佳等各位专家学者，感谢大家一同致力于数字治理领域研究并实现了不同视角的研究成果和思想的共享与碰撞！特别感谢陈海燕教授、何艳玲教授、王佃利教授，正是在前辈丰厚的学术成果和学术启发下，我才能更加坚定当下城市研究的学术信仰。感谢我的学生团队陈施琪、刘霞、何舒琪、郭倩的支持协助，他们为本书贡献了扎实的案例素材。感谢山东大学出版社邵淑君编辑的辛苦付出，推动了书稿顺利出版。真诚地感谢自始至终都无条件支持我的家人，你们是我人生点滴进步的最好见证人！

最后，还想感谢杭州这座自由、开放的城市，以及兢兢业业奋斗在各自岗位上的每一位社区工作者，虽然你我素未谋面，但我们都在努力追寻让社区更美好、居民生活更幸福的最佳方案。从某种意义上来说，也正是“社区”这个议题，让我们超越了“熟人”的界定，在共同体这一更广阔的概念中找到了并肩而行的信念感！

王　晨

2023年8月